事例解説

高齢者からの終活相談に応えるための基礎知識

高齢者施設、介護保険、遺言、成年後見、墓、事業承継他

相原佳子［編］

青林書院

はしがき

　日本が急速な勢いで高齢化社会になっていることは改めて指摘するまでもない事実です。そして，人生の終盤を迎え自らの人生をどのように終えることができるのか不安を抱えている方が多くいらっしゃいます。頼るべき親族がいない方はもちろんのこと，親族がいる方でも負担をかけたくない，紛争を残さずに自らの意思を通したい，そもそも親族とは疎遠であって全く頼りたくないという方々から多様なご相談が寄せられています。具体的には，終の住処や，自らが判断できなくなったときに守ってくれる法律や制度，財産の遺し方，葬儀，墓，事業の承継等，その内容は多岐に亘っているのです。これらは，近時いわゆる「終活」という言葉でも表現されているようですが，最後の日を迎えるまでのこと，さらには，自分の死後のことも自らが決めておきたいという高齢者の方の思いに，弁護士をはじめ高齢者問題に関わる者は，可能な限り応えていく仕事をすることが求められています。

　本書は，あくまで基礎知識をご説明する内容であり，最終解決までには，適切な専門家の紹介や弁護士であれば専門的知識の習得が必要となりますが，少なくとも問題点の所在については把握して頂けるのではないかと思います。なお，本書は中堅の弁護士に執筆を依頼し，自らの問題を考えたい当事者の方にもわかって頂けるように平易な説明を心がけています。多くの方々にご利用いただければ幸いです。

　最後に企画・構成等についてご尽力いただいた株式会社青林書院の加藤朋子氏に対して，厚く感謝の意を表します。

平成30年9月

編者　野田記念法律事務所
弁護士　相原　佳子

編者・執筆者紹介

編 者

相原　佳子（弁護士，第一東京弁護士会）

執筆者

相原　佳子（上掲）

藤本　正保（弁護士，第一東京弁護士会）

矢部　陽一（弁護士，東京弁護士会）

政平　亨史（弁護士，第二東京弁護士会）

小池　知子（弁護士，東京弁護士会）

太田　理映（弁護士，兵庫県弁護士会）

凡　例

1　叙述の仕方
(1)　叙述は，原文引用の場合を除いて，原則として常用漢字，現代仮名遣いによりました。
(2)　本文中の見出し記号は，原則として，❶❷❸……，(1)(2)(3)……，(a)(b)(c)……，(ｱ)(ｲ)(ｳ)……の順としました。

2　法令の表記
(1)　地の文における法令名の表記は，原則として，正式名称によりました。
(2)　カッコ内における法令条項の引用は，原則として，次のように行いました。
　(a)　主要な法令名については，後掲の「法令略語例」を用いました。
　(b)　同一の法令の条項は「・」で，異なる法令の条項は「，」で併記しました。それぞれ条・項・号を付し，「第」の文字は省きました。

3　判例，裁判例の表記
判例，裁判例は，原則として，次の〔例〕のように表記し，後掲の「判例・文献関係略語例」を用いました。
〔例〕平成21年5月19日，東京地方裁判所判決，判例時報2048号56頁
　　　→　東京地判平21・5・19判時2048号56頁

4　文献の表記
文献は，原則として，次のとおり表記しました。
著者名『書名』頁数
執筆者名「論文名」編者名編『書名』頁数
編者名編『書名』頁数〔執筆者名〕

執筆者名「論文名」掲載誌 頁数

■法令略語例

会社	会社法	社福	社会福祉法
介保	介護保険法	信託	信託法
家手	家事事件手続法	信託業	信託業法
刑	刑法	相税	相続税法
憲	日本国憲法	任後	任意後見契約に関する法律
後見登記	後見登記等に関する法律	不登	不動産登記法
公証	公証人法	墓埋	墓地，埋葬等に関する法律
高齢虐待	高齢者虐待の防止，高齢者の養護者に対する支援等に関する法律	民	民法
		老福	老人福祉法
借地借家	借地借家法	老福施規	老人福祉法施行規則

■判例・文献関係略語例

最	最高裁判所	民集	最高裁判所（又は大審院）民事判例集
高	高等裁判所		
地	地方裁判所	家月	家庭裁判月報
支	支部	金判	金融・商事判例
判	判決	金法	金融法務事情
		判時	判例時報
		判タ	判例タイムズ

目　　次

はしがき
編者・執筆者紹介
凡　　例

第1章　終の住処 (1)

第1節　高齢者施設について………………………………………………(3)
case01　介護が必要ない場合の施設……………………〔小池　知子〕(3)
　1　高齢者の住居問題 (3)
　2　有料老人ホーム（健康型）(3)
　　(1) 施設の概要 (3)　(2) 利用対象者 (4)　(3) 入居期間 (4)　(4) 費用 (4)　(5) 利用方法 (4)　(6) 注意点 (4)
　3　軽費老人ホーム (5)
　　(1) 施設の概要 (5)　(2) 利用対象者 (6)　(3) 入居期間 (7)　(4) 費用 (7)　(5) 利用方法 (7)　(6) 注意点 (8)
　4　養護老人ホーム (8)
　　(1) 施設の概要 (8)　(2) 利用対象者 (9)　(3) 入居期間 (9)　(4) 費用 (9)　(5) 利用方法 (9)　(6) 注意点 (10)
　5　サービス付き高齢者向け住宅 (10)
　　(1) 施設の概要 (10)　(2) 利用対象者 (11)　(3) 入居期間 (11)　(4) 費用 (11)　(5) 利用方法 (11)　(6) 注意点 (11)
　6　シルバーハウジング (12)
　　(1) 施設の概要 (12)　(2) 利用対象者 (12)　(3) 入居期間 (12)　(4) 費用 (12)　(5) 利用方法 (12)　(6) 注意点 (12)
　7　シニア向け分譲マンション (13)
　　(1) 施設の概要 (13)　(2) 利用対象者 (13)　(3) 入居期間 (13)　(4) 費用 (13)　(5) 利用方法 (13)　(6) 注意点 (13)

case02　介護が必要な場合の施設……………………〔小池　知子〕(15)
　1　はじめに (15)

2　有料老人ホーム（介護型・住宅型）(15)
  　(1)　施設の概要 (15)　　(2)　利用対象者 (16)　　(3)　入居期間 (16)
  　(4)　費用 (16)　　(5)　利用方法 (16)　　(6)　注意点 (16)
  3　特別養護老人ホーム (16)
  　(1)　施設の概要 (16)　　(2)　利用対象者 (17)　　(3)　入居期間 (17)
  　(4)　費用 (18)　　(5)　利用方法 (18)　　(6)　注意点 (18)
  4　介護老人保健施設 (18)
  　(1)　施設の概要 (18)　　(2)　利用対象者 (18)　　(3)　入居期間 (19)
  　(4)　費用 (19)　　(5)　利用方法 (19)　　(6)　注意点 (19)
  5　介護療養型医療施設 (19)
  　(1)　施設の概要 (19)　　(2)　利用対象者 (19)　　(3)　入居期間 (19)
  　(4)　費用 (20)　　(5)　利用方法 (20)　　(6)　注意点 (20)
  6　介護医療院 (20)
  　(1)　施設の概要 (20)　　(2)　利用対象者 (21)　　(3)　入居期間 (21)
  　(4)　費用 (21)　　(5)　利用方法 (21)　　(6)　注意点 (21)
  7　認知症高齢者グループホーム (22)
  　(1)　施設の概要 (22)　　(2)　利用対象者 (22)　　(3)　入居期間 (22)
  　(4)　費用 (22)　　(5)　利用方法 (22)　　(6)　注意点 (22)
  8　小規模多機能型居宅介護 (22)
  9　看護小規模多機能型居宅介護 (23)

第2節　高齢者施設に入居する場合の問題点 …………………………(26)
case03　施設入居の際の確認事項 ……………………………〔小池　知子〕(26)
  1　はじめに (26)
  2　届出の有無の確認 (26)
  　(1)　届出義務 (26)　　(2)　都道府県知事の改善命令 (27)
  3　前払金（入居一時金）(28)
  　(1)　入居一時金の規制 (28)　　(2)　老人福祉法違反の契約の効力 (29)
  4　保全措置 (31)
  　(1)　保全措置とは (31)　　(2)　保全措置の方法 (31)
case04　契約の際の注意点 ……………………………………〔小池　知子〕(33)
  1　はじめに (33)
  2　契約方式 (33)
  　(1)　契約の形態 (33)　　(2)　契約形態によって差異があるか (34)
  3　サ高住の場合 (35)
  　(1)　契約の形態 (35)　　(2)　契約書の項目に関する注意点 (35)

4　有料老人ホームの場合（35）
　　　(1)　契約の形態（35）　　(2)　契約書の項目に関する注意点（35）

第2章　介護保険制度 (43)

第1節　介護保険制度 …………………………………………………………(45)

case05　介護保険の歴史………………………………………〔小池　知子〕(45)
　1　介護保険制度とは（45）
　2　介護保険制度の改正の経緯（46）
　　(1)　2005（平成17）年改正（平成18年4月施行）（46）　(2)　2008（平成20）年改正（平成21年5月施行）（47）　(3)　2011（平成23）年改正（平成24年4月等施行）（47）　(4)　2014（平成26）年改正（平成27年4月施行）（48）　(5)　2017（平成29）年改正（平成30年4月1日施行）（48）
　3　今後の方向性（49）

第2節　介護保険料について ………………………………………………(51)

case06　介護保険料について………………………………〔小池　知子〕(51)
　1　介護保険制度とは（51）
　2　保険者（51）
　3　被保険者（52）
　　(1)　第1号被保険者と第2号被保険者（52）　(2)　生活保護受給者（52）　(3)　外国籍の方（52）
　4　介護保険料の額と支払方法（52）
　　(1)　介護保険の財源（52）　(2)　第1号被保険者（53）　(3)　第2号被保険者（53）
　5　保険料の軽減（54）
　　(1)　介護保険料の減免（54）　(2)　境界層措置（54）
　6　保険料の滞納（55）
　　(1)　滞納処分（55）　(2)　支払方法の変更（55）　(3)　保険給付の一時差止め（55）　(4)　保険給付の減額（55）
　7　注意点（56）

第3節　介護保険サービスの利用(1) ……………………………………(57)

case07　介護保険サービスの申請手続………………………〔小池　知子〕(57)
　1　要介護認定（57）
　2　要介護認定の申請（58）
　3　要介護認定の仕組み（59）

(1) 訪問調査・主治医の意見書 (59)　(2) 一次判定 (59)　(3) 二次判定 (60)　(4) 結果通知 (60)
　4　ケアプランの作成 (60)
　(1) ケアプランの作成 (60)　(2) ケアマネジャーの選び方 (61)
　5　有効期間 (62)
　6　不服申立て (62)
　(1) 審査請求 (62)　(2) 区分変更申請 (62)

第4節　介護保険サービスの利用(2) ……………………………………… (64)

case08　介護保険サービスの利用……………………………〔小池　知子〕(64)
　1　介護保険制度 (64)
　2　介護給付 (65)
　3　予防給付 (68)
　4　総合事業 (70)
　(1) 総合事業とは (70)　(2) 介護予防・生活支援サービス事業 (70)
　(3) 一般介護予防事業 (71)　(4) 利用可能な者 (72)

case09　介護保険サービスの自己負担及び苦情申請…………〔小池　知子〕(73)
　1　はじめに (73)
　2　介護保険サービス費 (73)
　(1) 居宅介護サービス・地域密着型サービスの場合 (73)　(2) 施設サービスの場合 (75)
　3　利用者の自己負担割合 (75)
　(1) 第1号被保険者 (75)　(2) 第2号被保険者 (76)　(3) 生活保護受給者 (76)
　4　自己負担額の支払方法 (76)
　5　自己負担額が高額になった場合 (77)
　(1) 高額介護サービス費 (77)　(2) 高額医療・高額介護合算制度 (77)
　6　自己負担の支払が厳しい場合 (78)
　(1) 高額介護サービス費等資金貸付制度 (78)　(2) 社会福祉法人による利用者負担軽減制度 (78)　(3) 特定入所者介護サービス費（負担限度額認定）(79)　(4) 介護保険居宅サービス等利用者負担金助成制度 (79)
　7　不満がある場合 (79)
　(1) 介護保険事業者 (79)　(2) 市区町村 (80)　(3) 国民健康保険団体連合会 (80)　(4) 運営適正化委員会 (80)

第3章　成年後見制度 (83)

case10　成年後見制度について……………………………〔藤本　正保〕(85)
　1　成年後見制度とは (85)
　　(1)　成年後見制度の趣旨，概要 (85)　　(2)　申立手続等 (85)　　(3)　統計等に見る実情 (86)　　(4)　報酬について (87)
　2　後見，保佐，補助，任意後見について (87)
　　(1)　判断能力による区分 (87)　　(2)　各類型の説明 (88)　　(3)　任意後見制度 (89)
　3　日常生活自立支援事業について (89)
　4　後見人による財産管理と身上監護 (90)
　　(1)　後見事務の内容 (90)　　(2)　財産管理について (90)　　(3)　身上監護について (91)
　5　成年後見制度の問題点 (91)
　　(1)　2つの視点 (91)　　(2)　後見ニーズの発掘 (92)　　(3)　後見申立ての促進 (92)
■コラム—成年被後見人等の資格制限〔藤本　正保〕(93)

case11　高齢者虐待問題への対応………………………〔藤本　正保〕(95)
　1　はじめに (95)
　2　高齢者虐待防止法 (95)
　　(1)　目的 (95)　　(2)　全体像 (96)
　3　虐待の意義，態様 (96)
　　(1)　虐待の類型 (96)　　(2)　各類型の具体的内容 (96)
　4　虐待事例における具体的な流れ (98)
　　(1)　相談，通報 (98)　　(2)　事実確認，調査 (98)　　(3)　支援方針の検討 (99)　　(4)　支援の実施 (99)
　5　地域包括支援センターについて (100)
　6　虐待事例への対応における留意事項 (101)
　　(1)　何が目的なのか，見誤らないようにしましょう (101)　　(2)　虐待をしている自覚も虐待を受けている自覚も必要ない (101)

case12　不正防止のための制度……………………………〔藤本　正保〕(103)
　1　成年後見人による不祥事の状況 (103)
　2　親族後見人による不祥事，専門職後見人による不祥事 (104)
　　(1)　親族後見人と専門職後見人 (104)　　(2)　親族後見人による不祥事 (104)　　(3)　専門職後見人による不祥事 (105)

3　裁判所による監督（105）
　　　（1）　裁判所への報告（105）　　（2）　居住用不動産の処分についての許可（民859条の3），利益相反行為について特別代理人の選任（民860条）（106）　　（3）　調査人の選任，成年後見人の複数選任（106）　　（4）　解任（106）
　　4　後見監督人による監督（107）
　　　（1）　後見監督人の選任（107）　　（2）　後見監督人の業務（107）　　（3）　メリットとデメリット（108）　　（4）　監督人選任事案におけるポイント（108）
　　5　後見制度支援信託（109）
　　　（1）　後見制度支援信託とは（109）　　（2）　後見制度支援信託の特徴（109）　　（3）　メリットとデメリット（109）

case13　後見人による財産管理──各論 〔藤本　正保〕(111)
　　1　財産管理における基本的視点（112）
　　　（1）　後見人による財産管理（112）　　（2）　本人のための権限行使（112）
　　2　不動産の売買（不動産の処分全般，居住用不動産の場合）（112）
　　　（1）　はじめに（112）　　（2）　居住用不動産の処分（113）　　（3）　事例についての検討（113）
　　3　本人死亡後の相続税対策のための財産処分（114）
　　　（1）　相続税対策と後見申立て（114）　　（2）　相続税対策は誰のためか（114）
　　4　財テク（金融商品の処分）（115）
　　　（1）　はじめに（115）　　（2）　後見人による資産運用（115）　　（3）　事例についての検討（115）
　　5　本人の旅行代の支払，同行者の旅行代の支払（116）
　　　（1）　はじめに（116）　　（2）　同行者の旅行代（116）　　（3）　事例についての検討（116）
　　6　本人の負担で家族の生活費や必要経費を支払うことの可否（117）

case14　後見人による利益相反行為 〔藤本　正保〕(118)
　　1　利益相反行為に対する規制（118）
　　2　利益相反行為の判断基準（119）
　　3　特別代理人の選任（119）
　　4　後見監督人の同意（120）
　　5　監督人の同意等のないまま行われた利益相反行為の効力（120）
　　6　保佐・補助と利益相反行為（121）

case15　専門職が後見人になる場合に注意すべき点 〔藤本　正保〕(122)
　　1　専門職後見人の職務規範と議論の背景（122）
　　2　後見業務全般にわたって留意すべき事項（123）

(1)　本人，関係者らとの面談（123）　　(2)　福祉，医療関係者らとの連携（124）　　(3)　本人らとの適切な関係性の構築（124）
　3　財産管理面で特に留意すべき事項（124）
　　(1)　横領行為の禁止（124）　　(2)　本人財産と後見人財産の分別（124）　　(3)　居住用不動産の処分に関する家裁の許可（125）　　(4)　本人の財産状況を親族に開示することの是非（125）
　4　その他の留意すべき事項（125）
　　(1)　裁判所への定期報告（125）　　(2)　適時・適切な報告，連絡，相談（126）　　(3)　後見業務に対する報酬（126）
　5　まとめ（127）

case16　被後見人の死亡と後見業務，死後事務……………〔藤本　正保〕(128)
　1　はじめに（128）
　2　被後見人死亡時の対応（129）
　3　死後事務（債務弁済，火葬納骨等）についての従来の議論（130）
　　(1)　債務弁済（130）　　(2)　葬儀に関する問題（130）　　(3)　相続財産管理人の選任（131）
　4　成年後見円滑化法の制定（131）
　　(1)　成年後見円滑化法（131）　　(2)　債務弁済について（131）　　(3)　葬儀に関する問題（132）　　(4)　従来の実務との関係（132）

case17　任意後見制度について……………………………〔藤本　正保〕(134)
　1　任意後見人と法定後見人（134）
　2　任意後見契約とは（134）
　3　将来型，移行型，即効型，それぞれの特徴と問題点（135）
　　(1)　3つの類型（135）　　(2)　各類型の問題点（136）
　4　任意後見契約を締結する際に留意すべき事項（137）
　　(1)　はじめに（137）　　(2)　将来型について（137）　　(3)　移行型について（137）　　(4)　即効型について（138）　　(5)　医療行為・死後事務について（138）　　(6)　報酬について（138）
　5　本事例の場合（139）

第4章　遺言（141）

case18　エンディングノートと遺言…………………………〔太田　理映〕(143)
　1　はじめに（143）
　2　エンディングノートと遺言書の違い（143）

(1) エンディングノート（143）　(2) 遺言書（144）　(3) 遺言書とエンディングノートの相違点（144）
　3　遺言事項と付言事項（145）
　(1) 遺言事項（145）　(2) 付言事項（146）
　4　エンディングノートに遺言事項が記載されていた場合の遺言の有効性（147）
　5　検認手続（148）
　6　エンディングノートの保管方法（148）
　7　まとめ（149）

case19　自筆証書遺言と公正証書遺言 ……………………〔太田　理映〕(151)
　1　遺言の方式（151）
　(1) はじめに（151）　(2) 自筆証書遺言（151）　(3) 公正証書遺言（152）
　(4) 秘密証書遺言（153）　(5) それぞれの方式によるメリット・デメリット（154）
　2　遺留分（157）
　(1) 概要（157）　(2) 遺留分に配慮した遺言の作成（157）
　3　まとめ（158）

case20　身体機能・精神機能に障がいを有する者が遺言をする場合の留意点
　………………………………………………………………〔太田　理映〕(159)
　1　はじめに（159）
　2　身体機能に障がいを抱えている場合の遺言の作成方法（159）
　(1) 概要（159）　(2) 身体障がいごとの具体的対応（160）
　3　遺言能力（161）
　(1) 概要（161）　(2) 公正証書遺言による方法で遺言をすることにより遺言能力を担保する方法について（161）　(3) 遺言能力が争いとなった場合に備えて有用な立証材料を残しておく方法（162）　(4) 遺言能力と遺言の内容との関係（163）
　4　成年被後見人と遺言（164）
　5　まとめ（165）

case21　在日外国人，在外日本人と遺言 ………………〔太田　理映〕(166)
　1　はじめに（166）
　2　在日外国人と遺言（166）
　(1) 在日外国人の遺言の方式に関する準拠法（166）　(2) 在日外国人の遺言の成立及び効力に関する準拠法（168）　(3) 日本にある在日外国人の遺産の処理（168）
　3　在外日本人と遺言（169）

(1) 在外日本人の遺言の方式に関する準拠法（169）　(2) 在外日本人の遺言の成立及び効力に関する準拠法（170）　(3) 在外資産についての処理（170）

case22　遺言と信託 ……………………………………〔太田　理映〕(171)
1　はじめに（171）
2　信託（171）
　(1) 当事者（172）　(2) 信託財産（172）　(3) 信託行為（172）
3　遺言信託と遺言代用信託（173）
　(1) 遺贈と同様の効果が得られる信託の方法について（173）　(2) 遺言信託（173）　(3) 遺言代用信託（174）
4　遺言信託・遺言代用信託と遺留分減殺請求（175）
5　まとめ（176）

case23　信託と任意後見 ……………………………〔小池　知子〕(178)
1　取り得る方法（178）
　(1) 不確定な将来（178）　(2) 後見制度等の利用（178）　(3) 信託の利用（179）
2　問題点（181）
　(1) 後見制度等を利用した場合（181）　(2) 信託を利用した場合（183）
3　結論（184）

case24　遺贈・相続と遺言 …………………………〔太田　理映〕(186)
1　はじめに（186）
2　遺贈の対象者（187）
　(1) 事実婚状態にあるパートナーと相続（187）　(2) 事実婚状態にあるパートナーへの遺贈が無効となる場合（187）
3　遺贈の種類（189）
　(1) 包括遺贈と特定遺贈（189）　(2) 相続させる遺言と遺贈（189）
　(3) 受贈者と相続人の関係が複雑な場合の対処法（190）
4　遺留分減殺請求権（相続法改正後の遺留分侵害額請求権）と遺言（191）
　(1) 遺留分（191）　(2) 対処法（192）
5　遺言と異なる遺産分割の可否（193）
6　相続税について（194）
　(1) 相続税が課税される場合（194）　(2) 具体的な相続税の額（195）
　(3) 納税方法（195）　(4)（195）
7　まとめ（195）

case25　条件付遺贈，負担付遺贈，予備的遺言 ………〔太田　理映〕(196)

1 はじめに（196）
2 負担付遺贈と条件付遺贈（197）
(1) 負担付遺贈（197） (2) 条件付遺贈（197） (3) まとめ（197）
3 予備的遺言（198）
(1) 概説（198） (2) 予備的遺言を行う場合の注意点（199） (3) 相続させる遺言と代襲相続（200）
4 まとめ（201）

case26 死後事務委任契約と遺言 ……………………………〔太田　理映〕(202)
1 遺言事項（202）
2 死後事務委任契約（202）
(1) はじめに（202） (2) 委任者の死亡を契約終了事由としないことの合意の有効性（203） (3) 受任事務の履行に際する委任者の相続人との諸問題（204） (4) 死後事務委任契約の締結方法（207） (5) 死後事務委任契約の受任者に対する報酬の確保（207）
3 まとめ（208）

第5章　医療に関わる問題 (209)

case27 医療同意 ……………………………………〔相原　佳子〕(211)
1 胃ろうや気管切開（211）
2 医療同意の必要性（212）
3 医療現場の運用（213）
(1) 家族の同意（213） (2) 成年後見人と医療同意権（214）
4 具体的な方法（214）

case28 身元保証 ……………………………………〔相原　佳子〕(217)
1 身元保証（217）
2 医師法等の定め（217）
(1) 医師法等（217） (2) 実態（218） (3) 身元保証人等に求められる事項（218）
3 身元保証等高齢者サポート事業（219）
(1) 身元保証等高齢者サポート事業（219） (2) サポート事業（219）
(3) 担当省庁の施策（220）
4 他の制度の利用（221）

第6章 死後の葬儀，埋葬先，菩提寺との関係 (223)

case29 承継者がいない場合 ……………………………〔相原 佳子〕(225)
- 1 墓の承継 (225)
- 2 墓地使用権の内容・法的性質 (225)
- 3 墓地区画の所有者と墳墓の所有者の関係 (226)
  - (1) 寺院営墓地使用権 (226)　(2) 公営墓地使用権 (226)　(3) 集落営墓地使用権等の場合 (226)
- 4 墓じまいについて (227)
  - (1) 背景 (227)　(2) 法律上の手続 (227)　(3) 墓石の処分 (228)
  - (4) 問題点 (228)

case30 葬儀としての散骨 …………………………………〔相原 佳子〕(230)
- 1 葬儀及び納骨としての散骨 (230)
- 2 散骨に関係する法規（法律に違反するか）(230)
- 3 散骨の具体的な方法（留意点）(231)
- 4 死後事務 (232)
- 5 死後事務に関する定め・死亡届・遺体の引取り (233)
- 6 その他の留意点 (234)

case31 実家の墓への埋葬等 ………………………………〔相原 佳子〕(235)
- 1 墓地とは (235)
  - (1) 墓地の種類と権利（法的性質）(235)　(2) 墓に対する法律上の規制 (236)
- 2 埋葬場所等の決定権者 (236)
- 3 婚姻後も実家の墓には入れるか (237)
  - (1) 夫婦は同じ墓に入るべきなのか (237)　(2) 姓が異なっても実家の墓に入ることができるか (237)
- 4 宗教と墓 (238)
- 5 埋葬場所を決めるのは (239)

第7章 事業承継 (241)

第1節 後継者（親族）がいる場合──親族内承継 ……………… (243)

case32 一人会社の例 ………………………〔矢部 陽一＝政平 亨史〕(243)
- 1 はじめに (243)
- 2 後継者に承継させるタイミング（代表取締役・株式）(243)

3 承継の方法（売買・贈与・遺贈）(244)

case33 株主複数の例 ………………………………〔矢部　陽一＝政平　亨史〕(246)
1 はじめに (246)
2 株式が分散している場合の承継方法 (246)
3 任意に譲り受ける方法 (247)
4 強制的に譲り受ける方法 (247)

第 2 節　後継者がいない場合 —— M&A の利用 …………………… (249)

case34 M&A の概要 ………………………………〔矢部　陽一＝政平　亨史〕(249)
1 M&A による事業承継の概要 (249)
2 M&A の手法 —— 株式譲渡・事業譲渡・会社分割 (250)
　(1) 株式譲渡 (251)　(2) 事業譲渡 (251)　(3) 会社分割 (251)
3 M&A の流れ (252)
　(1) 仲介者・アドバイザーの選定 (252)　(2) 仲介契約・アドバイザリー契約の締結 (252)　(3) 事業評価 (253)　(4) 譲り受け企業の選定 (253)　(5) 交渉 (253)　(6) 基本合意書の締結 (253)　(7) デューデリジェンス (254)　(8) 最終契約締結 (254)　(9) クロージング (255)
4 売却先の探し方 (255)

case35 会社（事業）の価値を算定する例 ……〔矢部　陽一＝政平　亨史〕(256)
1 会社（事業）価値の算定の視点 (256)
2 ビジネス視点の簡便な算定方法 (256)
　(1) 時価純資産＋営業利益 5 年分（のれん・営業権）(257)　(2) EBITDA×5〜10－金融負債 (257)　(3) 税引後償却前営業利益×5〜10倍程度＋時価純資産 (257)　(4) 補足 —— マイナスとなる場合 (257)
3 専門家視点の理論的な算定方法 (258)
　(1) インカム・アプローチ (258)　(2) マーケット・アプローチ (258)　(3) ネットアセット・アプローチ (258)
4 全体的な視点 (259)

第 3 節　倒産状態の場合 ……………………………………………… (260)

case36 清算と再生の選択の例 …………………〔矢部　陽一＝政平　亨史〕(260)

case37 倒産手続の選択例 ………………………〔矢部　陽一＝政平　亨史〕(262)
1 私的再生か法的再生か（取引債権者の処遇）(262)
　(1) 事業再生の手法 (262)　(2) 私的再生の手続 (263)　(3) 法的再生の手続 (263)
2 再生が困難である場合 —— 破産 (264)

3　役員等の保証人の処遇 (265)

事項索引 (267)
判例索引 (271)

第1章

終の住処

第1節　高齢者施設について

case01　介護が必要ない場合の施設

現在，マンションで一人暮らしをしていますが，高齢になるにつれて1人では心細くなってきました。今は，まだ介護が必要というような状態ではありませんが，入居できる高齢者用の住宅を教えてください。

☞ポイント
- ☐ 有料老人ホーム（健康型）
- ☐ 軽費老人ホーム
- ☐ 養護老人ホーム
- ☐ サービス付き高齢者向け住宅
- ☐ シルバーハウジング
- ☐ シニア向け分譲マンション

1　高齢者の住居問題

　高齢になると，見守りや，身体が不自由になった際に介護をしてもらえる住居への入居を，あらかじめ考えておこうとする人も増加しています。一方で，高齢者向けの多様な施設が作られていますが，どのようなサービスが期待できるのか，権利関係や契約関係はどうなっているのか，入居条件はどうなのか，わかりにくいのも事実です。
　一般的に，有料老人ホームが知られているところですが，それ以外に，十分な財産を有していない場合の軽費老人ホームや，養護老人ホームがあり，また，サービス付き高齢者向け住宅や，シルバーハウジング，シニア向け分譲マンションなどがあります。
　本事例では，各施設について概略的に説明します。

2　有料老人ホーム（健康型）

(1)　施設の概要
　有料老人ホームとは，高齢者を入居させ，①入浴，排せつ若しくは食事の

介護，②食事の提供又はその他の日常生活上必要な便宜（③洗濯，掃除等の家事又は④健康管理のいずれか）を供与することを目的とする施設です（老福29条1項，老福施規20条の3）。

　有料老人ホームは，そのサービスの違いにより，介護型・住宅型・健康型の3種類に分類されます。そのうち介護が必要ない人を対象としているのは，健康型有料老人ホームです（介護型・住宅型は**ケース2**で説明）。

　健康型有料老人ホームは，食事の提供や生活支援サービス（居室の掃除・洗濯，安否確認など）はありますが，介護のサービスはありませんので，介護が必要となった場合は契約を解除して退去することになります。そのため，数は非常に少ないです（平成25年7月1日時点では全国で16件，有料老人ホーム・サービス付き高齢者住宅に関する実態調査委員会「平成25年度有料老人ホーム・サービス付き高齢者向け住宅に関する実態調査研究事業報告書」14頁）。

(2) 利用対象者

　介護の必要がない自立した高齢者です。年齢は，法令での制限はなく，各施設で自由に設定していますが，60歳以上や65歳以上とされているところが多いようです。

(3) 入居期間

　入居時の契約によります。終身も可能ですが，介護が必要となった場合には退去をしなければなりません。併設の介護付き有料老人ホームに転居できる場合もあります。

(4) 費　　用

　入居時に入居一時金の支払を求められることがあります。入居一時金とは，家賃，敷金及び介護等その他の日常生活上必要な便宜の供与の対価として受領する費用です。権利金や礼金などとしてのものは認められません（老福29条7項）（**ケース3**で説明）。

　入居後は，月額利用料が発生します。

　これらの費用の設定の仕方は各施設によって異なります。

(5) 利用方法

　各施設に直接相談をし，面接の上入居します。

(6) 注意点

介護が必要になった場合は退去しなければならないので、施設に入居一時金を支払った場合の償還期間に注意が必要です（詳しくは**ケース3，4**で説明）。入居一時金は一時的に施設が預かるお金で、数年かけて償還される場合がほとんどです。償還期間は施設によって異なります。

3 軽費老人ホーム

(1) 施設の概要

(a) 軽費老人ホームは、無料又は低額な料金で、老人を入所させ、食事の提供その他日常生活上必要な便宜を供与することを目的とする施設（老福20条の6）です。

軽費老人ホームは、従来、低所得高齢者への支援が主要な役割とされていました。しかし、社会的保護を必要とする高齢者や一人暮らしの高齢者が増大したことなどにより、入所者は単に低所得者というわけではなく、多様なニーズや生活課題をもつ人の入所が増えてきています。

国は地域包括ケアシステムを推進していますが、軽費老人ホームには、可能な範囲において要介護高齢者や社会的援護を要する高齢者等への支援を、地域のニーズに合わせて実施していくことが期待されています。

(b) 軽費老人ホームの種別は次の4種類です。

① ケアハウス　食事・生活支援サービス付きで、「自立型」と「介護型」があります。

「介護型」は、介護保険法上の「特定施設入居者生活介護」[※1]の指定を受けている施設です。介護が必要となった場合には、施設の運営事業者による介護サービスを受けることができます。

② 都市型　都市部における低所得高齢者に配慮した小規模なホームです。原則として既成市街地等に設置され、かつ、都道府県知事が地域の実情を勘案して指定します。

介護保険法上の特定施設入居者生活介護の指定を受けている施設であれば、介護が必要となった場合には、施設の運営事業者による介護サービスを受けることができます。

③　A型　　食事サービスの提供がある施設です（経過措置）。
④　B型　　自炊をする施設です（経過措置）。

　A型とB型は新たには建てられず，平成20年6月1日からケアハウスの基準に統一されました。今後はケアハウスに一本化する方向です。

　いずれの施設においても，入居後介護サービスが必要となった場合には，介護保険サービスを受けることができます。施設に入所していますが，介護保険法上の「居宅」として居宅サービスを受けることになりますので，入居者自身が要介護申請をし，ケアマネージャーにケアプランを作成してもらい，事業者を選択して介護サービスを受けます。施設が特定施設入居者生活介護の指定を受けている場合，本来は介護保険の居宅サービスを受けることができないのですが，軽費老人ホームの場合は入居者が介護保険の居宅サービスを受けることは可能です。

> （※1）特定施設入居者生活介護　　特定施設入居者生活介護とは，特定施設に入居している要介護者について，厚生労働省令で定める事項等を定めた計画に基づき行われる日常生活上の世話，機能訓練及び療養上の世話をいいます（介保8条11項）。特定施設としての指定は都道府県知事に申請をして受けますが，厚生労働省の定める基準を満たす必要があります。

(2) 利用対象者

　軽費老人ホームは，上記に記載したとおり，老人福祉法20条の6に規定されている老人福祉施設です。軽費老人ホームは都道府県が設置することができます（老福15条1項）し，国及び都道府県以外の者も，社会福祉法の定めるところにより，設置することができます（同条5項）。社会福祉法では，都道府県が社会福祉施設の設備の規模や社会福祉施設の運営等について，条例で基準を定めなければならないとされています（社福65条1項）。そこで，各都道府県は条例で軽費老人ホームの設備及び運営の基準について規定しています。

　利用対象者についても各都道府県の条例で規定されていますが，軽費老人ホームが老人福祉法に根拠を置く施設であることから，その趣旨を踏まえた利用条件となっています。

　以下は東京都の条例で利用対象者とする者ですが，他の道府県でもおおよ

そ同じ条件となっています。

　60歳以上の者で，身体機能の低下等により自立した日常生活を営むことについて不安があると認められる者であって，家族による援助を受けることが困難な者。ただし，その者の配偶者，三親等内の親族その他特別な事情により当該者とともに入所させることが必要と認められる者については，この限りでない。

（東京都軽費老人ホームの設備及び運営の基準に関する条例14条）

(3) 入居期間

「自立した日常生活を営むことについて不安があると認められる」場合が入居の要件なので，自立した日常生活を営むことができることが前提です。

　特定施設入居者生活介護の指定を受けていない施設の場合は，介護サービスを利用しても自立した日常生活が営めなくなった場合には退去せざるを得ません。

(4) 費　用

費用は，以下の項目のものが発生します。

① サービスの提供に要する費用
② 生活費（食材料費及び共用部分に係る光熱水費に限る）
③ 居住に要する費用（②の光熱水費及び次号の費用を除く）
④ 居室に係る光熱水費
⑤ 入所者が選定する特別なサービスの提供を行ったことに伴い必要となる費用
⑥ ①〜⑤のほか，軽費老人ホームにおいて提供される便宜のうち日常生活においても通常必要となるものに係る費用であって，入所者に負担させることが適当と認められるもの

特定施設入居者生活介護の指定を受けている施設では，上記に加えて，特定施設入居者生活介護として要介護認定（要支援1・2，要介護1〜5）の段階別に定められている介護保険の自己負担額を支払います。

　入居者本人の収入に応じて自治体の補助があるので，有料老人ホームやサービス付き高齢者向け住宅に比べると利用料は低額です。

(5) 利用方法

入居したい本人が直接施設と自分で契約します。

(6) 注意点

特定施設入居者生活介護の指定を受けている施設であるかどうかを確認する必要があります。指定の有無は各自治体が出している一覧表に記載されていますし、施設のホームページやパンフレットにも記載されています。指定外の施設の場合、介護度が高くなると退去せざるを得なくなります。

医療施設がないので、介護度や医療依存度が高くなったときは退去せざるを得なくなります。

4 養護老人ホーム

(1) 施設の概要

(a) 65歳以上の高齢者で、環境上の理由及び経済的理由により在宅生活が困難な状態にある人を市町村の措置で入所させ、自立した日常生活を営み、社会的活動に参加するために必要な指導及び訓練その他の援助を行うことを目的とする施設です（老福20条の4）。

多くの施設で、精神疾患を有する高齢者、矯正施設を退所する高齢者、ホームレスの高齢者など、特に配慮を要する高齢者について、一定数受け入れています。また、立ち退き、家族関係調整、虐待、独居への不安、などの理由で入所する高齢者もいます。

今後の養護老人ホームの役割として、国の進めている地域包括ケアシステム[※2]との関係で、入居者が地域での生活が可能であれば、退所後も施設が地域資源との連携を積極的に行い、生活を支えていくことが期待されています。また、養護老人ホーム退所者だけではなく、地域に暮らす特別な配慮が必要な高齢者に対しても、同様に提供されることが期待されています。

> (※2) 地域包括ケアシステム　日本における65歳以上の人口は、2042年に約3900万人となりピークを迎え、その後も、75歳以上の人口割合は増加し続けると予想されています。団塊の世代（約800万人）が75歳以上となる2025年以降は、国民の医療や介護の需要が、さらに増加することが見込まれています。

このため，厚生労働省は，2025年を目途に，高齢者の尊厳の保持と自立生活の支援の目的のもとで，重度な要介護状態となっても住み慣れた地域で自分らしい暮らしを人生の最後まで続けることができるよう，住まい・医療・介護・予防・生活支援が一体的に提供される地域の包括的な支援・サービス提供体制（地域包括ケアシステム）の構築を推進しています。

(b) 居室の清掃や洗濯等の家事は，可能な限り自分で行いますが，食事の提供はあります。また，要支援，要介護認定の結果により，介護保険サービスを利用することもできます。

(2) 利用対象者

下記の①から③の要件すべてに該当する者です。

① 環境上の理由（すべて）
- 代替的な住居の確保が難しい
- 家族や地域から孤立している
- 入院加療を要する状態でないこと

② 経済的な理由（1つ以上）
- 属する世帯が生活保護法の保護を受けているか，所得割が非課税である
- 災害その他の事情により属する世帯の生活の状態が困窮していると認められる

③ その他の要件
- IADL（手段的日常生活動作）での支援を必要とし，認知症等精神障害の問題行動が軽度である

(3) 入居期間

養護老人ホームでの生活が困難になれば，特別養護老人ホームなどの介護保険施設への入所を勧められる場合があります。

(4) 費　用

本人及び被扶養義務者の所得によって利用料が発生する場合があります。

(5) 利用方法

市区町村役場福祉課又はお住まいの地区担当の地域包括支援センターに相談します。

(6) 注意点

市区町村による措置での入所となりますので，入所希望者のみの希望で入所ができるものではありません。入居希望者が多数の場合には地域によっては数か月から何年間か待つこともあります。

5 サービス付き高齢者向け住宅

(1) 施設の概要

(a) サービス付き高齢者向け住宅とは，バリアフリー化され，入居者の状況把握と生活相談サービス等の提供を必須とする高齢者向け賃貸住宅です（高齢者の居住の安定確保に関する法律（以下，「高齢者住まい法」といいます）5条参照）。

高齢化が進み，高齢単身者や夫婦のみの世帯が増えたことから，介護や医療と連携して在宅生活を支援する必要が重要である一方で，サービス付きの住宅の供給は，欧米各国に比べて立ち後れていました。高齢者の居住の安定を確保することを目的として，2011（平成23）年に高齢者住まい法が改正され，これまでの「高齢者円滑入居賃貸住宅（高円賃）」，「高齢者専用賃貸住宅（高専賃）」，「適合高齢者専用賃貸住宅」，「高齢者向け優良賃貸住宅（高優賃）」が一本化され，バリアフリー構造等を有し，介護・医療と連携し高齢者を支援するサービスを提供する「サービス付き高齢者向け住宅（サ高住）」が創設されました。国土交通省・厚生労働省の共同管轄となっており，国土交通省令・厚生労働省令の定める基準に該当する「サービス付き高齢者向け住宅」を都道府県知事に登録するという制度です。

(b) サービス付き高齢者向け住宅では，日中の見守りサービス（状況把握サービス）と生活相談サービス（食事や健康に関してなど）は必ず提供されます。

ほとんどの住宅にオプションで食事サービスが付いています。生活支援サービス（居室の清掃，洗濯など）を提供してくれる場合や，夜間緊急通報サービス（救急車の手配など）が付いているものもあります。

サービス付き高齢者向け住宅は施設ではなく「住宅」ですので，介護保険サービスについては，介護保険法上の「居宅」として居宅サービスを受けることになります。入居者自身が要介護申請をし，ケアマネージャーにケアプ

ランを作成してもらい，事業者を選択して介護サービスを受けます。介護サービス事業所が併設されている場合であっても，併設の事業者のサービスではなく，入居者が自分で選択した介護保険の居宅サービスを受けることは可能です。

各施設との契約は普通建物賃貸借契約とする場合が多いです。終身建物賃貸借契約，定期建物賃貸借契約とすることもあります。利用権方式の場合もあります。

(2) 利用対象者

以下の条件があります。

① 単身高齢者世帯：60歳以上の人，又は要介護・要支援の認定を受けている人
② 配偶者，60歳以上の親族，要介護・要支援を受けている親族，特別な理由により同居させる必要があると知事が認める者などとの同居可

(3) 入居期間

賃貸借契約を締結することから，入居の期間を2年とすることが多いようです。もっとも借地借家法の適用がされますので，居住権自体は借地借家法上の保護を受けます。

(4) 費　用

入居時の費用は原則不要ですが，賃貸借契約であることから，敷金2～3か月分を支払うのが一般的です。

毎月の利用料は，家賃，共益費（光熱水費，施設維持管理費など），基本サービス料（日中の見守りサービス，生活相談サービス），食事サービス，その他生活費（電話代，理美容代，医療費など），生活支援サービス（居室の清掃，洗濯など）などの費用が発生します。

介護サービスを受ける場合には，別途サービスの自己負担分の支払があります。

(5) 利用方法

各住宅に申し込みます。

(6) 注意点

要介護度が高くなった場合，介護保険の居宅サービスを受けることはでき

ますが，その自己負担分とサービス付き高齢者向け住宅に支払う毎月の利用料を合計するとかなりの額となることが予想されます。そうすると，介護付き有料老人ホームに入居した方が負担する金額が安い場合もあり得ます。入居時に介護が不要であったとしても，将来介護が必要となった場合に発生する費用も念頭に入れてサービス付き高齢者向け住宅への入居を選択するかどうかを決める必要があります。

6 シルバーハウジング

(1) 施設の概要
シルバーハウジングとは，地方公共団体，都市再生機構，住宅供給公社などの公共賃貸住宅の中で，高齢者等の生活特性に配慮してバリアフリー化され，生活援助員（ライフサポートアドバイザー）による日常生活支援サービスの提供を併せて行う，高齢者世帯向けの公的賃貸住宅です。

(2) 利用対象者
自立した日常生活が可能な60歳以上の単身者，夫婦のいずれかが60歳以上の世帯，障害者として入居が認められた単身者又は障害者と配偶者からなる世帯などです。

(3) 入居期間
特に定めはありません。

(4) 費　用
一般の公営住宅の利用料と同じです。

(5) 利用方法
各市区町村が公営住宅の募集をするときに，一緒にシルバーハウジングの募集もしており，その時に申込みをします。抽選となることも多いようです。

(6) 注意点
介護度や医療依存度が高くなった場合には，退去せざるを得なくなりますので，その後の対応を考えておかなければなりません。

シニア向け分譲マンション

(1) 施設の概要

高齢者が生活しやすいように建てられた民間の分譲マンションです。

ほとんどのシニア向け分譲マンションには，レストラン，大浴場といった日常の基礎生活維持及び健康維持・増進のための施設が併設されています。娯楽室，フィットネスルームといった日常生活充実のための施設や，健康管理室など安心確保のための施設は，物件ごとに差異があります。

かつては分譲型のサービス付きマンションも有料老人ホームと規定されていましたが，「有料老人ホームの設置運営指導指針について」（平9・12・19老振141号）により，「有料老人ホーム設置運営指導指針」が改正され，「分譲型有料老人ホームについての基準」が削除され，1998（平成10）年4月以降，分譲型は有料老人ホームとはみなされなくなりました。

(2) 利用対象者

法律での決まりはなく，それぞれのマンションで設ける条件によります。もっとも，自立していて身の回りのことができることが前提となっています。

(3) 入居期間

通常の分譲マンションと同じですので，期間の制限はありません。

(4) 費　用

購入時に売買代金が必要になります。

入居後は，管理費，修繕積立費，固定資産税など，通常の分譲マンションと同様の項目の費用がかかります。

食事サービスはオプションで対応可能なところが多く，介護サービスは別途契約が必要になり，自己負担分の費用が発生します。

(5) 利用方法

各住宅に申し込みます。

(6) 注 意 点

所有権を取得するので相続，売却，賃貸が可能ですが，売却に関しては，古くなった物件は売値を落としても買い手が付かないケースもあります。

介護サービスを利用する場合は，外部の事業者との契約が必要となります。

介護度や医療依存度が高くなった場合には，退去せざるを得ません。したがって，終の住処となり得ない場合もあります。

【小池　知子】

case02　介護が必要な場合の施設

　介護が必要になったときには，適切な施設に移りたいと思います。どのような施設があるのか教えてください。

☞ポイント

- □　有料老人ホーム（介護型・住宅型）
- □　特別養護老人ホーム
- □　介護老人保健施設
- □　介護療養型医療施設
- □　介護医療院
- □　認知症高齢者グループホーム
- □　小規模多機能型居宅介護
- □　看護小規模多機能型居宅介護

1　はじめに

　高齢者の場合，体力，気力が衰えてきますから，介護が必要になったときには，その選択をするための情報を十分に得ることや，選択することが困難になってきます。また，一度，施設に入居した後に移動することも容易ではありません。したがって，事前に施設について正確に理解しておく必要があります。近時いわゆる有料老人ホームも多様な施設ができていますし，経済的に余裕がない場合の施設でも選択肢は増加している状況にあります。

2　有料老人ホーム（介護型・住宅型）

(1)　施設の概要

　有料老人ホームの一般的な説明は，**ケース1を参照**ください。

　介護型有料老人ホームは，介護等のサービスが付いた高齢者向けの居住施設です。介護型の場合は，特定施設入居者生活介護（介保8条11項）の事業者指定（**ケース1参照**）を受けていますので，老人ホームで介護サービスが提供されます。

　住宅型有料老人ホームは，生活支援等のサービスが付いた高齢者向けの居

住施設です。介護が必要になった場合には，施設に入所していますが，介護保険法上の「居宅」として居宅サービスを受けることになりますので，入居者自身が要介護申請をし，ケアマネージャーにケアプランを作成してもらい，事業者を選択して介護サービスを受けます。

(2) **利用対象者**

対象者について特に法律の制限はありません。各施設の条件によります。

(3) **入居期間**

特に定めはありません。介護が必要になっても施設内で介護サービスを利用しながら生活することが想定されています。

(4) **費　用**

入居時に入居一時金の支払を求められることが通常です（入居一時金については**ケース3**で説明します）。入居一時金を支払わない場合は，月々の利用料が高額になるのが一般的です。施設によっては，入居一時金を支払って月々の利用料が安くなるプランと入居一時金を支払わない代わりに月々の利用料が高くなるプランのいずれかを選択できる場合もあります。

毎月の利用料は，「介護型」の場合，ホームの月額利用料のほかに，特定施設入居者生活介護として要介護認定（要支援1・2，要介護1～5）の段階別に定められている介護保険の自己負担額を支払います。

「住宅型」の場合，ホームの月額利用料を支払います。介護保険サービスを利用した場合には，利用した分の自己負担分を支払います。

(5) **利用方法**

各施設に申込みをします。

(6) **注意点**

前払金の保全措置を講じていない有料老人ホームや未届の有料老人ホームについては注意が必要です。詳しくは**ケース3**を参照ください。

契約をする際の注意事項については**ケース4**を参照ください。

3　特別養護老人ホーム

(1) 施設の概要

特別養護老人ホーム（以下「特養ホーム」といいます）とは，老人福祉法により規定された施設であり，身体上又は精神上著しい障害があるために常時の介護を必要とし，かつ，居宅においてこれを受けることが困難な者等を入所させ養護することを目的とする施設をいいます（老福20条の5）。

介護保険法では「介護老人福祉施設」とされており（介保8条27項），介護保険の対象施設となっています。

(2) 利用対象者

介護の必要性がより高い中重度の要介護者を支える機能を重視する観点から，平成27年4月より，新規に入所する者を，原則として要介護3～5の者に限ることとする制度改正が行われました。

要介護1や要介護2の方の場合は，居宅での生活が困難なことについてやむを得ない事由があると認められる場合，特例で入所が認められます。厚生労働省は，特例入所の判定に際しては，■図表2－1の事情を考慮することとしています。

介護保険の保険者である自治体は入所基準を定め，特養ホームごとに入所順位を決めています。要介護度が高いこと，介護する人がいないことなどが重視されます。

(3) 入居期間

入所期間に制限はなく，高度な医療が必要にならない限り，最期まで住み

■図表2－1　特例入所の判定の際考慮する事情（厚生労働省）

①	認知症である者であって，日常生活に支障を来すような症状・行動や意思疎通の困難さが頻繁に見られること。
②	知的障害・精神障害等を伴い，日常生活に支障を来すような症状・行動や意思疎通の困難さ等が頻繁に見られること。
③	家族等による深刻な虐待が疑われる等により，心身の安全・安心の確保が困難であること。
④	単身世帯である，同居家族が高齢又は病弱である等により家族等による支援が期待できず，かつ，地域での介護サービスや生活支援の供給が不十分であること。

（平26・12・12老高発1212第1号「指定介護老人福祉施設等の入所に関する指針について」）

続けられます。

(4) 費　用

介護保険施設のため，要介護度に応じた自己負担分が発生します。

それ以外に部屋の種類に応じた居住費，食費，日常生活費（理美容代など）がかかります。

低所得者の場合，居住費と食費の負担額を軽減する制度があります（**ケース9** 参照）。

(5) 利用方法

各施設に入所の申込みをします。各施設に設置される入所検討委員会で入所が決定されます。

(6) 注 意 点

待機者が多いので，申し込んでもすぐには入所できません。入所までの間在宅が困難であれば，病院や老健施設等の他の施設に入所して，待機することになります。2017年3月27日厚生労働省の発表によると，特別養護老人ホームの待機者数は全国で29万5237人であり，そのうち17万2013人（58.3％）が在宅でない方でした。

入所の順番は，申込み順ではなく，入所の必要性が高い順となっています。一般的には，要介護度が高い場合，介護期間が長い場合，介護者がいない場合，いる場合であっても介護者が高齢であったり病弱であったりする場合には，優先順位が高くなります。

4　介護老人保健施設

(1) 施設の概要

介護老人保健施設とは，要介護者に対し，施設サービス計画に基づいて，看護，医学的管理の下における介護及び機能訓練その他必要な医療並びに日常生活上の世話を行うことを目的とする施設です（介保8条28項）。

(2) 利用対象者

介護保険法による被保険者で要介護認定を受けた人のうち，病状が安定していて入院治療の必要がない要介護度1～5の人で，リハビリテーションを

必要とする人です。

(3) 入居期間

おおよそ3か月から1年程度です。

(4) 費　用

介護保険施設のため，要介護度に応じた自己負担分が発生します。

それ以外に部屋の種類の応じた居住費，食費などがかかります。

(5) 利用方法

直接施設に申込みをします。

(6) 注意点

介護老人保健施設は，居宅における生活への復帰を目指すことが目的とされていますので，長期の入所は予定されていません。

5 介護療養型医療施設

(1) 施設の概要

介護療養型医療施設とは，療養病床等を有する病院又は診療所であって，当該療養病床等に入院する要介護者に対し，施設サービス計画に基づいて，療養上の管理，看護，医学的管理の下における介護その他の世話及び機能訓練その他必要な医療を行うことを目的とする施設（旧介保8条26項）をいいます。

当初，2018（平成30）年3月で廃止の予定でしたが，2017（平成29）年の介護保険法の改正により廃止の時期が6年延期され，2023年度末までとされました。

その後の受け皿としては，「日常的な医学管理」や「看取り・ターミナル」等の機能と「生活施設」としての機能とを兼ね備えた，新たな介護保険施設（介護医療院）が創設されます。

(2) 利用対象者

重い認知症患者や寝たきりの状態など，病状が安定していて長期の治療が必要な患者です。

(3) 入居期間

医療の必要な要介護高齢者の長期療養施設ですので，状態が改善してきたら退所することになります。

(4) **費　用**

介護保険施設のため，要介護度に応じた自己負担分が発生します。

それ以外に部屋の種類に応じた居住費，食費，日常生活費（理美容代など），アメニティ代（寝巻きのレンタル費や洗濯代など）がかかります。

(5) **利用方法**

直接施設に申込みをします。

(6) **注意点**

介護療養型医療施設では，他施設と比較して看取り・ターミナルケアの実施が多く，病床100床（定員100名）あたりの換算では，医療療養病床が47.1人，介護療養病床が23.3人，介護療養型老人保健施設が7.3人，従来型介護老人保健施設が3.9人との統計が出されています（一般社団法人 日本慢性期医療協会平成24年度老人保健健康増進等事業「療養病床から転換した介護老人保健施設等のあり方に関する調査研究事業報告書」26頁）。

6　介護医療院

(1) **施設の概要**

介護医療院とは，要介護者であって，主として長期にわたり療養が必要である者に対し，施設サービス計画に基づいて，療養上の管理，看護，医学的管理の下における介護及び機能訓練その他必要な医療並びに日常生活上の世話を行うことを目的とする施設をいいます（介保8条29項）。

これまで，長期にわたり療養を必要とする人は，医療法に基づき設置されている医療療養病床か介護保険法に基づき設置されていた介護療養病床に入院していました。利用者は医療の必要度が高い人が多く，療養生活が長期に及び，介護療養病床の平均在院日数は約1年半で，約4割が死亡による退院です。そのため，長期に療養生活を送るのにふさわしい，住まいの機能を強化し日常生活を営む上で必要な医療処置や看取りを実施する体制を整えた施設の創設が必要とされました。そのような機能を備えた施設が介護医療院で

す。

　介護医療院の設置根拠は介護保険法ですが，医療の提供があるため，医療法上は医療提供施設とされました。

　上記❺に記載したとおり，介護療養型医療施設は2023年度末までの設置となり，順次介護医療院に転換されることになります。

(2) 利用対象者

　介護医療院には，生活施設としての機能が中心のⅠ型とⅡ型，医療機関が居住スペースに併設される医療外付け型の3つの類型があります。Ⅰ型は，主として長期にわたり療養が必要である人であって，重篤な身体疾患を有する人，身体合併症を有する認知症高齢者等が，Ⅱ型はⅠ型以外の人が対象です。医療外付け型は，医療の必要性は多様であるものの，容体は比較的安定した人が対象です。

(3) 入居期間

　特に決まりはありませんがターミナルケアを行うことが予定されています。

(4) 費　　用

　介護保険施設のため，要介護度に応じた自己負担分が発生します。目安としては，従来の介護療養型医療施設よりも若干高めです。

　それ以外に部屋の種類に応じた居住費，食費，日常生活費（理美容代など）がかかります。

(5) 利用方法

　直接施設に申込みをします。

(6) 注 意 点

　Ⅰ型とⅡ型は，上記(2)に記載のとおり，入居対象者が異なります。Ⅰ型の施設基準はこれまでの介護療養病床相当とされており，Ⅱ型は老健施設相当以上とされています。

　医療外付け型の居住スペースは，特定施設入居者生活介護の指定を受ける有料老人ホームが想定されています。

7 認知症高齢者グループホーム

(1) 施設の概要
認知症高齢者グループホームとは，介護保険法によって規定された施設であり，入浴，排せつ，食事等の介護その他の日常生活上の世話及び機能訓練を行う共同生活の住居です（介保8条20項）。

(2) 利用対象者
要支援2以上の認知症の人が対象です。家庭的な環境のもとで共同生活を行うので，自分の身の回りのことが一応できる人が対象で，寝たきりや，周囲の人に危害を及ぼす，医療面のケアが必要な人は入居ができません。

(3) 入居期間
特に決まりはありませんが，共同生活ができなくなった場合は退去せざるを得なくなります。

(4) 費　用
施設によって異なります。施設によっては入居一時金を必要とするところもあります。

(5) 利用方法
各施設に申込みをします。

(6) 注意点
認知症の進行を遅れさせる効果が期待できます。認知症の症状が進んだり，医療依存度が高くなったりした場合には退去しなくてはならないことがあります。

8 小規模多機能型居宅介護

小規模多機能型居宅介護とは，利用者が施設に入所するものではありません。自宅を拠点とし，「通い」を中心として，要介護者の様態や希望に応じて，随時「訪問」や「泊まり」を組み合わせてサービスを提供することで，中重度となっても在宅での生活が継続できるよう支援する制度（介保8条19項）です。

このサービスが創設される前は，通所，訪問，泊まりについて別の事業所のサービスを受けることで，スタッフがそれぞれ異なるために馴染みの関係が築きにくく，ケアの連続性が保たれないなどの問題がありました。

小規模多機能型居宅介護を提供する施設は，地域に根ざした小規模の施設であるため，「通い」，「訪問」，「泊まり」等のサービスを利用するときに同じスタッフが対応することで，連続性のあるケアを利用できます。

⑨ 看護小規模多機能型居宅介護

看護小規模多機能型居宅介護は，利用者が施設に入所するものではありません。小規模多機能型居宅介護に訪問看護を含め，1つの事業所が医療行為も含めた多様なサービスを行うものです。

下記のようなニーズのある方々を支援するため，2012（平成24）年に創設された（当初の名称は「複合型サービス」）新しいサービスです。

① 退院直後の在宅生活へのスムーズな移行
② がん末期等の看取り期，病状不安定期における在宅生活の継続
③ 家族に対するレスパイトケア，相談対応による負担軽減

要支援（1～2）の方は対象外となります。

利用者や家族の状態にあわせて，「通い」を中心に，「泊まり」や「訪問」といったサービスを，柔軟に組み合わせて受けられます。

主な施設とその特徴を■図表２-２にまとめましたので，参照ください。

【小池　知子】

■図表2-2 主な施設とその特徴

	有料老人ホーム	特別養護老人ホーム	介護老人保健施設
(1)概要	介護型：介護等のサービスが付いた高齢者向けの居住施設 住宅型：生活支援等のサービスが付いた高齢者向けの居住施設	常時の介護を必要とし，居宅では生活が困難な場合の施設	看護，医学的管理の下における介護及び機能訓練その他必要な医療並びに日常生活上の世話を行うことを目的とする施設
(2)利用対象者	特に制限はない	原則として要介護度3～5	要介護度1～5
(3)入居期間	特に定めはない	特に定めはない	おおよそ3か月から1年程度
(4)費用	入居時に入居一時金の支払を求められることがある 介護型：介護保険の自己負担額の支払がある	要介護度に応じた自己負担分を支払う。部屋の種類に応じた居住費，食費，日常生活費が発生する。	要介護度に応じた自己負担分を支払う。部屋の種類に応じた居住費，食費などが発生する。
(5)利用方法	施設に申込み	施設に申込み	施設に申込み
(6)注意点	住宅型の場合，介護が必要になった場合別途介護保険サービスを受けることになるので費用が高額となってしまう可能性がある	申込順ではなく入所の必要性が高い順なので，申込みをしてもすぐには入所できない	居宅での生活復帰が目的なので長期間の入所は予定されていない

介護療養型医療施設	介護医療院	認知症高齢者グループホーム
療養病床等を有する病院又は診療所であって、療養上の管理、看護、医学的管理の下における介護その他の世話及び機能訓練その他必要な医療を行うことを目的とする施設	要介護者であって、主として長期にわたり療養が必要である者に対し、施設サービス計画に基づいて、療養上の管理、看護、医学的管理の下における介護及び機能訓練その他必要な医療並びに日常生活上の世話を行うことを目的とする施設	入浴、排せつ、食事等介護その他の日常生活の世話及び機能訓練を行う共同生活の住居
病状が安定していて長期の治療が必要な患者	Ⅰ型：長期にわたり療養が必要である人であって、重篤な身体疾患を有する人、身体合併症を有する認知症高齢者 Ⅱ型：Ⅰ型以外の人 医療外付け型：医療の必要性は多様だが、容体は比較的安定した人	要支援2以上の認知症の人
状態が改善してきたら退所	特に定めはない	決まりはないが共同生活ができなくなった場合は退去
要介護度に応じた自己負担分を支払う。 部屋の種類に応じた居住費、食費などが発生する。	要介護度に応じた自己負担分を支払う。 部屋の種類に応じた居住費、食費、日常生活費などが発生する。	入居時に入居一時金の支払を求められることがある
施設に申込み	施設に申込み	施設に申込み
2023年度末までに廃止	Ⅰ型、Ⅱ型、医療外付け型とそれぞれ特徴が異なる。費用は従来の介護療養型医療施設よりも高めである。	認知症の症状が進んだり、医療依存度が高くなったりした場合には退去しなくてはならないことがある

第2節　高齢者施設に入居する場合の問題点

case03　施設入居の際の確認事項

私は有料老人ホームに入居することを考えています。入居に際しては，何を確認しておくべきでしょうか。ポイントを教えてください。

☞ポイント
- □ 入居期間
- □ 未届かどうか
- □ 入居一時金
- □ 保全措置

1　はじめに

老後の住まいとして有料老人ホームを選択する場合，それなりの費用が発生しますので，入所の際には慎重な検討が必要です。特に，入所の際に支払うお金の名目や，前払金（入居一時金）の計算根拠，償還については，契約をする前に確認をする必要があります。有料老人ホームの管轄は厚生労働省で，下記に記載するように，老人福祉法に基づき都道府県知事に改善等の指導や命令の権限が与えられています。しかし，事後に改善されたとしても，本来返還されるべき金員が戻ってこない可能性もあります。そのため，契約前に安全な老人ホームであるかどうかを確認することが重要です。

2　届出の有無の確認

(1) 届出義務

有料老人ホームを設置しようとする場合には，施設を設置しようとする土地の都道府県知事に届出をする必要があります（老福29条1項）。

有料老人ホーム内での虐待等を初め，入居者の処遇に関しホーム内で不当

な行為が行われることを未然に防止するため，必要に応じて都道府県等が迅速かつ適切に関与できるように，届出が義務付けられています。

もっとも，中には，規格外だからといった理由により，届出をせずに老人ホームを運営していることもあり，届出をしていない老人ホームは実在しています。

(2) 都道府県知事の改善命令

老人福祉法では，有料老人ホームの設置者に■図表３－１の義務を課しています。

都道府県知事は，有料老人ホームの設置者が上記の規定に違反した場合や，入居者の処遇に関し不当な行為をし，又はその運営に関し入居者の利益を害する行為をした場合，その他入居者の保護のため必要がある場合には，ホーム設置者に対して，改善命令等をすることができます（老福29条11項）。

都道府県知事が改善命令等の権限行使をすることができるのは，有料老人ホームの設置者に対してですので，届出をしていない有料老人ホームの設置者も当然含まれます。しかし，届出がなければ，行政側で未届ホームの存在を把握するのが遅れ，そのホームと行政の連携体制が不十分となるおそれがあり，適切な指導もできなくなってしまいます。

■図表３－１　老人福祉法が有料老人ホーム設置者に課した義務

①	帳簿の作成保存義務	老福29条４項
②	当該有料老人ホームに入居する者又は入居しようとする者に対する，介護等の内容その他の情報の開示義務	同条５項
③	権利金等の受領禁止	同条６項
④	終身にわたって受領すべき家賃などの全部又は一部を前払金として一括して受領する場合，前払金の算定の基礎を書面で明示すること，前払金の保全措置をとること	同条７項
⑤	前払金を受領するとき，一定期間後に解約となった場合や入居者の死亡により契約が終了した場合に，前払金返還の契約をすること	同条８項

そこで，有料老人ホームに入居する際には，その有料老人ホームが都道府県知事に届出をしているかどうかを確認する必要があります。各都道府県が公表している有料老人ホーム一覧に記載があれば届出をしていることになりますので，各都道府県のホームページ等で確認することができます。

3 前払金（入居一時金）

(1) 入居一時金の規制

(a) 規制について　有料老人ホームに入居する際には，有料老人ホーム側から高額の入居一時金の支払を求められることが一般的です。

　もっとも入居後，早期に入院となってしまったり，入居した老人ホームが利用者の期待とは異なった等の理由で老人ホームを早期に退去することとなったり，あるいは早い段階で死亡したりして，想定していた時期よりも相当早い時期に退去となることも当然あります。その際の入居一時金の返還について，利用者ないしその相続人と施設との間でトラブルが発生することもありました。

　このような背景事情のもと，2011（平成23）年に老人福祉法が■図表３−２

■図表３−２　2011（平成23）年の老人福祉法改正

①	家賃，敷金及び介護サービス費用を除き，権利金等を受領してはならない	老福29条6項
②	前払金を受領するとき，一定期間(※)後に解約となった場合や入居者の死亡により契約が終了した場合に，前払金返還の契約をすること	同条8項
	※「一定期間」とは（老福施規21条）	
	ア　入居者の入居後，3か月が経過するまでの間に契約が解除され，又は入居者の死亡により終了した場合	3か月
	イ　入居者の入居後，一時金の算定の基礎として想定した入居者が入居する期間が経過するまでの間に契約が解除され，又は入居者の死亡により終了した場合	当該期間

のように改正され、入居一時金について規制が強化されました。

　なお、前払金の算定根拠及び返還の額は、厚生労働省「有料老人ホームの設置運営標準指導指針」（平14・7・18老発0718003号、最終改正・平30・4・2老発0402第1）11(2)三において、■図表３－３のとおり規定されています。

　(b)　**確認すべきこと**　　上記のとおり、有料老人ホームは家賃、敷金及び介護サービス費用を除き、権利金等を受領してはならないことになりましたので、前払金（入居一時金）以外の名目でまとまったお金を支払うことになっていないかどうかを確認する必要があります。

　また、入居一時金に関しては、その額や償還方法が法令どおりとされているかについて確認する必要があります。

(2)　**老人福祉法違反の契約の効力**

■図表３－３　前払金の算定根拠及び返還の額

前払金（入居一時金）の算定根拠	ア	期間の定めがある契約の場合	（1か月分の家賃又はサービス費用）×（契約期間（月数））
	イ	終身にわたる契約の場合	（1か月分の家賃又はサービス費用）×（想定居住期間（月数））＋（想定居住期間を超えて契約が継続する場合に備えて受領する額）
返還する前払金	ア	入居後3か月以内に解除又は終了となった場合	前払金から実際の利用期間内の利用料を控除した額を返還（老福施規21条2項1号）
	イ	入居後3か月から想定居住期間内に解除又は終了となった場合	契約終了から想定居住期間までの利用料に相当する額を返還（同項2号）。この場合は、「想定居住期間を超えて契約が継続する場合に備えて受領する額」が控除される（沖野眞巳「日本の有料老人ホーム契約の検討」草野芳郎他編『高齢者支援の新たな枠組みを求めて』）。

（厚生労働省「有料老人ホームの設置運営標準指導指針」（平14・7・18老発0718003号、最終改正・平30・4・2老発0402第1）11(2)三）

(a) 上記のとおり老人福祉法において権利金の受領が禁止され，また，一定の場合に事業者に入居一時金の返還が義務付けられました。したがって，権利金の受領が記載された契約条項や入居一時金の全部又は一部を返還しない旨の契約条項は老人福祉法違反になります。

もっとも，老人福祉法は行政法規ですので，施設を規制する法律であって，利用者と施設との間を規律する法律ではありません。そのため，老人福祉法違反の契約条項は，利用者と施設との間での契約の効力にも影響を及ぼして無効となり，事業者は返還義務を負うことになるのかが問題となります。

具体的には，消費者契約法9条・10条違反が問題となります。

消費者契約法9条違反とは，契約解除の時に返還をしない金額は損害賠償の予定ないし違約金を定めるものであるとして消費者契約法9条により無効となるか，ということです。

消費者契約法10条違反とは，前払金は家賃やサービスの前払いなので，契約が終了した場合には経過期間に発生した家賃やサービス以外の部分は返還するのが原則であるから，返還しない定めは返還範囲を減縮するものであり消費者に不利益であるとして消費者契約法10条により無効となるか，ということです。

(b) 裁判例は，老人福祉法改正前のものですが，一時入居金の償却に関する契約条項の効力を争い，返還を求める事案で，いずれも消費者契約法9条・10条違反を認めていません（東京地判平21・5・19判時2048号56頁，東京地判平22・9・28判時2104号57頁，東京地判平26・2・3判時2222号69頁など）。

なお，名古屋高裁平成26年8月7日判決（裁判所ホームページ）は，契約の条項の一部について消費者契約法10条違反を認めています。

① 入居一時金について，契約の締結から終了までの期間が15年未満の場合は，初期償却（初期償却率15％）をした後，180か月（15年）から利用経過月数を控除した残月数に対応した残金を返却するが，15年を経過した場合には返却しないとされているところ，このような初期償却条項は，民法90条により，又は消費者契約法10条により無効ということはできない。

② 施設の開設日及び実際の入居日が契約締結日よりも先であるにもかか

わらず，償還の起算点について契約締結日としている条項と，入居者夫婦の一方の死亡により転居契約が締結され，転居契約において当初の入居契約における入居一時金を初期償却し別室の入居一時金について初期償却が定められた条項は，消費者契約法10条により無効となる。

(c) 裁判例は，一般的な償却・不返還条項については，消費者契約法9条・10条違反にはならないという点で一致しています。

他方で，東京都消費者被害救済委員会におけるあっせんなどでは，消費者契約法10条違反が認められている例があります。

例えば，入居契約から4年8か月後に退去し，入居一時金1200万円の返還を求めた事例で，入居一時金を全額返還しないとする契約条項は消費者契約法10条により無効であり，実際の入居期間の割合に応じて償却されるべきであるとして，事業者が676万9000円を返還する内容であっせんし，合意した例（東京都消費者被害救済委員会第52号案件平成24年10月29日付託，平成25年3月7日公表）があります。

4 保全措置

(1) 保全措置とは

上記記載のとおり，有料老人ホーム側は，一定の場合には前払金の返還義務が生じます。しかし，ホーム側が前払金を使ってしまった等の理由で返還しなければならないときにそのお金が工面できないことを避けるために有料老人ホームは，確実に返還することができるように，返還金を確保しておくための保全措置を講じることが定められています（老福29条7項）。

(2) 保全措置の方法

保全措置の方法は，「厚生労働大臣が定める有料老人ホームの設置者等が講ずべき措置」（平18・3・31厚生労働省告示266号）において，■図表3－4のとおりとされています。

保全措置がとられていないと前払金が返還されないリスクがあるため，保全措置がとられているかどうかについて確認する必要があります。重要事項説明書に記載の有無がありますので，契約をする前に施設に確認してくださ

い。

【小池　知子】

■図表3－4　保全措置の方法

①	銀行等との連帯保証委託契約
②	指定格付機関による特定格付が付与された親会社との連帯保証委託契約
③	保険事業者との保証保険契約
④	信託会社等（信託会社及び信託業務を行う金融機関）との信託契約
⑤	高齢者の福祉の増進に寄与することを目的として設立された一般社団法人又は一般財団法人との間の保全のための契約で上記①から④に準ずるものとして都道府県知事が認めるもの（例えば，社団法人全国有料老人ホーム協会の入居者基金制度が該当）

(「厚生労働大臣が定める有料老人ホームの設置者等が講ずべき措置」（平18・3・31厚生労働省告示266号））

case04　契約の際の注意点

サービス付き高齢者向け住宅か有料老人ホームに入所を考えています。契約を締結するに当たってはどのような点に留意しなければなりませんか。

☞ポイント
- [ ] 契約方式
- [ ] サービス付き高齢者向け住宅の契約書の確認ポイント
- [ ] 有料老人ホームの契約書の確認ポイント

1　はじめに

　高齢者施設に入居する際に契約を締結しますが，入居後は心身ともに弱ってくることが予想され，その時点で自ら契約を修正することは不可能です。入居の前に，費用やサービス内容，前払金の額の根拠や償還期間，入居期間，将来介護が必要になった場合の対処方法，退去の際の原状回復などをあらかじめ確認をしておく必要があります。さらには，自らが契約内容を理解することが難しい場合には，適切な人にサポートをしてもらうことも必要です（ケース10，17等を参照）。

2　契約方式

(1)　契約の形態
(a)　２種類の形態　　高齢者施設の入居に際して締結される契約の形態は主に２種類あります。
　①　賃貸借方式（終身賃貸借）
　②　利用権方式

　有料老人ホームの場合は利用権方式が多く，サービス付き高齢者向け住宅（以下，「サ高住」といいます）の場合は賃貸借方式が多いですが，有料老人ホー

ムでも賃貸借方式の場合もあれば，サ高住でも利用権方式の場合もあります。

 (b) **賃貸借方式**　高齢者施設の建物の一定部分を借りるという方式であり，借地借家法が適用になり，入居者は借主として，居住の保護が図られています。

　多くのサ高住では，普通賃貸借契約を締結し，契約期間を2年とするとしています。このように契約期間が2年とされている場合，契約期間が満了すると当然に契約が終了するわけではありません。契約当事者が期間の満了の1年前から6か月前までの間に，相手方に対して，更新をしない旨の通知又は条件を変更しなければ更新をしない旨の通知をしなかったときは，従前の契約と同一の条件で契約を更新したものとみなされます（借地借家26条1項本文）。

　さらに，建物賃借権は第三者に対しても主張することができる権利であり，相続の対象にもなります。

　普通の賃借権ではなく終身建物賃借権が設定される場合があります。これは，高齢者の居住の安定確保に関する法律52条で認められた権利で，借地借家法の規定にかかわらず，賃借権は借主が生きている限り存続し，死亡した時に終了するとされています。そのため賃借権の相続はされません。

　終身建物賃借権を締結するには，貸主が賃貸事業実施の認可を都道府県知事から受けなければならず，契約書も公正証書で作成する必要があります。

 (c) **利用権方式**　利用権契約については，賃貸借契約における借地借家法のような借家人を保護する法律があるわけではないので，事業者と利用者間で，契約内容を自由に決めることができます。

　一般的には，利用権はホーム施設内全体を利用する権利とされ，利用者は，施設内の1室を与えられます。しかし，特定の部屋を利用する権利を取得するわけではないので，賃貸人から居室の変更が求められる可能性があります。

　なお，利用権は相続できません。

(2) **契約形態によって差異があるか**

　上記の契約形態からすれば，賃貸借契約の方が借地借家法の適用があり利用者にとって有利であるようにも見受けられます。

　ただし，これは特定の居室を継続的に利用することができるという側面の

みに限られます。

ケース1, 2でも説明したとおり, 介護が必要となった場合に, その施設でどのような介護サービスを受けることができるのか, そもそも住み続けることができるのか, といったことの方が重要です。

3 サ高住の場合

(1) 契約の形態

サ高住は, 部屋を借りる契約ですので, 賃貸借契約となります。また, サ高住では, 状況把握サービスと生活相談サービスが提供されることが前提です。そこで, 賃貸借契約を主とし, 状況把握サービス及び生活相談サービスの提供に関する契約を従として一体となった契約を締結することになります。

契約書のひな型は, 国土交通省のホームページに掲載されています（https://www.satsuki-jutaku.jp/system.html）。

(2) 契約書の項目に関する注意点

契約書の項目に関する注意点を■図表4－1にまとめましたので参照ください。

4 有料老人ホームの場合

(1) 契約の形態

有料老人ホームの場合は, 利用権方式を採用することが多く, 条文数も膨大です。サ高住のように, 国が契約書のひな型は公表していませんが, 内容自体は, 厚生労働省あるいは地方自治体が作成した有料老人ホーム設置運営標準指導指針に則ったものであることが必要です。

(2) 契約書の項目に関する注意点

契約書の項目に関する注意点を■図表4－2にまとめましたので参照ください。

【小池　知子】

■図表4-1　サ高住の契約書の項目に関する注意点

	項目	注意点	コメント
①	賃貸借の目的物	住戸部分の設備に緊急通報装置があるかどうか	24時間体制でないサ高住の場合，一定の資格者がいない時間帯に各居室に緊急通報装置が設置される必要がある。
②	契約期間	始期及び終期を確認	ア　新設されるサ高住の場合，契約締結日よりも始期（入居日）が後になるはず。 イ　終身建物賃貸借契約を採用した場合には，契約の始期（入居予定日）と「入居者（賃借人）の死亡に至るまで存続し，かつ，入居者（賃借人）が死亡した時に終了する」旨が契約書に明記される必要がある。 ウ　更新時に更新料や事務手数料を取られるケースもあるので気を付ける。
③	賃料等	敷金，家賃及び状況把握・生活相談サービス料金が，それぞれ分けて明確に記載されているか	ア　敷金は最大で賃料の6か月分なので，それ以上の記載がされていないかを確認する。 イ　賃料，共益費の額を確認する。共益費に含めるのは設備の維持管理に係る費用になる。共益費の中に人件費を含めるケースがあるので注意する。
		権利金の欄がないことを確認	サ高住の登録事業者は，敷金並びに家賃等（家賃又は状況把握・生活相談サービスの提供の対価をいう。以下同じ）及び家賃等の前払金を除くほか，入居者から権利金その他の金銭を受領してはならないこととされているので，もし権利金の欄があった場合には削除を求める必要がある。
④	状況把握・生活相談サービスの内容等	サービス内容，サービスの提供方法等が具体的に記載されているかを確認	国土交通省・厚生労働省関係高齢者の居住の安定確保に関する法律施行規則（平成23年厚生労働省・国土交通省令第2号）11条において， ①　一定の資格者等が，原則として，夜間を除き，サ高住の敷地又は当該

[ケース04] 契約の際の注意点 37

			敷地に隣接し，若しくは近接する土地に存する建物に常駐し，状況把握サービス及び生活相談サービスを提供すること ② 少なくとも一定の資格者等が常駐していない時間においては，各居住部分に，入居者の心身の状況に関し必要に応じて通報する装置を設置して状況把握サービスを提供することが基準として定められているため，それを踏まえた記載とされているかを確認。
⑤	貸主及び管理業者	建物所有者欄に記載があるかを確認	建物所有者欄は，管理業者と建物所有者が別である場合に記載される。地主が建物を建て，運営事業者が建物一棟を借り受けてサ高住としてのサービスを提供することはよくある。このとき，事業運営者と建物所有者との間で建物の賃貸借契約期間が満了した場合には，更新せずに終了するといった特約が結ばれていることがある。その場合，事業運営者と建物所有者との間の契約が期間満了で終了した場合には事業者が変更になる可能性があるため，注意が必要である。
⑥	契約の締結条項	建物の賃貸借と状況把握・生活相談サービスの提供のいずれか一方が終了した場合には，他方も終了することが明記されているか	サ高住は，状況把握サービスと生活相談サービスが提供されることが前提なので，賃貸借契約が終了すれば状況把握サービスと生活相談サービス契約も終了となり，状況把握サービスと生活相談サービス契約が終了すれば賃貸借契約も終了する。どちらか一方のみが存続するということはあり得ない。
⑦	解除・解約	事業者側から無催告解除できるとなっていないか	
		入居者側から解約するときに容易に許さないとされていないか	

⑧	明渡し時の原状回復	必要以上に入居者側に原状回復義務を負担させていないか	賃貸借契約のため、建物の明渡し時に賃借人に原状回復義務が発生する。もっとも原状回復といっても、修繕等の費用の全額を入居者が当然に負担するのではなく、経年変化・通常損耗分は負担しない。国土交通省が出している「原状回復をめぐるトラブルとガイドライン〔再改訂版〕」（平成23年8月）などを参照して過大な負担を強いられていないかどうかを確認する。
⑨	契約が終了した場合における明渡し時の対応や残置物の処分の方法		明渡し時の対応や残置物の処分について契約で定めておくと明渡し時のトラブル防止につながる。
⑩	立入り	事業者が入居者の承諾を事前に得ることなく賃貸住宅に立ち入ることができる要件が定められているか	各住戸への訪問が入居者の意に反して行われるとトラブルになる。立入りの要件が明記されていた方がトラブル防止につながる。
⑪	保証人・緊急連絡先	保証人の責任の範囲が契約条項に記載されているかを確認	
		緊急連絡先の記載が契約の締結要件とされていないかを確認	緊急連絡先の記載がないから入居できないということにはならない。入居の要件として記載されている場合は注意が必要。
⑫	介護サービス	自由に介護サービスの契約ができるかどうか	サ高住は住居なので、介護保険サービスは利用者が自由にサービス業者やサービス内容を選択することができる。しかし、サ高住に併設されている介護事業者やサ高住と同じ系列の介護事業者と契約を結ぶことが前提とされていることがあるので、自由に介護サービスの契約ができるかを確認する。

■図表4-2　有料老人ホームの契約書の項目に関する注意点

	項目	注意点	コメント
①	契約期間	始期及び終期を確認	新設されるホームの場合，契約締結日よりも始期（入居日）が後になるはず。 前払金の償還起算日は入居日の翌日なので，償還のトラブルを避けるためにも始期は確認しておく。
②	契約当事者以外の関係者	身元引受人や返還金受取人の記載の有無	役割について内容を確認。
③	前払金の内容	前払金の算定の基礎と返還債務の算定方法が記載されているか	前払金の算定の基礎と返還債務の算定方法は書面で明示することが義務付けられている（老福29条7項）。 前払金の算定の基礎と返還債務の算定方法は，いずれも厚生労働省がその方法を例示している（**ケース3参照**）。 また，前払金を一括受領するときには，前払金の返還ルール及び返還方法を明示して契約をしなければならない（老福29条8項）。
		想定居住期間が適切かどうか	
		敷金がある場合に，その額は家賃6か月分を超えないこと	
		権利金の欄がないこと	権利金名目での金銭の受領は禁止。
④	入居後に支払う費用	長期不在の場合の利用料の減額の有無，欠食による費用減免があるか	
		利用料の改定に当たって根拠を入居者に明示しているか	厚生労働省の「有料老人ホームの設置運営標準指導指針」（平14・7・18老発0718003号，最終改正・平30・4・2老発0402第1）では，利用料

			等の改定のルールを入居契約書又は管理規程上明らかにしておくとともに，利用料等の改定に当たっては，その根拠を入居者に明確にすることとされている。
		月払いの費用の欄を確認	介護付有料老人ホームにおいて，手厚い職員体制又は個別的な選択による介護サービスとして介護保険外に別途費用を受領できる場合は，「特定施設入所者生活介護事業者が受領する介護保険の給付対象外の介護サービス費用について」（平12・3・30老企52号厚生省老人保健福祉局企画課長通知）の規定によるものに限られているので，費用の項目に注意。
⑤	解除・解約	事業者側から無催告解除できるとなっていないか	
		入居者側から解約するときに容易に許さないとされていないか	
⑥	明渡し時の原状回復	必要以上に入居者側に原状回復義務を負担させていないか	原状回復といっても，修繕等の費用の全額を入居者が当然に負担するのではなく，経年変化・通常損耗分は負担しない。利用権方式の場合でも，国土交通省が出している「原状回復をめぐるトラブルとガイドライン〔再改訂版〕」（平成23年8月）などを参照して過大な負担となっていないかを確認。
⑦	契約が終了した場合における明渡し時の対応や残置物の処分の方法		明渡し時の対応や残置物の処分について契約で定めておくと明渡し時のトラブル防止につながる。
⑧	立入り	事業者が入居者の承諾を事前に得ることなく賃貸住宅に立ち入ることができる要件が定め	各住戸への訪問が入居者の意に反して行われるとトラブルになる。立入りの要件が明記されていた方がトラブル防止につながる。

		られているか	
⑨	保証人・緊急連絡先	保証人の責任の範囲が契約条項に記載されているかを確認	
		保証人欄の記載が契約の要件とされていないか	保証人の記載がないから入居できないということにはならないので，入居の要件として記載されている場合は注意が必要。
⑩	介護サービス	住宅型の場合，自由に介護サービスの契約ができるか	介護型の場合は特定施設に指定されているので，介護保険契約も併せて行うことになる。

第2章

介護保険制度

第1節 介護保険制度

case05 介護保険の歴史

介護保険制度はどのような経緯で，何を目的として定められた制度なのでしょうか。また，今後の方向性も教えてください。

☞ポイント
- □ 介護保険制度の歴史・目的
- □ 最近の改正
- □ 2017（平成29）年改正
- □ 今後の方向性

1 介護保険制度とは

介護保険制度は，2000（平成12）年に導入されました。

介護保険制度の導入前は，高齢者介護問題は1963（昭和38）年に制定された老人福祉法に基づき，行政機関である市町村がサービス内容を決め，老人医療については旧老人保健法の下で医療保険等公費と保険で賄われるという構造となっていました。そのため，介護サービスの内容については利用者がサービス事業者や内容を選択することができないという不都合性が問題となっていました。また，福祉サービスの費用は，公費と利用者の負担で賄っていましたが，利用者負担の額は本人と扶養義務者の収入に応じて決められていたため，中高所得層にとっては負担が重い，といった問題もありました。

中高所得層にとっては，自宅で生活して介護サービスを受けるよりも病院へ入院した方が負担額が低かったこともあり，介護を理由とする一般病院への長期入院の問題が発生しました。もっとも，病院は治療が目的ですので，スタッフや生活環境の面で，介護を要する者が長期に療養する場としての体制が不十分でした。

このように，これまでの老人福祉・老人医療制度による対応に限界が生じていたのです。

さらに，高齢化の進展に伴い，介護ニーズがますます高まる中，核家族化

の進行や介護する家族の高齢化など，要介護高齢者を支えてきた家族をめぐる状況も変化してきました。

そこで，高齢者の介護を社会全体で支え合う仕組みとして，介護の観点から従来の老人福祉と老人医療の両制度を整理・再編成すること，将来老人介護費用の増大が見込まれる中で安定的な財源を確保する必要から，老人介護は負担と給付の関係が明確な社会保険のシステムとして運営すること，利用者の自由な選択により医療・介護の両面のサービスを総合的に利用できるものとすること等を目的として，介護保険制度を導入することとなりました。

したがって，介護保険制度のもとでは，利用者自身が自らサービスの種類や事業者を選んで利用することができるようになり，これまでの市町村や社会福祉協議会といった公的な団体に加え，民間企業，農協，生協，NPOなど多様な事業者による多様なサービスの提供主体から保健医療サービス，福祉サービスを総合的に受けられる制度となっています。

利用者の負担面では，給付と負担の関係が明確な社会保険方式を採用し，利用者の負担額は原則として１割としました。

2 介護保険制度の改正の経緯

介護保険法はこれまで５回の大きな改正がなされています。

(1) **2005（平成17）年改正（平成18年4月施行）**

(a) **予防重視型への転換**　軽度者が大幅に増えたことと，軽度者に対するサービスが状態の改善につながっていないことから，予防重視型のシステムへ転換し，要支援者への給付を「予防給付」として新たに創設しました。また，市町村が介護予防事業や包括的支援事業などの「地域支援事業」を実施することになりました。

(b) **施設給付の見直し**　在宅の利用者と施設利用者の負担の公平性を図るため，施設の居住費用と食費を保険給付の対象外とするとともに，低所得者へ補足給付を行うこととしました（平成17年10月施行）。

(c) **その他**　その他，地域密着サービスの創設，介護サービスの公表，負担能力をきめ細かく反映した第１号保険料の設定などの改正がなされまし

た。

(2) 2008（平成20）年改正（平成21年5月施行）

介護サービス事業者の法令遵守等の業務管理体制の整備等の改正が行われました。

(3) 2011（平成23）年改正（平成24年4月等施行）

高齢者が地域で自立した生活を営めるよう，医療，介護，予防，住まい，生活支援サービスが切れ目なく提供される地域包括ケアシステムの実現に向けた取組みを進めることを目的とした改正がされました。

(a) **医療と介護の連携の強化等**　単身・重度の要介護者等に対応できるよう，24時間対応の定期巡回・随時対応サービスや複合型サービス（看護小規模多機能型居宅介護）を創設しました。また，保険者の判断による予防給付と生活支援サービスの総合的な実施を可能としました。

介護療養病床の廃止期限（平成24年3月末）を猶予し，新たな指定は行わないこととしました。

(b) **介護人材の確保とサービスの質の向上**　介護福祉士や一定の教育を受けた介護職員等によるたんの吸引等の実施を可能としました。また，介護事業所における労働法規の遵守を徹底し，事業所指定の欠格要件及び取消要件に労働基準法等違反者を追加しました。

(c) **高齢者の住まいの整備等**　有料老人ホーム等における前払金の返還に関する利用者保護規定を追加しました。厚生労働省と国土交通省の連携によるサービス付き高齢者向け住宅の供給を促進（高齢者住まい法の改正）しました。

(d) **認知症対策の推進**　市民後見人の育成及び活用など，市町村における高齢者の権利擁護を推進し，市町村の介護保険事業計画において地域の実情に応じた認知症支援策を盛り込みました。

(e) **保険者による主体的な取組みの推進**　介護保険事業計画と医療サービス，住まいに関する計画との調和を確保し，地域密着型サービスについて，公募・選考による指定を可能としました。

(f) **保険料の上昇の緩和**　各都道府県の財政安定化基金を取り崩し，介護保険料の軽減等に活用しました。

(4) 2014（平成26）年改正（平成27年4月施行）

2013（平成25）年12月に成立した「持続可能な社会保障制度の確立を図るための改革の推進に関する法律」に基づく措置として，効率的かつ質の高い医療提供体制を構築するとともに，地域包括ケアシステムを構築することを通じ，地域における医療及び介護の総合的な確保を推進するため，改正が行われました。介護保険関係での改正は，地域包括ケアシステムの構築と費用負担の公平化を目的とするもので，具体的には次のとおりです。

(a) 在宅医療・介護連携の推進などの地域支援事業（介護保険財源で市町村が取り組む事業）の充実とあわせ，予防給付（訪問介護・通所介護）を地域支援事業に移行し，多様化しました。

(b) 特別養護老人ホームについて，在宅での生活が困難な中重度の要介護者を支える機能に重点化しました。

(c) 低所得者の保険料軽減を拡充しました。

(d) 一定以上の所得のある利用者の自己負担を2割へ引き上げ（ただし，一般の世帯の月額上限は据え置き）ました。

(e) 低所得の施設利用者の食費・居住費を補填する「補足給付」の要件に資産などを追加しました。

(5) 2017（平成29）年改正（平成30年4月1日施行）

高齢者の自立支援と要介護状態の重度化防止，地域共生社会の実現を図るとともに，制度の持続可能性を確保することに配慮し，サービスを必要とする方に必要なサービスが提供されるようにすることを目的とするもので，具体的には次の通りです。

(a) **自立支援・重度化防止に向けた保険者機能の強化等の取組みの推進**
全市町村が保険者機能を発揮し，自立支援・重度化防止に向けて取り組む仕組みを制度化しました。

(b) **医療・介護の連携の推進等**　　今後，増加が見込まれる慢性期の医療・介護ニーズへの対応のため，「日常的な医学管理が必要な重介護者の受入れ」や「看取り・ターミナル」等の機能と，「生活施設」としての機能を兼ね備えた，新たな介護保険施設（介護医療院）を創設することとしました。現行の介護療養病床の経過措置期間については，6年間延長することとし，

平成35年度末までとすることとしました。

　(c) **地域共生社会の実現に向けた取組みの推進等**　高齢者と障害者が同一の事業所でサービスを受けやすくするため，介護保険と障害福祉両方の制度に新たに共生型サービスを位置付けるなどしました。

　(d) **2割負担者のうち特に所得の高い層の負担割合を3割とする**　世代間・世代内の公平性を確保しつつ，制度の持続可能性を高める観点から，2割負担者のうち特に所得の高い層の負担割合を3割としました。ただし，月額4万4400円の負担の上限を設けました（平成30年8月施行）。

　(e) **介護納付金への総報酬割の導入**　各医療保険者が納付する介護納付金（40～64歳の保険料）について，被用者保険間では「総報酬割」（報酬額に比例した負担）とすることとされました（平成29年8月分の介護納付金から適用）。

3　今後の方向性

　2025年にはいわゆる団塊世代すべてが75歳以上となるほか，2040年にはいわゆる団塊ジュニア世代が65歳以上になるなど，人口の高齢化は，今後さらに進展することが見込まれています。65歳以上の高齢者数は，2042年には3878万人とピークを迎えると予測されており，75歳以上の高齢者数は2055年には日本全体の25％を超える見込みです。

　また，65歳以上の高齢者の中では認知症高齢者が増加し，2025年には65歳以上の20％に該当する700万人が認知症高齢者となることが推計されています。

　さらに，世帯主が65歳以上の単身世帯・夫婦のみの世帯が増加し，2035年には全体の28％を占める予測となっています。

　そのため，在宅で家族が介護することには限界が生じることは明らかですが，そうはいっても，介護の必要な高齢者自身が必ずしも施設入所を希望しているわけではありません。また，そもそも，介護が必要な状態になることを予防することも重要です。

　そこで，介護を社会全体の問題と捉え，高齢者が可能な限り住み慣れた地域でその有する能力に応じ自立した日常生活を営むことを可能としていくた

めに，医療，介護，介護予防，住まい及び自立した日常生活の支援が包括的に確保される「地域包括ケアシステム」を各地域の実情に応じて深化・推進していくことが重要です。介護保険法等の改正も，財源を確保しつつ地域で生活を続けられるようにといった視点からなされています。

　「小規模多機能型居宅介護」,「定期巡回・随時対応サービス」などの地域密着型サービスや，介護予防のため地域支援事業が充実していくことになると予想されます。

【小池　知子】

第 2 節　介護保険料について

case06　介護保険料について

　私は80歳，家族とは同居していますが，身体が不自由になりつつあり，介護保険の利用を検討しています。介護保険料の金額の決められ方や保険料の支払方法について教えてください。

☞ポイント
- □　第1号被保険者，第2号被保険者
- □　保険料の額
- □　支払方法
- □　境界層
- □　滞納した場合

1　介護保険制度とは

　介護保険制度は，ケース5で説明したとおり，2000（平成12）年に導入された，高齢者の介護を社会全体で支え合う仕組みで，単に介護を要する高齢者の身の回りの世話をすることを超え，自立を支援することを目的としています。
　加入者（被保険者）が保険者に対し保険料を支払い，加入者がサービスを利用することを希望した場合には要介護認定を受けた上で，事業者からサービスの提供を受け，利用者は事業者に対し自己負担分を支払い，保険者が費用の残りを支払うという制度です。

2　保険者

　保険者は，市町村及び特別区（介保3条）です。広域連合や一部事務組合が保険者として事務処理をしている場合もあります。

3 被保険者

(1) 第1号被保険者と第2号被保険者

　介護保険制度の被保険者は，市町村又は特別区（以下「市町村」といいます）の住民で，①65歳以上の方（第1号被保険者）と②40歳以上65歳未満で医療保険に入っている方（第2号被保険者）（介保9条）。です。

(2) 生活保護受給者

　65歳以上の方，40歳以上65歳未満で医療保険に入っている方は被保険者となります。

　40歳以上65歳未満で医療保険に入っていない方は，被保険者とはなりません。介護保険サービスは，全額生活保護費で受けることになります（詳しくはケース9 ❸(3)を参照してください）。

(3) 外国籍の方

　住民基本台帳法の改正（平成21年7月15日公布，平成24年7月9日施行）により，適法に3か月を超えて在留する外国人で住所を有する方は住民基本台帳制度の適用対象となり，住民登録ができるようになりました。住民登録がされている外国人であれば被保険者となります。

　ただし，住民登録されている外国人であっても，「特定活動」の在留資格で在留する方のうち，一定の要件を満たした富裕層の外国人が，観光等を目的として1年を超えない期間日本に滞在し市区町村の住民基本台帳に登録された場合は，「生活の本拠」がその市区町村にあるとはいえないので，被保険者となりません。

4 介護保険料の額と支払方法

(1) 介護保険の財源

　介護保険の財源は，公費が50％，保険料が50％です。

　公費の内訳は，市町村が12.5％（介保124条1項），都道府県が12.5％（介保123条1項1号），国が20％（介保121条1項1号）ですが，国は調整交付金として市町村に5％を交付する（介保122条1項・2項）ので，国の負担は25％になりま

す。

　介護保険施設等に入所している場合の公費の内訳は，市町村が12.5％（介保124条1項），都道府県が17.5％（介保123条1項2号），国が15％（介保121条1項2号）ですが，国は調整交付金として市町村に5％を交付する（介保122条1項・2項）ので，国の負担は20％になります。

　保険料50％分の第1号被保険者と第2号被保険者の負担率は，人数比率により3年ごとに政令（介護保険の国庫負担金の算定等に関する政令）で定められます。平成30年度から平成32年度までの第2号被保険者の負担率は，「介護保険法施行令及び介護保険の国庫負担金の算定等に関する政令の一部を改正する政令（平成29年11月22日政令第285号）」5条により27％とされました。したがって第1号被保険者は23％の負担となります。

(2) 第1号被保険者

(a) **保険料**　保険者である市町村が賦課します。その金額は，3年ごとに各市町村が定める基準額に，所得段階に応じた割合を乗じて決定されます。

　低所得者などにも配慮し，市町村税の課税状況などに応じて，段階別に保険料が設定されています。標準は9段階とされていますが，多くの市町村は独自の段階設定をしていますので全国一律というわけではありません。保険料の額がいくらであるかを確認したい場合には，利用者のお住まいの市町村に問い合わせをすることになります。

　第7期（平成30年度から32年度）の保険料の基準額の全国平均は，月額5869円です（平成30年5月21日厚生労働省発表）。

(b) **支払方法**　介護保険料は，受給している年金から天引きされるのが原則です。年金の年額が18万円未満の場合や，新規に資格を取得した場合には年金天引きではなく普通徴収となりますので，市町村が発行する納付書や口座振替により納めます。支払回数や支払時期は市町村によって異なります。

(3) 第2号被保険者

(a) **保険料**　厚生労働省が，全国の第2号被保険者が負担する額を第2号被保険者数で割ることで1人当たりの保険料額を算出し，これを第2号被保険者が加入している各医療保険者が被保険者数に応じて保険者である各市町村に納付する仕組みです。医療保険者は医療保険料と一体的に介護保険料

を徴収し社会保険診療報酬支払基金に納付し，そこから各市町村に交付される流れとなっています。

第2号被保険者は医療保険者を通じて保険料を徴収されるので，その額は加入している医療保険によって異なります。

職場の健康保険（健保組合，共済組合）に加入している場合は，各医療保険者がそれぞれの医療保険法の規定に基づき計算し，医療保険分と合わせて毎月の給与から徴収されます。事業主も保険料の半分を負担します。

国民健康保険に加入している場合は，医療保険料に上乗せして賦課され，その額は市町村によって異なります。

(b) **支払方法** 第2号被保険者の保険料は，医療保険の保険料の一部として一括して徴収されます。

5 保険料の軽減

(1) 介護保険料の減免

市区町村では，災害等の特別な理由により生活が著しく困窮した場合，保険料の減免や徴収の猶予の制度が定められている場合があります。

厚生労働省による平成27年度介護保険事務調査の集計結果によれば，低所得者への単独減免を実施している保険者数は497（31.5%）でした。

(2) 境界層措置

第1号被保険者について，利用者負担や保険料を負担すると生活保護が必要となり，それより低い所得段階の利用者負担や保険料であれば保護を必要としなくなる場合（境界層）に，軽減措置がとられます（平17・9・21老介発0921001号厚生労働省老健局介護保険課長通知）。

境界層に該当するかどうかは，生活保護の申請をすることで決定されますので，該当する人は住所地を管轄する福祉事務所に相談することになります。

境界層に該当する場合は，「境界層該当証明書」が発行され，生活保護を必要としない段階になるまで次の順で適用されます。

① 介護保険料の滞納があっても給付制限（給付額の減額）を行わない。
② 介護保険施設における居住費（滞在費）の負担限度額をより低い段階

とする。
③ 介護保険施設における食費の負担限度額をより低い段階とする。
④ 高額介護サービス費を算出する際の上限額の段階を下げる。
⑤ 介護保険料の所得段階をより低い段階とする。

6 保険料の滞納

(1) 滞納処分

　介護保険料を納付せず滞納している場合には，保険者である市区町村は，地方税法の例により預貯金等の財産の差押え等の滞納処分を行う場合があります。2016（平成28）年度に全国で1万3371人が差押えを受けました（厚生労働省による平成28年度介護保険事務調査の集計結果による）。

(2) 支払方法の変更

　第1号被保険者が保険料を1年間滞納した場合，介護サービスを利用したときの支払方法が変更になります。通常どおり自己負担分のみを支払うのではなく，いったんサービス費用の全額を支払い，後でその領収書等をもって市町村に保険給付分を請求し返還をしてもらうという，償還払いの方法に切り替わります。
　なお，要介護認定を受けた第2号被保険者で，医療保険料の滞納が1年間あるときにも，この措置がとられる場合があります。

(3) 保険給付の一時差止め

　第1号被保険者が保険料を1年6か月間滞納した場合，介護サービスを利用したときの支払方法が償還払いに切り替わることに加えて，保険給付分の支払がいったん差止めされ，その全部若しくは一部が，滞納している介護保険料に強制的に充てられることになります。
　なお，要介護認定を受けた第2号被保険者で，医療保険料の滞納が1年6か月間あるときにも，この措置が採られる場合があります。

(4) 保険給付の減額

　介護保険料の納期限から2年を経過すると時効となり，市区町村が介護保険料を徴収する権利は消滅します（介保200条1項）。そのため，滞納している

保険料の納付ができなくなります。

　保険料を滞納している場合，時効となった期間に応じて，介護サービスを利用した場合の自己負担額の割合が３割になります。

　また，この措置がとられている期間は，高額介護サービス費の支給や，施設入所の際の食費・居住費の軽減制度が受けられなくなります。

7　注 意 点

　介護保険料は，介護保険のサービスを利用するしないにかかわらず，必ず納める必要があります。

　第１号被保険者で年金未加入の場合は普通徴収とされますが，「自分は介護サービスを受けないから保険料を支払わない」，ということにはなりませんのでご注意ください。

　第１号被保険者の保険料は，収入に応じてきめ細やかな段階が組まれており，生活に支障がないように保険料額が設定されています。とはいえ，高額所得者であれば，保険料もそれなりに高額になります。また，介護サービスを利用する場合には自己負担分の支払が必要となり，所得が高い高齢者の場合は平成30年８月から３割負担となりました。介護保険サービスを利用するには，支出として介護保険料及び自己負担分があることを念頭に置いて生活設計をする必要があります。

【小池　知子】

第3節　介護保険サービスの利用(1)

case07　介護保険サービスの申請手続

　88歳で独居で自立した生活をしていましたが、転んで骨折し入院を余儀なくされました。今後は歩けない可能性が高くなりましたが、できるだけ自分の家で生活したいと思います。自宅で生活するには介護サービスが必要になりますが、介護保険サービスを受けるには、どのような手続をすればいいでしょうか。

☞ポイント
- □　要介護認定の申請
- □　要介護認定の仕組み
- □　有効期間
- □　不服申立て

1　要介護認定

　本事例の相談者は88歳ですので、介護保険の第1号被保険者です。在宅で生活するに当たり、買い物や掃除などの日常生活に必要なことに手助けが必要になったり、通院の付き添いや入浴・排泄・食事などの介助が必要になったりした場合には、介護保険制度を利用して介護保険サービスを受けることができます。

　介護保険制度は、**ケース5**で説明したとおり、2000（平成12）年に導入された、高齢者の介護を社会全体で支え合う仕組みで、単に介護を要する高齢者の身の回りの世話をすることを超え、自立を支援することを目的としています。

　介護保険サービスを受けるには、要介護認定を申請し、認定を受けたあと、介護支援専門員（ケアマネジャー）と相談をして、受けるサービスを決めることになります。

　なお、介護保険料を滞納している場合でもサービスを受けることができま

すが，ケース6の❻で説明したとおり，滞納の期間に応じて，自己負担分の支払方法や自己負担分の割合が滞納していない場合と異なった扱いとなりますので注意が必要です。

❷ 要介護認定の申請

　要介護認定を受けようとする方は，申請書に介護保険被保険者証を添付して市町村（市町村と特別区をいいます。以下本節について同じ）に申請をします（介保27条1項前段）。介護保険被保険者証は，第1号被保険者全員と，第2号被保険者のうち要介護認定又は要支援認定を受けている方及び被保険者証の交付を希望する方に交付されます。そのため，第1号被保険者であれば手元に介護保険被保険者証があるはずです。

　介護保険料は，ケース6のとおり，税金等と同じく給与から控除されていますが，介護保険料を納めているからすぐに介護保険サービスを受けることができるというものではなく，要介護状態になった場合には，要介護認定の申請をしなければなりません。

　要介護度に応じて利用できる介護保険サービスの金額の上限が定められていますので，申請によって出された要介護区分に納得がいかない場合には，不服申立てをすることもできます（下記❻参照）。このように要介護認定は申請者にとって非常に大きな結果をもたらしますので，申請は申請者の意思に基づきなされる必要があります。そのため，介護保険法は，本人からの申請を求めています。

　一定の要件を満たした指定居宅介護支援事業者，地域密着型介護老人福祉施設，介護保険施設であって厚生労働省令で定めるもの，地域包括支援センターが，申請に関する手続を代わって行うこともできます（介保27条1項後段）が，被保険者の代理人としての申請になりますので，被保険者から代理権を授与されることが必要になります。

　被保険者自身が認知症等の理由で判断能力が低下しており，代理権を授与することができない場合も当然考えられます。そのような場合は成年後見制度を利用し，成年後見人において申請をする必要があります。

もっとも，成年後見制度を利用するには，家庭裁判所での審判が必要となり，時間がかかるため，先に要介護認定の申請をしておく必要性がある場合もあり得ます。

　多くの市町村では，地域包括支援センター等の申請で被保険者からの委任状がない場合，代理権の授与が困難で委任状がない理由を聴取し，その理由が適正と判断でき，かつ，被保険者本人の介護保険被保険者証など，官公署等から被保険者本人に対し発行・発給された書類（原本）の提示があった場合に，申請を受け付ける運用をしています。

3　要介護認定の仕組み

　要介護認定は，①訪問調査・主治医の意見書，②一次判定，③二次判定を経て結果が出されます。要介護認定は介護サービスの給付額に結びつくことから，その基準については全国一律に客観的に定められています。

(1)　訪問調査・主治医の意見書

　医学的な意見を求めるため，申請者の主治医に依頼し，意見書を作成してもらいます。

　訪問調査は，認定調査員が訪問し，心身の状態を調査します。調査事項は，身体と動作の様子，日頃の生活状況，介助の様子，意思の伝達など認知機能の様子，社会生活への適応の状況，医療を受けている状況など74項目あります。

(2)　一次判定

　市町村の認定調査員による心身の状況調査（認定調査）と主治医意見書に基づき，コンピュータ判定を行い，要介護認定等基準時間を割り出し，その時間に応じて自立・要支援・要介護と認定します。

　要介護認定等基準時間は「1分間タイムスタディ」という特別な方法による時間であり，実際に家庭で行われる介護時間とは異なります。

　平成19年に特別養護老人ホームや介護老人保健施設等に入所されている3500人の高齢者について，48時間にわたってどのような介護サービスがどれくらいの時間行われたかを調べ，データ化した結果が「1分間タイムスタデ

ィ・データ」と呼ばれるものです。一次判定では，認定調査の項目等ごとに選択肢を設け，調査結果に従い，それぞれの高齢者を分類していき，「1分間タイムスタディ・データ」の中からその心身の状況が最も近い高齢者のデータを探し出して，そのデータから要介護認定等基準時間を推計するという方法をとっています。

(3) 二次判定

市町村には，審査判定業務を行うために，保健・医療・福祉の学識経験者により構成される介護認定審査会が設置されています。介護認定審査会において，一次判定の結果や主治医意見書等に基づき審査判定を行い，その結果を市町村に通知します。

(4) 結果通知

市町村は，審査結果に基づいて要介護状態区分を認定し，その結果を記載した通知書と被保険者証を送ります。原則として，申請日から30日以内に認定結果が通知されます（介保27条11項本文）。申請日から30日以内に認定が行えない場合は，申請日から30日以内に処理見込期間とその理由を書いた延期通知を発送します（同条ただし書）。

4 ケアプランの作成

(1) ケアプランの作成

要介護認定が出され，介護保険で利用できる介護保険サービスの量が決まったら，以下のとおりケアプランが作成されます。

要介護1～5と認定された者は，在宅で介護サービスを利用する場合，居宅介護支援事業者(※1)と契約し，その事業者の介護支援専門員（ケアマネジャー(※2)）に依頼して，利用するサービスを決め，介護サービス計画（ケアプラン）を作成してもらいます。施設へ入所を希望する場合は，希望する施設に直接申し込み，施設のケアマネジャーにケアプランを作成してもらいます。

要支援1・2と認定された者は，地域包括支援センターで担当職員が介護予防サービス計画（介護予防ケアプラン）を作成します。居住の地域により，担当の地域包括支援センターが決まっています。

ケアプラン作成費用は介護保険から全額支給されますので，利用者が作成費用を負担する必要はありません。
　ケアプランを作成する際には，居宅介護支援事業者や地域包括支援センターと契約をする必要がありますが，特に要介護度が高い利用者で認知症等の症状が重く，契約能力に問題がある場合には，成年後見制度の利用を検討する必要があります。

> （※１）居宅介護支援事業所とは　都道府県の指定を受けた事業所で，ケアマネジャーが所属しています。ケアプラン作成やサービス事業者との連絡・調整，要介護認定にかかる援助などを行います。
> （※２）ケアマネジャー（介護支援専門員）とは　法令に定められた試験に合格し，研修を受けた後，都道府県知事に登録された介護保険法に基づく資格者です。要介護認定を受けた方のご自宅を訪問し，本人や家族の希望を聞きながら，本人にとって必要なサービスとは何かを一緒に考え，ケアプランや介護予防ケアプランを作成します。また，サービス利用に当たり，サービス事業者との連絡・調整や必要な手続を行うほか，サービス利用に関する相談を受けています。

(2) ケアマネジャーの選び方

　市町村役場の介護保険課や地域包括支援センターで，居宅介護支援事業所のリストをもらうことができます。そのリストの中から複数ピックアップして，連絡をしてみて，ケアマネジャーを選ぶことが考えられます。
　ケアプラン作成には，介護サービスの利用者の体調や意向に沿って必要なサービスを選ぶ必要があります。居宅介護支援事業所は，ケアマネジャーが所属しているだけでなく，デイサービスや訪問介護など複数の事業を行っていることが多いのですが，ケアマネジャーは利用者と事業所をつなぐ中立的な立場ですので，自社のサービスに偏ることなく他社のサービスについても利用者に説明し，採り入れることができるケアマネジャーが適任です。
　介護保険制度は，利用者が自由にケアマネジャーを選ぶことができますので，ケアマネジャーを選んだ後であっても，相性が合わない，思ったように対応してもらえない等の理由でケアマネジャーを変更することはできます。居宅介護支援事業所に申入れをして別のケアマネジャーに変更することや，居宅介護支援事業所自体を別の事業所に変更することが考えられます。地域

包括支援センターに相談して利用者のニーズに合う事業所を紹介してもらうこともできます。

5 有効期間

　新規認定の要介護認定の有効期間は，原則として6か月間です（市町村が必要と認める場合にあっては，3か月から12か月の間で月を単位として市町村が定める期間）。そのため，有効期間が終了する前には更新申請が必要になります。更新申請は，有効期間が終了する60日前からできます。現在の要介護度の状態から変化があった場合は，有効期間の終了を待たずに，いつでも区分変更の申請ができます。

6 不服申立て

(1) 審査請求

　要介護認定に不満がある場合には，介護保険法及び行政不服審査法等に基づき，各都道府県に設置された介護保険審査会に対して審査請求をして，その処分の取消しを求めることができます（介保183条以下）。

　介護保険審査会は，処分に違法又は不当な点がないかを審査し，審査請求に理由があると認めたときは，裁決により処分の全部又は一部を取り消します。介護保険審査会が独自に認定をやり直すのではなく，市町村が改めて処分をやり直すことになります。

　審査請求をすることができる期間は，原則として，処分があったことを知った日の翌日から起算して3か月を経過するまでです（行政不服審査法18条1項）。

　介護保険法は審査請求前置を定めていますので，処分の取消訴訟を提起する前に審査請求をする必要があります（介保196条）。

　審査請求書は，各都道府県の介護保険審査会に提出するほか，処分を行った市町村の介護保険担当課に提出することもできます。

(2) 区分変更申請

正式な不服申立ての制度は審査請求ですが，結論が出るまでに時間がかかることや，審査請求書を記載したり，要介護認定を行った市町村が提出した弁明書に反論をする必要があるなど，手続が煩雑であることから，審査請求ではなく，区分変更申請を行うという方法もあります。

　区分変更申請は，通常の要介護認定の更新を待っていては時間がかかるため，要介護度が変化したと判断した段階で行う申請です。

　区分変更申請の方法は，要介護認定の申請と同じです。

【小池　知子】

第4節　介護保険サービスの利用(2)

case08　介護保険サービスの利用

> 私は88歳です。自宅で生活していましたが，転んで骨折したため入院しました。骨折も治り退院しましたが，歩行ができなくなってしまったので，介護保険サービスを受けようと思い，介護保険の申請をしたところ，「要介護3」との結果が出ました。
> 私が使用できるサービスにはどのようなものがありますか。どこに申し込めばいいのでしょうか。できれば寝たきりになりたくないので，そのためのサービスを受けることができますか。

☞ポイント
- □ 介護給付
- □ 予防給付
- □ 総合事業

1　介護保険制度

　介護保険制度は，ケース5で説明したとおり，2000（平成12）年に導入された，高齢者の介護を社会全体で支え合う仕組みで，単に介護を要する高齢者の身の回りの世話をすることを超え，自立を支援することを目的としています。
　介護保険のサービスは，以下の通りです。
（ⅰ）介護給付
　① 施設サービス費の支給
　② 居宅サービス費の支給
　③ 地域密着型介護サービス費の支給
　④ 居宅介護福祉用具購入費の支給
　⑤ 居宅介護住宅改修費の支給

(ⅱ) 予防給付
　① 介護予防サービス費の支給
　② 地域密着型介護予防サービス費の支給
　③ 介護予防福祉用具購入費の支給
　④ 介護予防住宅改修費の支給
(ⅲ) 総合事業

2 介護給付

要介護認定の結果，要介護1から5とされた場合，介護保険の介護給付として次のサービスの費用が支給されます。
　① 施設サービス費の支給　　特別養護老人ホーム，介護老人保健施設，介護療養型医療施設の概要については，**ケース2**を参照ください。
　② 居宅サービス費の支給　　サービス名とその概要については，以下の表を参照ください。

サービス名	概要
訪問介護	介護福祉士やホームヘルパーなどが居宅を訪問して，入浴・排せつ・食事介助などの身体介護や調理・洗濯・掃除などの生活援助等を行います。
訪問入浴介護	看護師やホームヘルパーなどが移動入浴車等で居宅を訪問し，浴槽を家庭に持ち込んで入浴の介護を行います。
訪問看護	看護師や保健師，作業療法士，理学療法士などが居宅を訪問し，清拭，洗髪，食事，排せつの介助，床ずれの処置，機能回復訓練などを行います。
訪問リハビリテーション	診療所や病院の理学療法士，作業療法士が居宅を訪問して，体位交換，起座・離床の訓練，起立訓練，食事訓練，排せつの訓練など必要なリハビリテーションを行います。

居宅療養管理指導	通院が困難な要介護者等に対して，医師，歯科医師，薬剤師，歯科衛生士，管理栄養士などが居宅を訪問して，療養上の管理や指導を行います。
通所介護	デイサービスのことです。介護老人福祉施設（特別養護老人ホーム）や市町村（市町村と特別区をいいます）の老人福祉センターに併設された施設，又は単独で設置されたデイサービスセンターで実施されます。機能訓練，生活指導，介護，介護方法の指導，健康状態の確認，送迎，食事サービスは必須のサービスで，入浴は選択制です。施設で通所介護計画を作成し，それに応じたサービスが提供されます。
通所リハビリテーション	介護老人保健施設や病院，診療所に通い，心身機能の維持回復を図り，日常生活の自立を助けるために行われる理学療法，作業療法その他必要なリハビリテーションを行います。医師の指示と本人の意向や状態などに応じて通所リハビリテーション計画を作成し，それに応じたサービス提供が行われます。
福祉用具貸与	以下の福祉用具の貸与費用を支給します。 【要介護2～5】 車いす，車いす付属品，特殊寝台，特殊寝台付属品，床ずれ防止用具，体位変換器，手すり，スロープ，歩行器，歩行補助つえ，認知症老人徘徊探知機，移動用リフト（つり具の部分を除く），自動排せつ処理装置 【要介護1】 手すり，スロープ，歩行器，歩行補助つえ
短期入所生活介護	ショートステイのことです。老人短期入所施設や，特別養護老人ホーム等に短期間入所し，入浴・排せつ・食事の介護等の日常生活の世話や機能訓練等のサービスが提供されます。
短期入所療養介護	医療系のショートステイのことです。介護老人保健施設や介護療養型医療施設などに短期間入所し，看護，医学的管理の下における介護，機能訓練その他の必要な医療や日常生活の世話などのサービスが提供されます。
特定施設入居者生活介護	有料老人ホームや軽費老人ホームなどの入居者である要介護者などが，入居している施設で，特定施設サービス計画に基づき，入浴，排せつ，食事などの介護，生活などに関する相談・助言などの日常生活上の世話や，機能訓練・療養上の世話を受けます。

③ 地域密着型介護サービス費の支給　「地域密着型サービス」を利用できるのは，原則としてサービスを提供する事業者のある市区町村に住

む人に限られます。隣の市区町村にある事業所のサービスは利用できません。サービス名とその概要については，以下の表を参照ください。

サービス名	概要
定期巡回・随時対応型訪問介護看護	日中や夜間に，ホームヘルパーなどが定期的に家庭を巡回し，又は連絡のあった家庭を訪問して，介護や身の回りの世話を行うとともに，看護師などが家庭を訪問して，病気の観察，床ずれなどの手当などを行い，心身の機能回復を図ります。
複合型サービス（看護小規模多機能型居宅介護）	ケース2参照
夜間対応型訪問介護	夜間に，介護福祉士などが定期的に家庭を巡回し，又は連絡のあった家庭を訪問して入浴，排せつ，食事等の介護その他の日常生活上の世話をするものです。
地域密着型通所介護	「地域における医療及び介護の総合的な確保を推進するための関係法律の整備等に関する法律」（平成26年法律第83号）の規定により，平成28年度から地域密着型通所介護が創設されました。これまでの通所介護のうち平成28年3月31日時点で利用定員が18人以下の小規模な通所介護事業所は，平成28年4月1日から地域密着型サービスである地域密着型通所介護へ移行されました。
認知症対応型通所介護	認知症の方を対象とした通所介護サービスです。
小規模多機能型居宅介護	ケース2参照
認知症対応型共同生活介護	グループホームのことです。認知症の高齢者が共同で生活する住居において，入浴，排せつ，食事等の介護，その他の日常生活上の世話，機能訓練を行います。
地域密着型特定施設入居者生活介護	介護保険の指定を受けた，入居定員が29人以下の介護付有料老人ホーム，養護老人ホーム，軽費老人ホーム，サ高住などが，入居している利用者に対して入浴・排せつ・食事等の介護，その他必要な日常生活上の支援を行います。

地域密着型介護老人福祉施設入所者生活介護	定員が29人以下の特別養護老人ホームに入所している利用者に対して，入浴・排せつ・食事等の介護といった日常生活上の世話，機能訓練，療養上の世話を行います。

④　居宅介護福祉用具購入費の支給　　以下の福祉用具を購入する際の購入費が支給されます。ただし，上限があります（**ケース9**参照）。
・　腰掛便座
・　入浴補助用具
・　簡易浴槽
・　移動用リフトのつり具の部分
・　自動排せつ処理装置の交換可能部品

⑤　居宅介護住宅改修費の支給　　以下の住宅改修をする際の費用が支給されます。ただし，上限があります（**ケース9**参照）。
・　手すりの取付け
・　段差の解消
・　滑りの防止，移動の円滑化などのための床又は通路面の材料の変更
・　引き戸などへの扉の取替え
・　洋式便器などへの便器の取替え
・　その他これらの各工事に附帯して必要な工事

3　予防給付

要介護認定の結果，要支援1から2とされた場合，介護保険の予防給付として次のサービスの費用が支給されます。
①　介護予防サービス費の支給　　サービス名とその内容については，以下の表を参照ください。

サービス名	内容
介護予防訪問入浴介護	居宅に浴室がない場合や，感染症などの理由からその他の施設における浴室の利用が困難な場合などに，看護師やホームヘルパーが移動入浴車等で訪問し，浴槽を居宅に持ち込み入浴介護を提供します。
介護予防訪問看護	看護師などが居宅を訪問し，生活機能を維持向上させる観点から介護予防を目的とした療養上のケアや診療の補助を行います。
介護予防訪問リハビリテーション	理学療法士や作業療法士などが居宅を訪問し，自宅での生活を向上させることを目的として，短期集中的にリハビリを行います。
介護予防居宅療養管理指導	医師，歯科医師，薬剤師などが居宅を訪問し，介護予防を目的とした医学的な管理や指導を行います。
介護予防通所リハビリテーション	介護老人保健施設や病院，診療所に通い，日常生活上の支援，生活行為を向上させるためのサービスを受けます。運動器の機能向上，栄養改善，口腔機能の向上などのサービスは選択して利用することができます。
介護予防福祉用具貸与	以下の福祉用具の貸与費用を支給します。 ・手すり ・スロープ ・歩行器 ・歩行補助つえ
介護予防短期入所生活介護	ショートステイのことです。
介護予防短期入所療養介護	医療系施設でのショートステイのことです。
介護予防特定施設入居者生活介護	介護保険の指定を受けた介護付有料老人ホーム，養護老人ホーム，軽費老人ホーム，サービス付き高齢者向け住宅などが，入居している利用者に対して入浴・排せつ・食事等の介助，その他必要な日常生活上の支援を行います。

② 地域密着型介護予防サービス費の支給 「地域密着型サービス」を利用できるのは，原則としてサービスを提供する事業者のある市区町村に住む人に限られます。隣の市区町村にある事業所のサービスは利用で

きません。

　いずれも利用者が要介護状態になることを防ぎ，可能な限り自宅で自立した日常生活を送ることができるよう，利用者の心身機能の維持回復を図り，利用者の生活機能維持又は向上を目指して実施されます。

　サービス名とその内容については，以下の表を参照ください。

サービス名	内容
介護予防認知症対応型通所介護	認知症の方を対象とした通所介護サービスです。
介護予防小規模多機能型居宅介護	ケース 2 参照（小規模多機能型居宅介護の特徴と同じです）。
介護予防認知症対応型共同生活介護	グループホームのことです。

③　介護予防福祉用具購入費の支給　　要介護の場合と同様です。
④　介護予防住宅改修費の支給　　要介護の場合と同様です。

4 総合事業

(1) 総合事業とは

　高齢者が住み慣れた地域で生活を続けられるよう，平成27（2015）年5月の介護保険法の改正により「介護予防・日常生活支援総合事業（総合事業）」が創設されました。総合事業は，地域全体で高齢者を支え，高齢者自身も自らの能力を最大限に生かして，要介護状態となることを予防するためのもので，「介護予防・生活支援サービス事業」と「一般介護予防事業」で構成されています。

(2) 介護予防・生活支援サービス事業

　介護予防・生活支援サービス事業は，これまで，介護保険の認定が要支援であった者に対してなされていたサービスを移行したものです。サービス名

とその内容については，以下の表を参照ください。

サービス名	内容
訪問型サービス	ホームヘルパーが居宅を訪問し，身体介護や生活援助を行います。
通所型サービス	通所介護施設で，日常生活上の支援や，生活行為向上のための支援を行います。
その他の生活支援型サービス	配食サービスや見守りサービスなどがあります。

国の基準に加えて市区町村独自の基準でサービスを提供することがあります。

(3) **一般介護予防事業**

厚生労働省は以下の事業を掲げています。

事業名	内容
介護予防把握事業	閉じこもり等の何らかの支援を要する者を把握し，介護予防活動へつなげる
介護予防普及啓発事業	介護予防活動の普及・啓発を行う
地域介護予防活動支援事業	住民主体の介護予防活動の育成・支援を行う
一般介護予防事業評価事業	介護保険事業計画に定める目標値の達成状況等を検証し，一般介護予防事業の評価を行う
地域リハビリテーション活動支援事業	介護予防の取組みを機能強化するため，通所，訪問，地域ケア会議，住民主体の通いの場等へのリハビリ専門職等による助言等を実施

これらの項目をもとに，各市区町村では，運動・口腔機能の向上や認知症

予防を目的した教室等の開催や住民主体の集いの場（体操など）など，地域の方や高齢者がリーダーとなって行う介護予防活動の育成・支援を行っています。

(4) **利用可能な者**

介護予防・生活支援サービス事業，一般介護予防事業の利用可能者は，以下の表のとおりです。

事業名	利用可能者
介護予防・生活支援サービス事業	介護保険の要介護認定において要支援となった方が利用できます。介護保険の要介護認定において非該当となった場合でも，「基本チェックリスト」により総合事業対象者（事業対象者）と判定された方は利用できます。
一般介護予防事業	一般介護予防事業はすべての高齢者が利用することができます。

【小池　知子】

case09　介護保険サービスの自己負担及び苦情申請

　介護保険サービスを利用しました。負担する利用料金は，どのくらいになるのでしょうか。サービスに不満がある場合は誰に言えばいいでしょうか。

☞ポイント
- ☐　区分支給限度基準額
- ☐　自己負担額
- ☐　高額介護サービス費
- ☐　高額医療・高額介護合算制度
- ☐　不満がある場合の窓口

1　はじめに

　介護保険制度は，ケース5で説明したとおり，2000（平成12）年に導入された，高齢者の介護を社会全体で支え合う仕組みで，単に介護を要する高齢者の身の回りの世話をすることを超え，自立を支援することを目的としています。

2　介護保険サービス費

(1)　**居宅介護サービス・地域密着型サービスの場合**

(a)　**区分支給限度基準額**　居宅介護サービス及び地域密着型サービスについては，要介護度別に区分支給限度基準額を設定し，その範囲内でサービスの選択を可能とする仕組みとなっています。介護サービスは，生活に密接に関連するので利用に歯止めが利きにくいこと，また，同じ要介護度であっても利用者のニーズが多様であること等の特性があることがその理由です。

　自治体によっては独自の施策により特別給付が上乗せされ，区分支給限度基準額が引き上げられていることがあります。

　居宅介護サービス及び地域密着型サービスであっても，医師等の判断により行われる「居宅療養管理指導」や，利用期間中に他のサービスを組み合わ

せることがないサービスについては、区分支給限度基準額は適用されません（■図表9－1参照）。

■図表9－1　区分支給限度基準額の適用の有無

区分支給限度基準額が適用されるサービス	①訪問介護、②訪問入浴介護、③訪問看護、④訪問リハビリテーション、⑤通所介護、⑥通所リハビリテーション、⑦福祉用具貸与、⑧短期入所生活介護、⑨短期入所療養介護、⑩特定施設入居者生活介護（短期利用に限る）、⑪定期巡回・随時対応型訪問介護看護、⑫夜間対応型訪問介護、⑬認知症対応型通所介護、⑭小規模多機能型居宅介護、⑮認知症対応型共同生活介護（短期利用に限る）、⑯地域密着型特定施設入居者生活介護（短期利用に限る）、⑰複合型サービス（看護小規模多機能型居宅介護）
区分支給限度基準額が適用されないサービス	①居宅療養管理指導 　1回当たりの金額が決まっています。
	②特定施設入居者生活介護（外部サービス利用型を除く）（短期利用を除く） 　要介護ごとの定額制です。
	③認知症対応型共同生活介護（短期利用を除く） 　要介護ごとの定額制です。
	④地域密着型特定施設入居者生活介護（短期利用を除く） 　要介護ごとの定額制です。
	⑤地域密着型介護老人福祉施設入所者生活介護 　要介護ごとの定額制です。

(b)　**福祉用具購入費及び住宅改修費**　福祉用具購入費及び住宅改修費は、別の基準による限度額があります（■図表9－2参照）。要支援1から要介護5までのすべての要介護状態区分共通です。なお、上記記載のとおり、福祉用具貸与は区分支給限度基準額が適用されます。

■図表９−２　福祉用具購入費及び住宅改修費の支給限度基準額

福祉用具購入費の支給限度基準額	１年（４月１日〜翌年３月31日の購入）につき10万円
住宅改修費の支給限度基準額	20万円 ひとり生涯20万円までの支給限度基準額ですが，要介護状態区分が重くなったとき（３段階上昇時），また，転居した場合は再度20万円までの支給限度基準額が設定されます

(2) 施設サービスの場合

　施設サービスを利用する場合は，施設の種類，介護要員数などによって要介護度ごとに利用限度額が決められています。

3 利用者の自己負担割合

(1) 第１号被保険者

　介護保険サービスの費用は介護保険から支給されますが，利用者も一部を負担します。負担割合は，原則として１割です。平成26年の介護保険法改正により，一定の所得がある場合は２割負担となりました。平成29年の介護保険法の改正により，平成30年８月１日からは，特に所得の高い層は３割負担となります（■図表９−３参照）。負担割合は，市区町村から交付される「負担割合証」に記載がされています。

■図表９−３　２割負担及び３割負担となる利用者

２割負担の人	・合計所得金額が160万円以上であり， 　年金収入＋その他合計所得金額＝280万円以上（単身世帯） 　年金収入＋その他合計所得金額＝346万円以上（夫婦世帯） ・単身で年金収入のみの場合は280万円以上に相当
３割負担の人（平成30年８月１日から）	・合計所得金額が220万円以上であり， 　年金収入＋その他合計所得金額＝340万円以上（単身世帯） 　年金収入＋その他合計所得金額＝463万円以上（夫婦世帯） ・単身で年金収入だけの場合は344万円以上に相当

区分支給限度基準額を超えて介護サービスを受けた場合は，超えた分は自己負担となります。
　介護保険施設を利用している場合は，介護保険サービスの費用の1割（人によっては2割）負担以外に，居住費，食費，日常生活費を負担します。

(2) **第2号被保険者**

　40歳から64歳までの第2号被保険者は，所得にかかわらず1割負担です。

(3) **生活保護受給者**

　生活保護受給者のうち，介護保険の被保険者については，自己負担分の1割が介護扶助により現物給付されます。
　介護保険の被保険者ではない場合（40歳以上65歳未満で医療保険未加入者）は10割介護扶助により現物給付されます。
　具体的には，介護扶助を受けようとする方は，まず生活保護の実施機関である福祉事務所等に介護扶助の申請をします。福祉事務所等では，要介護の認定結果やケアプランに基づき，介護扶助の決定をします。生活保護受給者に対して介護サービスを行うことができるのは，生活保護法による指定を受けた指定介護機関になりますが，福祉事務所等は，該当者に介護保険のサービスを行う指定介護機関に対し，暦月を単位として「介護券」を発行します。介護サービスを受ける方は，指定介護機関から介護サービスを受け，指定介護機関は介護に要した費用を国民健康保険団体連合会へ請求します。

4　自己負担額の支払方法

　直接介護事業者に自己負担分を支払います。
　福祉用具購入及び住宅改修は，いったん全額を負担し，後から自己負担を除いた額が自治体から給付されます（償還払い）。
　地方自治体によっては受領委任払いの方法を採用している場合もあります。これは，利用者があらかじめその自治体に登録した受領委任払取扱事業者で福祉用具を購入し，福祉用具販売事業者に対象費用の1割分を支払い，申請後に給付される9割分又は8割分の受領を福祉用具販売事業者に委任する制度です。

5 自己負担額が高額になった場合

(1) 高額介護サービス費

　介護サービスの利用料の１か月の支払が一定の上限額を超えた場合，超えた部分について「高額介護サービス費」が支給されます。

　負担上限額は，世帯の収入によって異なり，５段階に分かれています。利用者負担第２段階の方（世帯全員が住民税を課税されておらず前年の合計所得金額と公的年金等収入等の合計額が年間80万円以下の方）は，介護保険の自己負担額は月額１万5000円が上限となっています。最も所得が高い層では月額４万4400円です。負担上限額を超えて介護サービスを利用した場合には，超えた部分について「高額介護サービス費」が支給されます。

　高額介護サービス費の支給を受けるには，申請をする必要があります。多くの自治体では支給対象者に申請書を郵送しています。１度申請をすれば，その後に高額介護サービス費の支給が発生した場合には指定口座に自動的に振込みされますので，再度の申請は必要ありません。

　■図表９－４の負担は，高額介護サービス費の対象として合算することができません。

■図表９－４　高額介護サービス費の対象とならない負担

高額介護サービス費の対象とならないもの
・福祉用具購入費又は住宅改修費の１割（又は２割）負担分 ・施設サービスなどの食事代や日常生活費など，介護保険の給付対象外の利用者負担分 ・利用限度額を超える利用者負担

(2) 高額医療・高額介護合算制度

　介護保険と医療保険の利用者負担の両方が高額になり一定の限度額を超えた場合には，高額医療・高額介護合算制度で，超えた分が支給されます。

　同一世帯で，同じ医療保険に加入している方について，介護保険と医療保険のそれぞれの月額の限度額を適用後，年間の自己負担額を合算して年間の限度額を超えた場合には，超えた分が後から支給されます。

高額医療・高額介護合算制度の支給対象となる方は、医療保険の窓口への申請が必要です。多くの自治体では支給対象者に申請書を郵送しています。1度申請をすれば、その後に高額医療・高額介護合算制度の適用があった場合には指定口座に自動的に振込みされますので、再度の申請は必要ありません。

6 自己負担額の支払が厳しい場合

(1) 高額介護サービス費等資金貸付制度

　自治体によっては、利用者が一時的に支払う費用が高額で、業者への支払が困難な場合に、高額介護サービス費が支給される見込み額の範囲で無利子で資金を貸し付ける制度を設けています。

　自己負担額の上限を超える分を支払うことができない場合に、その上限分を自治体が立替払いをして、後に支給される高額介護サービス費で返済する形となります。

(2) 社会福祉法人による利用者負担軽減制度

　(a) 低所得で生計が困難である者及び生活保護受給者について、介護保険サービスの提供を行う社会福祉法人等が、その社会的な役割に鑑み、利用者負担を軽減する制度です。

　実施主体は市町村です。利用者負担の軽減を行おうとする社会福祉法人等が、介護保険サービスを提供する事業所及び施設の所在地の都道府県知事及び保険者たる市町村の長に対してその旨の申出を行うことで実施されます。

　(b) 軽減の対象者は、市町村民税世帯非課税であって、以下の要件のすべてを満たす者のうち、その者の収入や世帯の状況、利用者負担等を総合的に勘案し、生計が困難な者として市町村が認めた者及び生活保護受給者です。

① 年間収入が単身世帯で150万円、世帯員が1人増えるごとに50万円を加算した額以下であること。
② 預貯金等の額が単身世帯で350万円、世帯員が1人増えるごとに100万円を加算した額以下であること。
③ 日常生活に供する資産以外に活用できる資産がないこと。

④　負担能力のある親族等に扶養されていないこと。
　⑤　介護保険料を滞納していないこと。
　(c)　軽減の程度は，利用者負担の４分の１（老齢福祉年金受給者は２分の１）を原則とし，免除は行いません。申請者の収入や世帯の状況，利用者負担等を総合的に勘案して，市区町村が個別に決定します。ただし，生活保護受給者については，利用者負担の全額とします。
(3)　**特定入所者介護サービス費（負担限度額認定）**
　介護保険施設入所者の人で，所得や資産等が一定以下の方に対して，負担限度額を超えた居住費と食費の負担額が介護保険から支給されます。負担限度額は所得段階，施設の種類，部屋のタイプによって異なります。
　特定入所者介護サービス費の利用には，負担限度額認定を受ける必要がありますので市区町村に申請をする必要があります。
(4)　**介護保険居宅サービス等利用者負担金助成制度**
　自治体によっては，支払が困難な介護保険居宅サービス等の利用者に対して，収入要件などを審査の上，該当する場合は，自己負担額の２分の１を市区町村が助成する制度を設けているところもあります。

不満がある場合

(1)　**介護保険事業者**
　介護サービスを利用した際，そのサービスに不満や苦情などがあるときは，まずサービスを提供している事業者やケアマネジャーとの話合いで，解決していくことが望まれます。
　法令でも，指定訪問介護事業者に苦情窓口を設け，適切に対応することが求められています。
　①　「指定訪問介護事業者は，提供した指定訪問介護に係る利用者及びその家族からの苦情に迅速かつ適切に対応するために，苦情を受け付けるための窓口を設置する等の必要な措置を講じなければならない。」（「指定居宅サービス等の事業の人員，設備及び運営に関する基準」（平成11年３月31日厚生省令第37号）36条１項）

② 「指定居宅介護支援事業者は，自ら提供した指定居宅介護支援又は自らが居宅サービス計画に位置付けた指定居宅サービス等……に対する利用者及びその家族からの苦情に迅速かつ適切に対応しなければならない。」(「指定居宅介護支援等の事業の人員及び運営に関する基準」(平成11年3月31日厚生省令第38号) 26条1項)

③ 「社会福祉事業の経営者は，常に，その提供する福祉サービスについて，利用者等からの苦情の適切な解決に努めなければならない。」(社福82条)

(2) 市区町村

市区町村は，指定居宅介護支援事業者に対して指導又は助言する立場にあります(「指定居宅サービス等の事業の人員，設備及び運営に関する基準」(平成11年3月31日厚生省令第37号) 36条3項参照)。

福祉サービス利用者が事業者との間で苦情を解決することが困難な場合や，直接事業者に苦情を言いづらい場合などは，市区町村の担当窓口でも対応しています。

多くの市区町村では，介護保険専用の苦情窓口を設置しています。

(3) 国民健康保険団体連合会

国民健康保険団体連合会は，指定居宅介護支援事業者に対して指導又は助言する立場にあります(介保176条1項3号，「指定居宅サービス等の事業の人員，設備及び運営に関する基準」(平成11年3月31日厚生省令第37号) 36条5項参照)。

介護保険法に基づき介護保険サービスに対する苦情について，市区町村において対応困難な場合や，利用者の方が希望する場合は，必要に応じて公正・中立な立場で指定居宅サービス事業者等に対し，調査を行い，事業者が提供しているサービスに改善の必要があると思われるときは，苦情処理委員会の意見を聞いたうえで，指導・助言を行っています。

(4) 運営適正化委員会

運営適正化委員会は，福祉サービスに関する苦情の解決のため，社会福祉法83条に基づき各都道府県社会福祉協議会に設置を義務づけられた第三者機関です。

運営適正化委員会では，福祉や法律，医療などの専門性を有する委員が公

正・中立な立場で，相談，助言，調査，あっせんなどを行っています。

　介護保険サービスの苦情は，介護保険制度（市区町村，国民健康保険団体連合会）で対応するのが原則ですが，運営適正化委員会に申し出ることもできます。ただし，苦情対応の対象となる福祉サービスは，訪問介護，通所介護，短期入所生活介護，認知症対応型共同生活介護，指定介護老人福祉施設のサービスに限られます。

【小池　知子】

第3章

成年後見制度

case10 成年後見制度について

判断能力が衰えて、自分で財産管理ができなくなった場合には成年後見人が選任されると聞きましたが、私の周りの高齢者でも認知症だからといって必ずしも成年後見人が選任されているとは限らないようです。
認知症になったからといって選任されるものではないとすれば、どのような場合に成年後見人が選任されることになるのか、また誰が選任されるのか、費用はどのくらいかかるのか、教えてください。

☞ポイント
- ☐ 成年後見制度の趣旨、概要
- ☐ 後見、保佐、補助の説明
- ☐ 日常生活自立支援事業について
- ☐ 後見人による財産管理と身上監護
- ☐ 成年後見制度の問題点（資格制限他）

1 成年後見制度とは

(1) 成年後見制度の趣旨、概要

　成年後見制度とは、精神上の障害（認知症、知的障害、精神障害など）により判断能力が十分でない場合に、家庭裁判所が後見人等を選任し、後見人等が本人を代理するなどして本人を保護し支援するための制度です。
　人は社会生活を営むに当たり、様々な法律行為を行っています。例えば、居住用アパートの賃貸借契約を締結したり、介護サービスの利用契約を締結することはいずれも法律行為に当たります。こうした法律行為を行うためには、当該行為の意味や結果を理解できる能力、すなわち判断能力が必要となりますが、種々の障害により判断能力が低下してしまったり、十分でない人たちもいます。そうした人たちも第三者（後見人等）の支援を受けることによって法律行為を行い、社会生活を営んでいけるようにするための仕組みが成年後見制度です。

(2) 申立手続等

　成年後見制度を利用するためには、申立権者が家庭裁判所に申立てをすることが必要です。本人、配偶者、四親等内の親族及び検察官は、後に説明し

ます後見，保佐，補助の3類型共通の申立権者として規定されていますが，後見の場合には保佐人や補助人等が，保佐の場合には後見人や補助人等が，補助の場合には後見人や保佐人等が，各々申立権者として規定されています（民7条・11条・15条1項）。また，任意後見契約が登記されているときは，任意後見受任者，任意後見人及び任意後見監督人も後見等の申立権が認められている（任後10条2項）ほか，65歳以上の者，精神障害者，知的障害者については，本人の福祉を図るため特に必要がある場合には，市町村長にも後見等の申立権が認められています（首長申立て。老福32条，精神保健及び精神障害者福祉法51条の11の2，知的障害者福祉法28条）。

　申立てを受けた家庭裁判所は，申立書及び関係資料から，後見等の必要性（判断能力の有無，程度）のほか誰を後見人等として選任するのが適切かを判断することになります。後見等の申立てに当たり，申立人が後見人等候補者を推薦することもできますが，誰を後見人等に選任するかは家庭裁判所の裁量に委ねられています。家庭裁判所は，諸般の事情を考慮して後見人等を選任しますので，申立人が推薦した候補者が後見人等に選任されるとは限らない点に注意する必要があります。また，選任された後見人等が適切ではないという理由で不服申立て（即時抗告）をすることができない点にも注意する必要があります。

　後見等の申立てに要する費用についてですが，例えば東京家裁に後見開始の審判の申立てをする場合，申立手数料として800円，後見登記手数料として2600円，郵便切手代として3200円の費用がかかります。本人の判断能力の有無，程度について鑑定を実施する場合には鑑定費用も発生することになります。こうした費用については，申立人が負担するのが原則ですが，家庭裁判所の判断により本人負担になることもあります。他方，後見等の審判後，後見事務に要した費用は本人が負担することになります。事案によっては後見人等の報酬が発生する場合もありますが，それも本人の負担となります。

(3) **統計等に見る実情**

　最高裁判所は，毎年，「成年後見関係事件の概況」を発表しています。これは，任意後見監督人選任も含めた後見等事件のデータをまとめたものですが，平成29年1月から12月までの1年間の概況には次のように記載されてい

ます。

　後見等の申立件数は3万5737件，審理期間は2か月以内に終局したものが78.9％，4か月以内に終局したものが95.2％となっています。申立人と本人の関係を見ると，本人の子が27.2％と最も多く，次いで市区町村長が19.8％，本人が14.2％となっています。後見人等と本人の関係を見ると，配偶者，親，子，兄弟姉妹及びその他親族が26.2％，親族以外の第三者が73.8％となっています。第三者の内訳を件数別で見ると，司法書士が9982件で最も多く，弁護士が7967件，社会福祉士が4412件と続いています。平成29年12月末時点における成年後見制度の利用者数は，合計で21万0290人，内訳は成年後見が16万5211人，保佐が3万2970人，補助が9593人，任意後見が2516人となっています。

(4) **報酬について**

　後見人等の報酬については，裁判所が審判により決定します。報酬額やその基準について法律上の規定はありませんので，裁判所が本人の資力や後見事務の内容等を総合的に考慮して判断することになりますが，東京家庭裁判所が公開している専門職後見人等の報酬の目安によると，報酬は基本報酬と付加報酬に分けられ，通常の後見事務を行った場合の後見人の基本報酬は月額2万円を目安とし，管理財産が1000万円を超え5000万円以下の場合には月額3～4万円，5000万円を超える場合には月額5～6万円を目安とするとされています。付加報酬については，身上監護等に特別困難な事情があった場合には上記基本報酬額の50％の範囲内で，また，後見人等が報酬付与事情説明書に記載されているような特別な行為（訴訟対応，遺産分割，保険金の受領など）をした場合には，相当額の報酬を付加することがある，とされています。

2 後見，保佐，補助，任意後見について

(1) **判断能力による区分**

　成年後見制度には法定後見制度と任意後見制度があり，法定後見制度は本人の判断能力の程度に応じて，後見，保佐，補助の3つの類型に分かれます。この分類は，あくまでも判断能力（精神状態）の程度によって行われるもの

ですので，例えば身体障害の程度が重く寝たきりの状態であっても，精神上の障害の程度が軽く判断能力が十分に残っている場合には，後見等の手続は開始されません。

(2) 各類型の説明

(a) 後見とは，精神上の障害により事理を弁識する能力を欠く常況にある場合，すなわち判断能力が全くない場合に利用されます（民7条）。

後見人には代理権と取消権が認められ，こうした権限を行使しながら本人の財産管理，身上監護に関する事務を行うことになります。ここで代理権とは，代理人が本人のためにすることを示してある法律行為をしたときに，当該行為の効果を本人に帰属させることができる権利のことをいいます。取消権とは，いったん有効に成立した法律行為について，行為のときにさかのぼってその効果を失わせることができる権利のことをいいます。

ただし，日用品の購入その他日常生活に関する行為については，本人が単独で有効に行うことができるものとされています（民9条ただし書）。

(b) 保佐とは，精神上の障害により事理を弁識する能力が著しく不十分である場合，すなわち判断能力が著しく不十分である場合に利用されます（民11条）。

保佐人には民法13条1項所定の行為について同意権，取消権が認められるほか，家庭裁判所の審判により特定の法律行為についての代理権が認められることがあります（民876条の4第1項。ただし，本人以外の者の請求によって代理権を付与するときは本人の同意が必要です。同第2項）。保佐人は，こうした権限を行使しながら財産管理や身上監護に関する事務を行うことになります。

なお，日用品の購入その他日常生活に関する行為について本人が単独で有効に行うことができることは，後見人の場合と同様です（民13条1項ただし書・9条ただし書）。

(c) 補助とは，精神上の障害により事理を弁識する能力が不十分である場合，すなわち判断能力が不十分である場合に利用されます（民15条1項）。補助の場合には，後見や保佐と違って精神上の障害の程度が少ないので，本人以外の者の申立てにより補助開始の審判をする場合には，本人の同意がなければならないとされています（民15条2項）。

補助人には家庭裁判所の審判により，民法13条1項所定の行為のうち本人が希望する一部について同意権と取消権が認められ，また，特定の法律行為について代理権が認められます。

(3) 任意後見制度

任意後見制度とは，本人の判断能力が正常な時期に，本人と任意後見受任者との間で，本人が精神上の障害により判断能力が不十分になったときに，本人の生活，療養看護及び財産管理に関する事務の全部又は一部の代理権を任意後見受任者に付与する契約（任意後見契約）を締結して，本人の判断能力が低下した後の後見事務をあらかじめ任意後見受任者に委任する制度です。

任意後見制度は，法定後見制度と異なり，本人の意思で受任者や代理権を付与する範囲を決められるという特徴があります。

任意後見制度の詳細については，**ケース17**で説明します。

3 日常生活自立支援事業について

成年後見制度と類似の制度として，日常生活自立支援事業があります。日常生活自立支援事業とは，認知症高齢者，知的障害者，精神障害者等のうち判断能力が不十分な人が地域において自立した生活が送れるよう，利用者との契約に基づき，福祉サービスの利用援助等を行う事業をいいます。

日常生活自立支援事業の実施主体は，社会福祉協議会です。社会福祉協議会は，社会福祉法に定められ，地域福祉の推進を図ることを目的とした団体で，高齢者や障害者の在宅生活を支援するため，訪問介護や配食サービスを初めとする様々な福祉サービスを行っているほか，地域の実情に応じた独自の活動を行っている民間の組織で，市区町村又は政令指定都市の区ごとに設置されています。

日常生活自立支援事業では，社会福祉協議会と利用者が契約を締結し，比較的低額な費用で，福祉サービスの利用援助，日常的な金銭管理のサービス，預貯金通帳・印鑑・年金証書・契約書等の重要書類の預かりサービスなどを利用することができます。例えば，福祉サービスの利用援助について見ると，福祉サービスの利用に関する相談ができたり，サービスの申込みや契約手続

を代行してもらえます。日常的な金銭管理のサービスについて見ると，預金の払戻しや，払い戻した現金で医療費や公共料金の支払をしてもらえます。ちなみに東京23区内のある社会福祉協議会の場合，福祉サービスの利用援助や日常的金銭管理サービスについて1回1時間まで500円，書類等預かりサービスについては1か月500円とされています。

このように，日常生活自立支援事業では，利用者自身が契約をする必要がありますので，不十分であっても利用者に判断能力があることが前提になり，適用場面に関して保佐や補助と重なり合うことになります。日常生活自立支援事業という名称にあるとおり，この事業は日常的な財産管理や福祉・介護サービスの利用支援を想定していますので，利用者において日常的な金銭管理に支障が生じているものの第三者の支援があれば対処可能で，法的な課題（遺産分割など）も特にない，といったケースに適しているということができるでしょう。

4　後見人による財産管理と身上監護

(1) 後見事務の内容

ここでは，後見人を例にして，後見人が行う事務の内容について見ていきます。

後見人は，本人の財産を管理し，かつ，その財産に関する法律行為について本人を代表するものとされており（民859条1項），後見人が本人の生活，療養看護及び財産の管理に関する事務を行うに当たっては，本人の意思を尊重し，かつ，その心身の状態及び生活の状況に配慮しなければならないものとされています（民858条）。これらの規定から，後見人の事務の内容として，大きく分けて財産管理と身上監護があることがわかり，こうした事務を行うに当たっては本人の意思を尊重し身上に配慮しなければならないことがわかります。

また，後見人について民法644条の規定が準用されていますので（民869条），後見事務を行う際には善管注意義務を負うことになります。

(2) 財産管理について

後見人が行う財産管理事務は非常に多岐にわたります。預貯金の払戻し，口座の解約，金融商品や不動産の管理処分，公租公課の支払などが典型的ですが，これらに限られません。財産管理を行うに当たって個別的に注意すべき事項については，**ケース13**で詳しく説明をします。

(3) 身上監護について

　介護サービスの利用契約や施設への入所契約，病院における医療契約の締結などが典型的なものですが，やはりこれらに限られるものではありません。

　身上監護に関する事務といっても後見人が行うのはあくまでも法律行為に関する事務ですので，実際の介護作業や食事の世話などをする必要はありません。

　しかしながら，現在の介護状況や生活環境が本人にとって適切でない場合には，後見人として介護サービスの内容を変更したり，居所の変更（在宅から施設への入所など）を検討，実施する必要があります。そして，こうした身上監護に関する事務（財産管理に関する事務にも当てはまりますが）を適切に遂行していくためには，本人の心身の状態や本人を取り巻く環境についての情報を把握している必要があります。したがって，後見人としては，こうした情報を入手するため，本人と定期的に面談することを心がけましょう。

5　成年後見制度の問題点

(1)　2つの視点

　成年後見制度は，精神上の障害により判断能力が不十分な人たちを支援するツールとしてとても重要で有益なものですが，他方においていくつかの問題点があると指摘されています。

　成年後見制度の問題点については，次の2つの視点で区別した上で検討していくことが有用であると思われます。

　1つ目の視点は，既に述べたとおり，成年後見制度は申立権者による申立てがなければ手続が始まらないという仕組みになっていることから，ある人について成年後見制度による支援が必要な状態が生じているにもかかわらず，家族や地域住民など本人の周りにいる人たちがそのことに気付けないために，

本人への支援がないまま事態が進んでいってしまうことがある，という視点です。

　もう1つの視点は，家族等が本人について成年後見制度による支援が必要であると気付いているのに，後見等申立てをしない，あるいは申立てができないという視点です。

(2) 後見ニーズの発掘

　前者については，個々の市民が抱えている後見ニーズを，いかにして発見し，拾い上げ，成年後見制度にまで繋げていくか，そのための仕組みやネットワークをどのように構築していくか，ということが重要になると思われます。平成28年に成年後見制度利用促進法が成立，施行されましたが，同法に基づいて作成された成年後見制度利用促進基本計画の中でも，こうしたネットワークを構築するとともに，ネットワークの運営の中心となる中核機関を設置することの必要性，重要性が指摘されています。

(3) 後見申立ての促進

　後者については，後見等申立てを躊躇させる要因として，資格制限の問題を指摘することができます。例えば，被後見人や被保佐人は，公務員や会社の取締役・監査役，弁護士，司法書士，宅地建物取引士などには，法律上，就任できないものとされています。これらは資格制限の一例にすぎず，資格制限の問題は，後見制度の利用，特に知的障害者や精神障害者による制度利用を妨げている大きな要因の1つと言われています。被後見人の選挙権を制限した公職選挙法の規定を違憲と判断した東京地裁平成25年3月14日判決（判時2178号3頁）は記憶に新しいところですが，成年後見制度利用促進基本計画の中でも資格制限の問題は指摘されており，早急かつ抜本的な改善が望まれるところです。

　また，後見人の権限が大きすぎる，一度始まったら本人が亡くなるまでほぼ止められない，財産管理に偏り過ぎて身上監護が疎かになる，後見人報酬など費用に対する負担が重い，といった点も後見制度を利用しにくい要因として指摘されています。そして，我が国では保佐類型・補助類型が少なく，後見類型が全体の8割以上を占めるという実態とも相俟って，問題点がより顕著に現れてしまっているということができるでしょう。

さらに，後見人において「本人の財産を毀損しないように」という意識が強すぎて，本人のための財産の支出が抑制的になってしまうことがあります。また，後見人としては本人のために有益な支出であると考えていても，他の親族から「無駄遣いではないか」との指摘を受け，本人のための財産の支出を躊躇いがちになってしまうことがあります。「本人のため」ということが一義的に決まるものではないので，後見人としては様々な事情を考慮しながら本人の財産を管理するのですが，本人からすると後見制度を利用する前よりも生活が不自由になった，と感じてしまうことがあります。そして，こうした不自由，不利益が，本人や親族が申立てを控える要因となっていることもあります。

　こうした問題点については，後見人の権限の縮小，後見制度を継続する必要性について定期的に検討する機会の付与，などの立法的な対応のほか，判断能力に応じて適切に後見・保佐・補助の類型判断が行われること，意思決定支援の理念に即した後見等業務の実現，後見人の報酬決定に当たって身上監護面での努力をきちんと反映すること，申立費用や後見人報酬に関する助成制度（成年後見制度利用支援事業）の積極的かつ柔軟な活用，などの運用面での改善をどんどん進めていくことが重要です。

【藤本　正保】

■コラム――成年被後見人等の資格制限

　本文でも述べたとおり，成年被後見人等に対する資格制限・権利制限の問題は，成年後見制度利用促進基本計画の中でも「成年被後見人等の人権が尊重され，成年被後見人等であることを理由に不当に差別されないよう，今後，政府においては，成年被後見人等の権利に係る制限が設けられている制度について検討を加え，速やかに必要な見直しを行う」と指摘され，早急かつ抜本的な見直しが望まれる問題です。この問題に関連して，平成30年1月，岐阜県に住む知的障害のある被保佐人の男性が，被保佐人は警備員となることができないと定める警備業法の規定により，勤務していた警備会社からの退職を余儀なくされたとして，同法の規定が職業選択の自由を定めた憲法に違反するなどの理由で，国に対して100万円の損害賠償を求めるほか，警備会社

に対して従業員としての地位の確認を求める訴訟を提起した，との報道がされました。
　警備業法では，成年被後見人及び被保佐人は警備員となってはならないと定めています（14条 1 項・ 3 条 1 号）。地方公務員法16条 1 号にもこうした規定がありますが，知的障害を抱えながらも本人の努力や家族・関係者の支援により公務員試験に合格し，現役の地方公務員として就業している人もいます。ここで紹介した警備員として勤務していた岐阜県の男性や，地方公務員として就業している人の存在から，成年被後見人等に対する一律の資格制限・権利制限が，理論的な面だけでなく現実的な面でも，個々人の特性を無視したナンセンスなものであることは明らかです。
　政府は，平成30年 3 月13日，成年被後見人等の資格制限・権利制限を見直す法案（成年被後見人等の権利の制限に係る措置の適正化等を図るための関係法律の整備に関する法律案）を国会に提出しました。しかしながら，同法案について審議が行われることのないまま国会の会期末を迎え，同法案は継続審議案件となりました。同法案の成立が先送りになってしまったことは残念ではありますが，基本計画の策定により成年被後見人等に対する資格制限・権利制限についての問題意識が広く社会全体に周知され，そこから間を空けずに法案化され国会に提出されたことは評価されてよいと思います。
　同法案が次の国会で成立し，成年被後見人等の資格制限・権利制限の問題が 1 日も早く解決してほしいと考えています。

【藤本　正保】

〔参考文献〕
・　赤沼康弘＝土肥尚子編『事例解説 成年後見の実務』（2016年，青林書院）
・　東京家裁後見問題研究会編著『後見の実務』別冊判タ36号（2013年，判例タイムズ社）
・　大口善德＝高木美智代＝田村憲久＝盛山正仁『ハンドブック成年後見 2 法』（2016年，創英社・三省堂書店）

case11 高齢者虐待問題への対応

　私は現在85歳です。自宅で50歳の息子と2人暮らしをしていますが，息子は数年前にリストラされた後は仕事がなく，今は私の年金と貯金で暮らしています。息子は精神的に不安定になっているようで，時折私に暴力をふるうこともありますが，これは私の育て方が悪かったと半ば諦めています。また，最近では，息子は自分が金銭管理をすると言って私の貯金通帳とキャッシュカードを取り上げ，返してくれません。
　私は近頃は物忘れが激しくなり，病院の診察券などを頻繁に紛失するようになってしまいました。また，足腰も弱ってきて自力で歩くのも辛くなってきました。
　今後の私と息子の生活に不安を感じていますが，どうすればよいでしょうか。

☞ポイント
- □ 高齢者虐待防止法
- □ 虐待の意義，態様
- □ 虐待事例における具体的な流れ
- □ 地域包括支援センターについて
- □ 虐待事例への対応における留意事項

1 はじめに

　今回のケースでは，高齢者の「私」に対して，養護者である「息子」が虐待をしていることが疑われます。こうしたケースでは，虐待されている高齢者の生命・身体・財産の安全を速やかに回復し，平穏な生活を確保することが重要になります。

2 高齢者虐待防止法

(1) 目　的

　高齢者虐待防止法は，平成17年11月に成立，平成18年4月に施行されまし

た。同法は，高齢者虐待の防止等に関する国等の責務，虐待を受けた高齢者に対する保護のための措置，養護者による高齢者虐待の防止に資する支援のための措置等を定めることにより，高齢者虐待の防止，養護者に対する支援等に関する施策を促進し，もって高齢者の権利利益の擁護に資することを目的として制定されました（同法1条）。

(2) **全体像**

同法は，定義規定等の総則的な規定を設けた後，養護者による虐待等に関する規定と養介護施設従事者等による虐待等に関する規定を章を分けて規定し，虐待を発見した場合の通報等や通報を受けた場合の市町村の措置等について規定しています。

3 虐待の意義，態様

(1) **虐待の類型**

上記のとおり，高齢者に対する虐待については「高齢者虐待防止法」が制定されており，同法2条4項において，「養護者による高齢者虐待」として，次の5つの類型が規定されています。

① 身体的虐待
② 介護，世話の放棄，放任
③ 心理的虐待
④ 性的虐待
⑤ 経済的虐待

(2) **各類型の具体的内容**

①身体的虐待とは，「高齢者の身体に外傷が生じ，又は生じるおそれのある暴行を加えること」（同法2条4項1号イ）をいい，暴力的行為などで身体にあざ，痛みを与える行為だけでなく，外部との接触を意図的，継続的に遮断する行為も含むものとされています。

　　●具体例●
　　・ 平手打ちをする，つねる，殴る，蹴る，無理やり食事を口に入れる。
　　・ ベッドに縛り付けたり，意図的に薬を過剰に服用させたりして，身体

拘束，抑制をする。

②介護，世話の放棄，放任とは，「高齢者を衰弱させるような著しい減食又は長時間の放置，養護者以外の同居人によるイ（身体的虐待：執筆者注），ハ（心理的虐待：同）又はニ（性的虐待：同）に掲げる行為と同様の行為の放置等養護を著しく怠ること」（同法2条4項1号ロ）をいい，意図的であるか，結果的であるかを問わず，介護や生活の世話を行っている養護者が，その提供を放棄又は放任し，高齢者の生活環境や高齢者自身の身体・精神的状態を悪化させていることをいうものとされています。

●具体例●
- 入浴しておらず異臭がする。
- 水分や食事を十分に与えられていないことで，空腹状態が長時間にわたって続いたり，脱水状態や栄養失調の状態にある。
- 室内にごみを放置するなど，劣悪な住環境の中で生活させる。
- 高齢者本人が必要とする介護・医療サービスを，相応の理由なく制限したり使わせない。

③心理的虐待とは，「高齢者に対する著しい暴言又は著しく拒絶的な対応その他の高齢者に著しい心理的外傷を与える言動を行うこと」（同法2条4項1号ハ）をいい，脅しや侮辱などの言語や威圧的な態度，無視，嫌がらせ等によって，精神的，情緒的苦痛を与えることをいうものとされています。

●具体例●
- 排泄の失敗を嘲笑したり，それを人前で話す等により高齢者に恥をかかせる。
- 怒鳴る，罵る，悪口をいう。
- 侮辱を込めて，子どものように扱う。

④性的虐待とは，「高齢者にわいせつな行為をすること又は高齢者をしてわいせつな行為をさせること」（同法2条4項1号ニ）をいい，本人との間で合意が形成されていない，あらゆる形態の性的な行為又はその強要をいうものとされています。

●具体例●
- 排泄の失敗に対して懲罰的に下半身を裸にして放置する。

・キス,性器への接触,セックスを強要する。

⑤経済的虐待とは,「養護者又は高齢者の親族が当該高齢者の財産を不当に処分することその他当該高齢者から不当に財産上の利益を得ること」(同法2条4項2号)をいい,本人の合意なしに財産や金銭を使用し,本人の希望する金銭の使用を理由なく制限することをいうものとされています。

●具体例●
・日常生活に必要な金銭を渡さない,使わせない。
・年金や預貯金を本人の意思・利益に反して使用する。

4 虐待事例における具体的な流れ

以下では,高齢者の虐待事案において,市町村がどのように対応すべきか,について概説します。

(1) 相談,通報

高齢者虐待防止法では,虐待を受けた高齢者を保護するため,市町村が,高齢者及び養護者に対して相談,指導及び助言を行うものとされています(高齢虐待6条)。

他方,養護者による高齢者虐待を受けたと思われる高齢者を発見した者は,当該高齢者の生命又は身体に重大な危険が生じている場合は,速やかにこれを市町村に通報しなければならず,それ以外の場合には,速やかにこれを市町村に通報するよう努めなければならないものとされています(同法7条)。

高齢者の保護という点からみると,虐待の早期の段階で発見し,支援,介入していくことが望ましいことは論を待たないところです。そこで,発見者が虐待に関する客観的な証拠の有無等で悩んで通報を躊躇い,遅れてしまうことがないよう,「虐待を受けたと思われる」との文言を用いることで,通報に当たって虐待に関する客観的な証拠までは不要であることを明らかにしています。

(2) 事実確認,調査

相談,通報を受けた市町村は,虐待の有無・内容・程度,本人や家族の状況,虐待の要因や背景(家族の介護疲れ,経済的困窮等),緊急性の有無・程度

等について情報を収集し，事実確認を行います。事実確認を行う際には，何かしらの理由をつけて高齢者や養護者の居宅に訪問するなどして，両者の関係性の実態を把握するように努める一方で，虐待を疑っていることがわからないように対応すること，先入観を持たないことが重要です。また，調査を行う際には，高齢者本人や養護者との面談のほか，かかりつけ医・ケアマネージャー・ヘルパー・近隣住民・家族からの事情聴取，医療記録・介護記録・各種保険料の納付記録等の客観的資料の精査，本人や養護者の居宅内外の様子の観察結果等，多面的に情報を収集し，多角的に検討することが重要です。

そして，「高齢者の生命又は身体に重大な危険が生じているおそれがあると認めるとき」は，立入調査を行います（同法11条）。例えば，①近隣住民や関係者から，高齢者の重篤な怪我や衰弱についての具体的な情報が寄せられているにもかかわらず，家族等の拒否が強く，様々な働きかけをしても居所への立入りや高齢者本人への面会が実現できず，安否確認ができない場合や，②虐待の事実が確認でき高齢者の生命又は身体の重大な危険が明らかであるにもかかわらず，虐待者が具体的な支援を受け入れず高齢者の保護や治療が困難な場合には，「高齢者の生命又は身体に重大な危険が生じているおそれがあると認めるとき」に当たりますので，こうした場合には立入調査を実施することになります。なお，立入調査の実施に当たって高齢者本人や養護者の同意は必要ではありません。

(3) 支援方針の検討

情報収集と調査の結果を踏まえ，支援方針を検討することになります。支援方針の検討に当たっては，高齢者や養護者が置かれている状況を多面的に分析・検討することが重要で，そのために精神科医・認知症専門医，弁護士，社会福祉士，ケアマネージャー等，多職種の専門家に参加，関与してもらうことが重要です。

そして，緊急性の有無・程度，虐待の要因，本人や家族の意向を踏まえ，支援方針を検討していくことになります。

(4) 支援の実施

こうした検討を経て，定期的な訪問の実施，在宅介護サービス（デイサー

ビス，ショートステイ等）の利用開始，医療機関に繋ぐ，生活保護の申請，施設入所等の支援を実施することになります。場合によっては，家族との分離や面会制限，成年後見制度の利用といった対応が適切なこともあります。また，やむを得ない事由により高齢者本人が必要な介護サービスの提供を受けることが著しく困難な場合には，市町村は，職権で当該高齢者本人が介護サービスを受けることができるよう，適当な措置を採ることができます（老福10条の4・11条。やむを得ない事由による措置）。このように，支援の方法はバリエーションに富んでいますので，一度支援方針を決めたからといってその方針に拘りすぎず，状況の変化に応じて柔軟に支援方針も変更，修正していく必要があります。

また，上記した高齢者本人への支援だけでなく，家族への支援を併せて実施することも重要です。例えば，家族が介護の負担で疲弊している場合には，デイサービスやショートステイ，施設入所などの方法で家族の負担を軽減するといった対応が必要です。養護者の経済的困窮が背景にある場合には，養護者を生活保護に繋げることも必要になるでしょうし，養護者や高齢者本人が多額の負債を抱えていて生活が破たんしているのであれば，債務整理・破産といった対応をとるために弁護士に繋ぐことが必要になります。

5 地域包括支援センターについて

上記した高齢者虐待への対応を含め，地域で暮らす高齢者の福祉・介護等の総合的な相談窓口としての役割を果たしているのが地域包括支援センターです。

地域包括支援センターは介護保険法115条の46に定められた施設で，地域の高齢者の総合相談，権利擁護や地域の支援体制作り，介護予防の必要な援助等を行い，高齢者の保健医療の向上及び福祉の増進を包括的に支援することを目的として，市町村が設置しています。具体的には，高齢者虐待事案について市町村と連携して対応に当たる業務のほか，医療・福祉・介護分野の総合的な相談，介護予防ケアプランの作成，諸機関との連携体制・ネットワークの構築といった業務を行っています。

6 虐待事例への対応における留意事項

(1) 何が目的なのか，を見誤らないようにしましょう

　養護者による高齢者虐待が疑われる事例に遭遇したとき，問題となっている行為が虐待と認定できるか，どの虐待類型に当てはまるか，あるいは虐待者（と疑われている者）を処罰することができるか，といった点に検討の時間と労力の大部分を割いてしまうことがあります。

　しかしながら，虐待が疑われる事例においては，あくまでも渦中にいる高齢者を擁護することが目的であり最優先事項ですので，当該高齢者や養護者，関わりのある養護者以外の家族に対してどのような支援をすべきであり，どのような支援ができるのか，という点にこそ時間と労力を割くべきでしょう。

(2) 虐待をしている自覚も虐待を受けている自覚も必要ない

　養護者による高齢者虐待の事例の中には，認知症などの障害や病気に対する理解不足，介護・福祉サービスに対する知識不足，あるいは介護への熱心さのあまり結果として本人の権利侵害を招いてしまっているというケースが多くあります。他方，本人側においても，介護等で家族に迷惑をかけているので仕方ない，とか，第三者に知られるのは恥ずかしい，といった気持ちから，虐待を受けているという認識を持っていないケースが多くあります。

　しかしながら，ある行為が虐待に該当するか否かを判断するに当たって，行為者に虐待をしているという自覚は必要なく，また，被害を受けている高齢者においても虐待を受けているという自覚は必要ありません。

　したがって，養護者による不適切な介護等により，客観的に見て高齢者に権利侵害が生じているという状況が現に存するのであれば，権利擁護の観点から当該高齢者に対して必要な支援を積極的に行っていくことが必要でしょう。

【藤本　正保】

〔参考文献〕
・　日本弁護士連合会高齢者・障害者の権利に関する委員会編『高齢者虐待防止法活用ハンドブック〔第2版〕』（2014年，民事法研究会）

- 厚生労働省老健局『市町村・都道府県における高齢者虐待への対応と養護者支援について』(2006年)
- 東京都福祉保健局高齢社会対策部在宅支援課「高齢者虐待防止に向けた体制構築のために —— 東京都高齢者虐待対応マニュアル」(2006年)

case12　不正防止のための制度

　成年後見人が被後見人の財産を横領したというような新聞記事を読みました。被後見人は自分では財産を管理できないからこそ成年後見人が財産管理をするのに，その成年後見人が財産を横領するならば，被後見人にとっては成年後見人など就かない方がいいと思います。
　成年後見人の横領等の不正を防止するために，何か対応はされているのでしょうか。

☞ポイント
- □　成年後見人による不祥事の状況
- □　親族後見人による不祥事，専門職後見人による不祥事
- □　裁判所による監督
- □　後見監督人による監督
- □　後見制度支援信託

1　成年後見人による不祥事の状況

　近年，成年後見人が本人の財産を着服したという報道があり，その中には，被害金額が数千万円以上に上るものもあります。

　成年後見人は，本人の財産の管理に当たって善管注意義務を負っているところ（民869条・644条），本人の財産を着服することがこうした義務に違反することは明らかです。こうした義務に違反して成年後見人が本人の財産を着服した場合には，民事上の損害賠償責任を負うほか，業務上横領罪が成立し刑事責任も負うことになります。

　成年後見人による本人財産の着服といった不祥事が頻発するようでは，国民は安心して後見制度を利用できず，後見制度そのものに対する信頼が失われることになり，高齢者，障害者に対する権利擁護が後退してしまうことになります。一般的な任意代理の場面では，本人が代理人の行為をチェックして自らの権利利益を守ることを期待することができますが，後見制度を利用すべき高齢者，障害者の方々は，認知症等による判断能力の低下のため，本

人自身が成年後見人の活動を十分にチェックすることを期待できない状況にあります。それゆえ，成年後見人には，高い倫理観と成年後見制度に対する正確な知識が求められるのです。

　成年後見人による不祥事には，本人財産の横領・着服といった事例のほか，本人のために必要な支出をしない，本人財産と成年後見人の財産が適切に区分されていない，といった不適切な財産管理の事例，本人の状態に合った適切な介護・福祉サービスを受けさせていないといった不適切な身上監護の事例もありますが，本事例では，不祥事の中でも成年後見人による横領・着服という最も典型的な事例を念頭に置いて記述を進めます。

2　親族後見人による不祥事，専門職後見人による不祥事

(1)　親族後見人と専門職後見人

　成年後見の開始を求める審判の申立てを受理した裁判所は，成年後見人を選任するに当たり，本人の資産や収支の内容，法的課題の有無，財産管理の難易，身上監護に関する事情，本人や親族・後見人候補者の意向等を踏まえて判断をすることになります。本人をめぐる様々な事情を勘案した結果，本人の親族が成年後見人に選任される（親族後見人）こともあれば，弁護士や司法書士，社会福祉士といった法律や福祉の専門家が成年後見人に選任されることもあります（専門職後見人）。

(2)　親族後見人による不祥事

　成年後見人による不祥事を件数で区別した場合，親族後見人によるものが圧倒的に多く，9割以上を占めています。成年後見人に選任された親族の中には「他人の財産を管理している」という意識が低い方もおり，「いずれは相続するのだから」，「家族のために使うのだから」，「本人が元気だったら認めてくれるはず」といった理由で，本人以外の家族の借金の返済や孫の教育費，高額な入学祝・就職祝等，必ずしも適切とはいえない支出がなされることがあります。こうした支出については，そのすべてが認められないというわけではなく，本人の資産や収支の状況，支出額，単発か継続的か，過去の経緯等諸般の事情に鑑みて支出が正当化されるケースもあります。しかし，

親族後見人の場合，こうした事情についての検討が不十分なまま安易に支出をしてしまうという事例が見受けられます。

(3) 専門職後見人による不祥事

専門職後見人による不祥事は，件数で比較すると親族後見人の場合より圧倒的に少ないといえます。しかし，専門職後見人による不祥事は，親族後見人の場合に比べて被害金額が大きくなる傾向があります。これは，専門職後見人の場合には，管理財産が高額であるケースや，1人の専門職後見人が複数の成年後見人に選任されているケースが多いことによるものと思われます。過去の報道によれば，1人の専門職後見人による被害額が数千万円以上になったケースもあり，こうした多額の被害が発生したケースでは，成年後見人を解任された後，業務上横領罪で逮捕，起訴され，たとえ被害弁償をしていたとしても有罪の実刑判決を受ける場合もありました。本人によるチェックが困難又は不可能であることを奇貨として権限を悪用し，後見制度・専門職後見人に対する信頼を失墜させた，として犯情悪質，刑事責任も重いと評価されるためです。専門職後見人がこうした不祥事に手を染めた原因としては，専門職後見人自身の経済的困窮というケースが多く，うつ病等の精神疾患が原因で業務ができなくなったという例も報告されています。

3 裁判所による監督

(1) 裁判所への報告

裁判所は，成年後見人に対し，いつでも後見事務の報告若しくは財産目録の提出を求めることができます（民863条1項）。

成年後見人は，選任後遅滞なく本人の財産の調査に着手し，1か月以内にその調査を終わり，財産目録を作成しなければなりません（民853条1項）。また，成年後見人の任務が終了したときは，2か月以内にその管理の計算をしなければならないとされています（民870条）。このように，選任当初と終了時のほか，定期的に裁判所に対して後見事務の報告と財産目録等の提出を求めることにより，着服等の不祥事の発生を防止するとともに不適切な財産管理を早期に発見できるようにしています。

なお，高齢者人口が増加し成年後見等の申立件数の増加も見込まれる一方で，身上監護面においても，不正防止の面においても，監督機関たる家庭裁判所が，現在の体制のままで適切な監督を実施できるのか，という点については，検討すべき課題があると指摘されています。

(2) **居住用不動産の処分についての許可（民859条の3），利益相反行為について特別代理人の選任（民860条）**

成年後見人が本人の居住用不動産を処分する場合，裁判所の許可を得なければなりません（民859条の3）。これは，居住用不動産は本人の生活の本拠であり，その処分は本人の生活にとって特に重要な行為であるため，裁判所によるチェックを必要としたものです。裁判所は，当該不動産の処分の必要性，相当性，当該不動産の処分が本人の生活や心身に及ぼす影響の有無，内容，程度等を考慮して許可するか否かを判断します。

成年後見人と本人の利益が相反する行為について，後見監督人が選任されている場合を除き，成年後見人は，本人のために特別代理人の選任を裁判所に請求しなければなりません（民860条・826条）。これは，成年後見人が本人の利益を犠牲にして自らの利益を図ることがないよう，裁判所をして第三者たる特別代理人を選任させ，本人の利益を保護することとしたものです（ケース14参照）。

(3) **調査人の選任，成年後見人の複数選任**

裁判所は，裁判所自ら後見事務又は本人の財産状況を調査することができる（民863条1項）ほか，適当な者に後見事務又は本人の財産の状況を調査させることができます（調査人。家手124条1項）。

また，裁判所は，複数の成年後見人を選任し，成年後見人間の権限を身上監護と財産管理に分掌することもできます。

そこで，調査人による調査の結果，既に選任されている親族後見人の業務に関して，身上監護面では問題ないものの財産管理面で不適切な事情が見つかれば，専門職後見人を追加選任し，従前の親族後見人については身上監護，追加選任された専門職後見人については財産管理，というように権限分掌の審判をする，という運用も実際に行われています。

(4) **解　　任**

裁判所は，成年後見人に不正な行為，著しい不行跡その他後見の任務に適しない事由があるときは，成年後見人を解任することができます（民846条）。ここで「不正な行為」とは違法な行為又は社会的に見て非難されるべき行為を，「著しい不行跡」とは品行が甚だしく悪いことをいうものとされています。「その他後見の任務に適しない事由」とは，後見人の権限を濫用したり，不適当な方法で財産を管理する等，後見人としての任務を怠った場合をいうものとされています。

　成年後見人に対する監督の手段として数あるもののうち，この解任権は最も強力な手段といえます。しかしながら，必ずしも上記した解任事由があるわけでもないのに，本人や親族が相性・折り合いの悪い専門職後見人を排除したいがために解任の申立てをするという問題事例も見受けられます。

4　後見監督人による監督

(1)　後見監督人の選任

　裁判所は，必要があると認めるときは，被後見人，その親族若しくは後見人の請求により又は職権で，後見監督人を選任することができます（民849条）。

　これまで後見監督人は，主として親族後見人の事案で選任される場合が多かったのですが，近時は専門職後見人の事案で，後見業務に特段の問題がなくても，本人の資産が高額な場合には専門職の後見監督人が選任されるという運用が始まっています。

(2)　後見監督人の業務

　後見監督人は，いつでも後見人に対して後見事務の報告若しくは財産目録の提出を求め，又は本人の財産状況を調査することができます（民851条1号・863条1項）。

　また，後見人が開始時の財産調査・目録作成を行う際に後見監督人が立ち会わなければならないものとされている（民853条2項）ほか，後見人が営業若しくは民法13条1項各号に掲げる行為（ただし，元本の領収は除く）をする場合には後見監督人の同意が必要とされています（民864条）。また，後見人と本人の利益が相反する行為については，後見監督人が本人を代表するものと

され（民851条4号），後見人に不正な行為，著しい不行跡その他後見の任務に適しない事由があるときは，後見人の解任を請求することができます（民864条）。

(3) **メリットとデメリット**

以上の権限を駆使して，後見監督人は後見人の業務を監督することになります。

後見監督人という第三者が関与することで，後見人の独善的な業務遂行を改善して不祥事を防止し，もって本人利益の保護を実現する，ということのほか，後見人にとっても後見業務に習熟した後見監督人に個別具体的な業務上の悩みを相談できるというメリットがあります。

他方において，後見監督人の職務の内容からして不祥事の予防的な措置を講じることが難しい，後見監督人の報酬が発生するので本人の負担が大きくなる，というデメリットもあります。ただし，東京家裁においては，後見監督人を選任することで本人の経済的負担が大きくならないよう，配慮した運用が行われています。

(4) **監督人選任事案におけるポイント**

次に述べる後見制度支援信託は，本人の財産のうち預貯金の管理に特化した制度ですので，後見監督人による監督は，預貯金以外の財産管理や身上監護面での不適切な後見業務への対策としては有用であるといえますが，その一方で事後的なチェックになってしまうという面は否めません。また，後見監督人は，後見人に対して，定期的に本人の財産目録や収支報告書，領収書等の提出や報告を求めるのが一般的ですが，そうした定期的な書類の提出・報告が後見人にとって過大な負担となり，本人のための有益な支出を抑制してしまうという本末転倒な結果になってしまうこともあります。

後見監督人が選任された事案においては，監督人選任の理由を後見人，監督人の双方がよく理解し，後見人の業務を過度に制約したり，後見人に必要以上の負担を強いることのないよう，相互に協力することが重要です。

5 後見制度支援信託

(1) 後見制度支援信託とは

　後見制度支援信託とは，本人の財産のうち，日常的な支払をするのに必要十分な金銭を預貯金等として後見人が管理し，通常使用しない金銭を信託銀行等に信託する仕組みで，平成24年2月から導入されました。後見制度支援信託を利用すると，信託財産の払戻しや解約にはあらかじめ裁判所が発行する指示書が必要になります。本人の月々の収支が赤字になることが予想される場合には，信託契約において信託財産から定期的に一定額を後見人が管理する預貯金口座に振り込まれるようにすることもできます。

(2) 後見制度支援信託の特徴

　後見制度支援信託は，信託銀行等に財産を信託できることが前提になるため，本人の財産が少ない場合，本人財産に株式など信託できない財産が多数含まれている場合等には利用することが適切とはいえません。また，後見制度支援信託を利用する事案においては，信託契約を締結し本人財産を信託した後は親族後見人が後見業務を行うことが予定されているため，後見人となるべき親族がいない場合，後見人候補者である親族の適格性に問題がある場合等には利用することができません。

　このように，後見制度支援信託はすべての事案に適用できる仕組みではないため，後見制度支援信託を適用することが適切か否かを判断するため裁判所が専門職後見人を選任して調査検討をさせ，後見制度支援信託を利用するのが適切であると判断された事案について専門職後見人が信託銀行等と信託契約を締結し本人財産を信託する，という流れになります。

(3) メリットとデメリット

　以上のとおり，後見制度支援信託は，日常的な後見業務に必要ない多額の預貯金を信託銀行等に信託し，その払戻し等には裁判所の指示書を必要とするため，後見人による本人財産の着服を事前に防止することができるというメリットがあります。

　他方において，裁判所の指示書がなければ払戻し等ができないため，本来は本人のために利用すべき財産であるにもかかわらず後見人が財産の利用を

躊躇してしまうおそれがあるというデメリットがあります。また，後見制度支援信託を取り扱っている金融機関が限られているため，本人や後見人の住居所から遠く離れた信託銀行等を利用しなければならず，後見業務に大きな負担となるおそれもあります。特に地方の場合，後見制度支援信託を取り扱っている金融機関が極めて少なく，そうした金融機関の店舗まで車で片道数時間もかかることもあります。こうしたケースでは後見人の負担は大きく，かかる負担から本人のために信託財産を利用することを躊躇ってしまうことにもなりかねません。

　後見制度支援信託については，成年後見制度利用促進会議においてもその有用性は認めた上で，これに並立・代替する新たな方策を検討することが期待されており，既に一部の信用金庫や信用組合では，後見制度支援信託と同様の機能を持った商品の運用が始まっています。こうした動きがさらに広まっていくことが期待されています。

【藤本　正保】

〔参考文献〕
- 東京家裁後見問題研究会編著『後見の実務』別冊判タ36号（2013年，判例タイムズ社）
- 第一東京弁護士会成年後見センター編『Q＆A成年後見の実務』（2008年，加除式，新日本法規出版）

case13　後見人による財産管理——各論

　私の夫は，数年前に認知症を発症し，今では日常的なお金の管理もできません。夫は現預貯金，先祖代々の土地，上場会社の株式，投資信託を持っていて，元気だったころはかなり派手に株式取引をしていました。夫の法定相続人は，妻である私と息子の2人だけです。

(1)　夫が亡くなった後の相続税について税理士に相談したところ，「今のままでは納税資金が足りない。土地に担保を設定し銀行でローンを組んで先祖代々の土地に賃貸用マンションを建設し，相続税の負担を減少させた方がよい。」と勧められました。以前，何かのセミナーで，認知症の人が契約をするには後見人が必要だと聞いたことがありますが，後見人を選任してもらえば夫の名義で土地に担保を設定し銀行ローンを組んで賃貸マンションを建設することは可能でしょうか。

(2)　夫名義の株式について，息子から，業績好調の別会社の株式に買い換えた方が資産価値も上がっていいのではないかとアドバイスを受けました。夫の性格や元気だったころの株式取引の傾向からすると，夫が認知症になっていなければ，そのようにすると思い，証券会社に相談したところ，後見人を選任してもらわないと株式の売却ができないと言われました。
　後見人を選任してもらえば，私の指示に従って夫名義の株式の売買をしてもらえるでしょうか。

(3)　私たち夫婦は，夫が元気だったころは年に一度は必ず旅行に行っており，定宿となっている旅館もあります。旅行に行けば夫の心身にもいい影響があるのではないかと思うので，今後も年に一度の旅行を続けたいと思っています。その場合，私と夫の旅行代は夫に払ってもらってもいいのでしょうか。

(4)　私たち夫婦は，これまで夫の収入で生活をしており，私には国民年金以外には収入はありません。後見人が選任されると夫の財産は後見人がすべて管理すると聞いたのですが，そうなった場合，私の生活費はどうなるのでしょうか。夫の収入から私の生活費を出してもらえるのでしょうか。

☞ **ポイント**
- ☐ 財産管理における基本的視点
- ☐ 不動産の売買（不動産の処分全般，居住用不動産の場合）
- ☐ 本人死亡後の相続税対策のための財産処分
- ☐ 財テク（金融商品の処分）
- ☐ 本人の旅行代の支払，同行者の旅行代の支払
- ☐ 本人の負担で家族の生活費や必要経費を支払うことの可否

1 財産管理における基本的視点

(1) 後見人による財産管理

後見人は本人の財産を管理し，かつ，その財産に関する法律行為について本人を代表するものとされ，本人の財産管理の事務を行うに当たっては本人の意思を尊重し，かつその心身の状態及び生活の状況に配慮しなければならないものとされています（民858条・859条）。

後見人には本人の財産に関して包括的な代理権が認められますが，本人の利益のために権限を行使しなければならず，本人の利益を犠牲にして後見人や第三者の利益を図るような権限行使をすることは許されません。

(2) 本人のための権限行使

実際に後見人が権限を行使するに当たって，本人の利益に適うか否かを十分に検討しないまま本人の財産を処分してしまうケースが見受けられます。他方において，本人の意向や本人を取り巻く個別具体的な事情を考慮すると，何が本人のためなのか，が悩ましいケースもあります。

たとえ難しい判断を迫られたとしても，後見人はあくまでも「本人のために」付与された権限を行使しなければならないのです。

2 不動産の売買（不動産の処分全般，居住用不動産の場合）

(1) はじめに

不動産は，一般的に見て資産価値が高いことから本人の財産全体に占める割合が大きい場合が多く，またその処分が本人の生活状況全般に及ぼす影響も大きいということができます。そのため，後見人が本人の不動産を処分

（ここでいう処分には，売買や贈与のほか，賃貸借，担保権の設定も含みます）するに当たっては，処分の必要性・相当性，対価を伴う場合には対価の相当性，当該処分が本人の生活に及ぼす影響，本人の意向等を検討し，慎重に対処することが必要です。

(2) 居住用不動産の処分

不動産のうちでも特に本人の居住用不動産の処分の場合には，後見人は家庭裁判所の許可を受けなければならないものとされています（民859条の3）。被後見人が居住の用に供していた土地・建物は，本人の生活の土台そのものであり，ここに変動が生じることは本人の生活状況に大きな影響を及ぼす可能性があるため，特に慎重な対応を期すべく，家庭裁判所の許可を要するものとされているのです。もし家庭裁判所の許可を得ずに後見人が居住用不動産を処分してしまった場合には，当該行為は無効となります。

(3) 事例についての検討

本事例(1)では，本人死亡後の相続税対策のため，本人が所有する土地に担保権を設定して資金を借り入れ，マンションを建築することが問題となっています。

本人が居住している自宅建物の敷地に担保権を設定するということであれば，居住用不動産の処分に当たりますので，この点について家庭裁判所の許可が必要になります。

今回のように，建築資金を借り入れて収益目的で本人名義の建物を建築するというケースについては，本人が保有する資産を有効に活用して，その収入を安定させるといったプラス要素も認められます。しかしながら，例えば，本人が居住している自宅建物を取り壊しその敷地上にマンションを建築するという計画の場合には，本人の生活や心身の状況に及ぼす影響は非常に大きいものがあります。また，マンション建設ともなれば，借入れの規模もそれなりに大きくなることが予想されます。

こうした点に鑑みれば，居住用不動産の処分に当たる場合はもちろんのこと，そうでない場合であっても，マンション建設計画の実施により本人の生活・心身の状況に及ぼす影響の有無・程度，本人の保有財産・収支の内容と借入れの規模・内容，マンション建設後の収益見通し等について，家庭裁判

所と事前協議を行うなど，慎重に吟味して計画を進めていくことが必要でしょう。

なお，本人死亡後の相続税対策という目的の点については❸で検討します。

本人死亡後の相続税対策のための財産処分

(1) 相続税対策と後見申立て

本事例(1)のように，資産家の本人が後見状態になってしまったが，本人死亡後の相続税対策のために資産を処分したい，そのために後見申立てをしたい，というケースは非常に多く見受けられます。弁護士等の専門職後見人が選任されたケースでも，申立段階ではそうした動機が明らかになっていなかったものの，後見開始の審判が出た後に，親族から専門職後見人にそうした相談が持ちかけられるケースが多いようです。

(2) 相続税対策は誰のためか

❶で述べたとおり，後見人による財産管理はあくまでも「本人のため」に行われなければなりません。

しかしながら，本人死亡後の相続税対策のための財産処分の場合，相続税の減額という利益を享受するのは本人の相続人であって，本人ではありません。また，相続税対策という事柄の性質上，その効果は本人の死亡という何年先かわからない将来の時点で発生するものですので，それまでの間に本人の資産内容に変動が生じたり，税制の変更があったりすることで，相続税対策の効果がどれだけあるのかは不透明といわざるを得ません。さらに，**本事例**(1)では，本人は，借入金や担保権設定という具体的な負担のほか，家賃収入というものの性質上収益が不確実というリスクも抱えることになります。

こうした事情に鑑みれば，財産処分の目的の中に相続税対策という点が含まれているというその一事のみで財産処分が許されなくなるとまではいえませんが結論としては否定的になる場合が多いように思われます。相続人側の利益を上回るような本人の利益が存在するのか，相続人の利益のために本人に不利益・リスクを負担させていることにならないといえるか，さらには，本人の推定的な意思が認められるか等という点が厳格に問われなければなら

ないでしょう。

 4 財テク（金融商品の処分）

(1) はじめに

本人が後見開始の審判前から保有していた株式、投資信託等の金融商品について、処分（現金化）するか否か、いつ処分（現金化）するかについては、後見人の財産管理に関する裁量に委ねられている事柄といえます。

例えば、価格の変動する株式よりも、価格の変動がなく、元本が保証され、管理も容易な定期預金として管理するため、ということであれば、施設入所費用の捻出等の必要性がなくても、株式等を売却することは後見人の裁量の範囲内といえるでしょう。また、本人名義の株式から安定的に配当金収入が得られているということであれば、株式を売却せずにそのまま保有し続けるということも後見人の裁量の範囲内といえると解されます。

(2) 後見人による資産運用

ただし、後見人には本人の財産を増殖させる義務はなく、また、財産管理の方法として本人財産を減少のリスクに晒すというのも適切ではありません。したがって、本人名義の株式について、後見人が投資目的で売買することは避けるべきでしょう。

この点、親族の中には「本人が後見開始の審判を受けていなければ、値上がりが確実な○○社の株式に買い替えていたはず」という考えを持つ方もいるかもしれません。確かに、財産管理をするに当たって本人の意思を尊重することは大切ですが、個別具体的な場面における本人の意思を確定することは困難といわざるを得ません。

(3) 事例についての検討

本事例(2)では、資産価値の増加を目的として本人名義で株式を売買することを計画していますが、新たな株式の購入は資産減少のリスクを新たに抱え込むことになりますし、株式売買に関する現時点における本人の意思を確定するのは困難です。

したがって、後見人としては、株式を売却して得た金銭を定期預金等安全

な状態で管理することはよいとしても，新たに株式を購入することは控えるべきでしょう。

5 本人の旅行代の支払，同行者の旅行代の支払

(1) はじめに

　後見人が管理する本人の財産は，当然のことですが，本人のために使うべきものです。たとえ本人が後見開始の審判を受けたとしても，本人の状態によっては，自宅や施設の中でずっと過ごすことが最善ということではなく，旅行に出かけることで本人の心身によい影響が与えられるということもあり得ると思われます。

　したがって，本人の健康状態の面で旅行に耐えられるということが前提にはなりますが，本人の資産・収支の状況からして以後の本人の生活に大きな支障が生じないのであれば，本人の資産から本人の旅行代を支払うことについて特に問題が生じることはないでしょう。

(2) 同行者の旅行代

　次に同行者の旅行代を本人の財産から支出することについて検討すると，本人の費用負担により同行者が恩恵を受けることにはなりますが，だからといって一概に許されないというわけではないと思われます。後見開始の審判を受けた本人が旅行に出かけ，旅先で充実した時間を過ごすためには同行者の存在が不可欠な場合もあり得るからです。そのような場合には，本人の資産や収支の状況，旅行の目的や同行者が行うべき事務の内容等に鑑み，本人の資産から同行者の旅行代の全部又は一部を支出することが許される場合もあり得るでしょう。

(3) 事例についての検討

　本事例(3)では，夫に後見人が選任された後も，毎年夫婦で行っていた旅行を続け，その際には夫婦2人分の旅行代を夫の資産から支出することが問題になっています。夫の健康状態が許すのであれば，夫婦の思い出の地に旅行に行くことは否定されるべきではありません。そして，旅行代についても，妻が夫に同行することが必要であり，本人の資産・収支に余裕があり金額も

相当であれば，夫の分だけでなく妻の旅行代についても夫の資産から支出することが許される場合もあると思われます。

6 本人の負担で家族の生活費や必要経費を支払うことの可否

　一家の大黒柱であった夫が後見開始の審判を受けた場合，妻の以後の生活費はどうなるのか，という問題はとても切実です。

　民法上，夫婦は互いに扶助しなければならないものとされていますので（民752条），妻が自身の収入だけでは生活することができず（必要性），資産や収入の面で夫に妻の生活費を支出するだけの経済力がある（相当性）場合には，たとえ夫が後見開始の審判を受けたとしても，夫の資産・収入から妻の生活費を支出することに大きな問題はないでしょう。ただし，だからとって無制限に支出が許されることにはなりませんので，夫の資産や収支の状況，従前の生活内容等に鑑み，相当な範囲で夫の資産・収入からの支出が許されるということになります。

　本事例(4)では，夫にそれなりの資産があります。それまでの夫婦の生活水準がどの程度であったのかにもよりますが，夫が後見開始の審判を受けた後も，当面の間は従来の生活水準と同じかそれに近い程度で，妻の生活費を支出することが許されると判断される場合が多いでしょう。これと異なり，仮に夫の資産・収入が乏しく，妻の生活費を捻出する余裕がない場合には，妻について生活保護の申請を検討することが相当と思われます。

【藤本　正保】

〔参考文献〕
- 第一東京弁護士会成年後見センター編『Ｑ＆Ａ成年後見の実務』（2008年，加除式，新日本法規出版）
- 東京家裁後見問題研究会編著『後見の実務』別冊判タ36号（2013年，判例タイムズ社）

case14 後見人による利益相反行為

　私の夫は数年前から認知症がひどくなったため、成年後見の申立てをしたところ、息子が後見人に選任されました。息子は個人で飲食店を経営しているのですが、最近は店の経営が芳しくないようで、夫が所有している不動産を担保にして店の運転資金を借り入れたいと言ってきました。
　息子が成年後見人であることから夫の不動産を担保に借入れができるのでしょうか。

☞ **ポイント**
- □ 利益相反行為規制の意義
- □ 利益相反行為の判断基準
- □ 特別代理人の選任
- □ 後見監督人の同意
- □ 監督人の同意等のないまま行われた利益相反行為の効力

1 利益相反行為に対する規制

　後見人は判断能力に障害がある本人の利益を保護するため本人の財産管理及び身上監護について広範な代理権が認められています。
　しかしながら、後見人が業務を遂行するに当たり、本人の利益と後見人の利益が対立・衝突してしまうことがあり得ます。例えば、本人と後見人が共同相続人である場合の遺産分割協議の事案では、後見人の取得分を増加することは本人の取得分が減少することであり、両者の利益は相反する関係にあります。また、後見人の借入金を担保するために本人所有の不動産に担保権を設定する事案においては、本人の犠牲・負担の下に後見人が融資を受けるという利益を得るという関係になっています。このような場面では、後見人に対して、自らの利益より本人の利益を優先して行為することを期待するのが困難であるため、利益相反行為として、❸に述べるとおり、後見人の代理権に制限が加えられているのです。

2 利益相反行為の判断基準

　そこで，どのような行為が利益相反行為に当たるか，ということが問題になりますが，判例（最判昭42・4・18民集21巻3号671頁）は，行為者の内心ではなく，行為の外形を基準に判断するものとしています。この判例は親権者が子を代理して行為した事案についてのものですが，「民法826条にいう利益相反行為に該当するかどうかは，親権者が子を代理してなした行為自体を外形的客観的に考察して判定すべきであつて，当該代理行為をなすについての親権者の動機，意図をもつて判定すべきでない」と判示しています。

　例えば，前述した本人と後見人が共同相続人となっている遺産分割協議の事案を例に検討します。例えば，被後見人AとAの弟で後見人であるBの母甲が亡くなり，AB間で甲の遺産分割協議を行う必要が生じたとします。Bはかねてより献身的にAのために後見業務に従事し，甲の遺産分割協議の際にも法定相続分に従って分割をしようと考えていたとします。しかしながら，共同相続人間の遺産分割協議を外形的客観的に分析すると，この例でいえば，Aの取得分が増えればBの取得分が減り，Bの取得分が増えればAの取得分が減るという関係が認められることになります。したがって，Bが上記した動機，意図を持っていたとしても，AB間における亡甲の遺産分割協議は利益相反行為に当たるという帰結になります。

　以上で述べたところを前提にすると，本事例では後見人が借入れするために本人の財産を担保として拠出することになりますので，後見人が借入金を返済できなくなった場合には本人が財産を失うことになり，外形的客観的にみて本人と後見人との間で利益が衝突する可能性があるといえます。したがって，後見人（息子）が経営する飲食店の運転資金の借入れのために本人（夫）所有の不動産に担保を設定することは利益相反行為に当たることになります。

3 特別代理人の選任

　上記したとおり，本人と後見人の利益が相反する行為については後見人の

代理権は制限され，特別代理人を選任しなければならないものとされています（民860条・826条）。

　この場合，後見人の申立てにより家庭裁判所が特別代理人を選任することになります。申立てに当たっては利益相反行為の内容を明らかにする必要がありますが，申立人である後見人は，特別代理人候補者を家庭裁判所に推薦することもできます。ただし，家庭裁判所は事案の内容に応じて適切な人物を特別代理人として選任しますので，必ずしも推薦した人物が選任されることにはなりません。

　家庭裁判所により選任された特別代理人は，当該利益相反行為についてのみ代理権を付与され，選任された特別代理人は，当該事案の内容を検討し，本人を代理して法律行為を行うことになります。

4　後見監督人の同意

　後見監督人が選任されている場合には，利益相反行為について特別代理人の選任を申し立てる必要はありません（民860条ただし書）。後見監督人は，利益相反行為について被後見人を代表するものとされていますので（民851条4号），重ねて特別代理人を選任する必要がないからです。

5　監督人の同意等のないまま行われた利益相反行為の効力

　後見監督人の同意等のないまま行われた利益相反行為は，本人の利益を保護するため，無権代理行為として無効であると考えられています。ただし，あくまでも本人の利益を保護するためですので，本人が能力を回復したときには追認することが可能です（民119条）。

　また，後見監督人は利益相反行為について事前に同意することができるところ，追認は事後的な同意とみることができますので，後見監督人も追認をすることができると考えられます。

6 保佐・補助と利益相反行為

　保佐・補助の場合でも，本人の利益と保佐人・補助人の利益が相反する場合に本人の利益を保護すべき要請があることは変わりはありません。また，後見人の場合には包括的な代理権が認められているのに対し，保佐・補助の場合には個別的な代理権のほか同意権も認められる場合があります。そのため，保佐人・補助人が利益相反行為について本人を代理する場合のほか，同意する場合についても，保佐監督人・補助監督人が代理権，同意権を行使することになります（民876条の3第2項・876条の8第2項・851条4号）。

【藤本　正保】

〔参考文献〕
- 第一東京弁護士会成年後見センター編『Q&A成年後見の実務』（2008年，加除式，新日本法規出版）
- 東京家裁後見問題研究会編著『後見の実務』別冊判タ36号（2013年，判例タイムズ社）

case15 専門職が後見人になる場合に注意すべき点

> 私は弁護士登録をして5年目の者ですが，今回，とある高齢の女性から，認知症の症状が認められる夫の財産管理等についての相談を受け，成年後見制度の利用を説明したところ，後見人候補者になってほしいとの依頼を受けました。後見申立ての準備を進めていく中で親族の意向を確認したところ，私が後見人になることについて特に異論はありませんでしたので，私を後見人候補者として申立てをする予定です。そのまま無事に選任されれば，初めて後見人としての業務を行うことになるわけですが，これから後見業務をしていくに当たって気をつけなければならないことを，ぜひ教えてください。

☞ポイント

- ☐ 専門職後見人の職務規範，議論の背景（不祥事，身上監護）
- ☐ 後見業務全般にわたって留意すべき事項
- ☐ 財産管理面で特に留意すべき事項
- ☐ その他留意すべき事項
- ☐ まとめ

1 専門職後見人の職務規範と議論の背景

裁判所から公表されている統計資料によると，後見事件の中で親族以外の第三者が後見人に選任されている事件の割合は約73.8％にも上ります（「成年後見関係事件の概況」平成29年1月～12月）。専門職後見人が選任される事案というのは，親族の中に適当な候補者がいないというだけでなく，遺産分割など法的課題がある，管理財産が高額である，収益物件が含まれるなど財産管理が複雑である，従前の親族による財産管理に不明朗な点がある，親族間の対立が激しい，虐待事案である等，専門職でなければ対応できない事情があるのが一般的です。今後も高齢者人口が増加していくことが予想されるとともに，高齢者・障害者の権利擁護に対する意識が社会全体において高まってきている状況に鑑みると，専門職後見人の果たすべき役割はますます重要になり，専門職後見人に対する期待も今以上に高まっていくものと思われます。

他方において，ごく一部ながら専門職後見人が本人の財産を着服し数千万円の被害が発生した，本人の意向を無視した後見事務が行われている等といった，専門職後見人による不祥事の報告がなされています。専門職に限らず，後見人に対する監督権は裁判所が有していますが，裁判所による監督が十分でない実態と相俟って，専門職後見人に対する不満感，不信感が生まれていることも事実です。

上記したとおり，専門職後見人の存在は後見制度を支える大きな柱です。したがって，専門職後見人に対する不満感，不信感が大きくなると，後見制度そのものへの不満感，不信感につながりかねず，そうした不満感，不信感が社会全体に広がってしまうと後見制度の存立自体が危うくなってしまいます。

そうした事態を避けるため，専門職後見人の不祥事対策として，後見人候補者の推薦体制の整備や研修制度の充実，後見監督人の活用といった対策のほか，専門職後見人としての後見業務のあり方に関する検討が専門職団体で進められています。

2 後見業務全般にわたって留意すべき事項

(1) 本人，関係者らとの面談

後見人に就任した場合には，速やかに本人，家族，支援者らと面談し，本人の心身の状況，本人をめぐる人間関係，本人が現在抱えている課題を適切に把握し，本人の意向や希望をくみ取るようにしましょう。本人自身から意向や希望が直接聞き取れない場合でも，本人のことをよく知っている家族や支援者と協議しながら一緒に考えるようにし，後見人の価値観を押し付けないように注意しましょう。

また，本人，家族，支援者らとの面談は一度やればよいというものではありません。本人の意向や心身の状態を把握するには本人らと会って話をするのが一番の近道ですので，必要があると判断したときには，億劫がらずに本人らと面談をするようにしましょう。ただし，本人らとの面談は，財産管理や身上監護を適切に行うための情報収集，あるいは本人らとの信頼関係を構

築・維持するための方法，手段であって，面談することそれ自体が目的ではありません。ですので，事案の内容や抱えている課題に応じて，面談のタイミングや頻度を考え実施します。

(2) 福祉，医療関係者らとの連携

本人が抱える問題，特に福祉，医療面の問題を適切に処理していくためには，本人や家族だけでなく，福祉関係者，医療関係者とも積極的に連携をとり，情報を入手してください。

(3) 本人らとの適切な関係性の構築

本人と後見人との間に利益相反が生じるような事態を招かないよう注意し，もし利益相反を生じてしまったときは，家庭裁判所に報告し監督人に代理してもらったり，特別代理人の選任を申し立てるなど，必要な手続をとりましょう。

また，親族間に対立がある場合は特にそうですが，公平性に疑問を持たれないよう，双方から話を聞いたり，双方に対して等しく情報提供をするなど，中立的な立場を維持するように留意してください。

3 財産管理面で特に留意すべき事項

(1) 横領行為の禁止

後見人が本人の財産を意図的に着服する，という故意による本人財産の侵害が許されないことは，改めて指摘するまでもありません。理由のいかんを問わず，本人の財産を後見事務以外のために流用することは刑法上の業務上横領（刑253条）です。後見人自身に流用した財産を補填する資力があったとしても結論に違いはありませんし，後日被害弁償をしたとしても，同様です。

(2) 本人財産と後見人財産の分別

本人の財産を後見人の財産と混同しないよう，必ず分けて管理するようにしましょう。例えば，本人をA，後見人をBとします。本人の財産を「B」名義の預金口座で管理しようとすると，「B」名義の預金口座にAの財産が混入した時点でAの財産とBの財産を区別することできなくなりますので，絶対に避けてください。

後見人として管理する本人の預金通帳は定期的に記帳し，請求書や領収書，振込依頼票などの出入金の根拠資料については整理して保存しましょう。
　後見業務を行うに当たって発生した交通費，通信費等の実費は本人の財産から支出することができます。また，本人の税務申告のための税理士費用や本人の不動産を処分した際の司法書士費用も本人の財産から支出することができます（民861条2項）。こうした費用を本人の財産から支出する際には，金額の面で合理的な範囲にとどめるとともに，預金通帳にメモ書きをしたり出納帳に記録を残すなどして後で確認できるようにしましょう。

(3) **居住用不動産の処分に関する家裁の許可**

　後見人が本人の居住用不動産を処分する場合には家庭裁判所の許可を得る必要があります（民859条の3）。ここにいう処分には売却だけでなく賃貸，賃貸借の解除，抵当権の設定その他これに準じるものも含まれますが，こうした処分をする際には，法律で定められた手続を必ず履行してください。

(4) **本人の財産状況を親族に開示することの是非**

　後見業務を行っていると，親族らから本人の財産管理の内容について開示を求められることがあります。本人の財産の内容はあくまでも本人の個人情報ですので，親族らから開示を求められてもこれに応じる義務はありません。しかしながら，親族は互いに扶養義務を負うこともあり（民877条），状況によっては本人の財産状況を知っておいてもらう必要がある場合もあります。また，後見人が親族らに本人の財産状況を適宜適切に説明することにより，親族らから後見人に対する根拠なき疑念を晴らすことができたり，後見人と親族らの信頼関係の醸成に役立つこともあります。
　したがって，親族らからの求めに応じて，後見人が本人の財産状況を開示するか否かについては一律に判断すべきでなく，開示を求める理由や必要性，開示する内容・程度，後見人と本人・親族らとの関係性等を慎重に吟味して判断すればよいと思われます。

4　その他の留意すべき事項

(1) **裁判所への定期報告**

後見人は，あらかじめ定められた期限までに，必要な書類を添付して裁判所に後見事務の報告を行わなければいけません。過去の専門職後見人の不祥事の事案では，裁判所への報告遅滞が発覚の端緒になっているものも多くあります。そのため，報告書の提出期限を遵守しているかどうかを裁判所は厳しくチェックする傾向にありますので，提出期限までに報告書を提出できない合理的な理由がある場合には，あらかじめその旨を裁判所に伝えるようにしましょう。

(2)　**適時・適切な報告，連絡，相談**

　後見人が後見事務の遂行に当たって悩むことがあれば，裁判所に相談，連絡，報告をするようにしてください。監督人が選任されている場合には，監督人に相談，連絡，報告をします。

(3)　**後見業務に対する報酬**

　後見人は，裁判所が定めた報酬以外には，業務執行の対価としての金員を受け取ってはいけません。

　後見人の報酬は，あらかじめ裁判所が定めた後見事務の報告時期に合わせて報酬付与の申立てを後見人が行い，後見人の業務内容を裁判所が斟酌して報酬付与の審判をすることで具体的な金額が決まります。こうして審判により決まった金額について，後見人は本人の財産から支払を受けることになります。

　例えば，本人が被害者の交通事故について，後見人が本人に代わって示談交渉をし，本人が示談金を受け取ったとします。この場合の示談交渉の対価は後見報酬の中で評価されることになります（その前提として，報酬付与の申立てにおいて，示談交渉の内容及び結果について主張し資料を提出することが必要です）ので，裁判所が定めた報酬以外に，示談交渉の着手金や報酬金を受領することはできません。

　また，後見事務の一環として後見人が本人や家族と面談した場合も，裁判所が定めた報酬と別に本人や家族から日当や手数料として金銭を受領することはできませんので，注意してください。

5　まとめ

　これまで記載した事項は，そのほとんどが「当たり前」というレベルのものです。しかしながら，多忙を理由としたり，身上監護は専門職後見人の主な業務ではないという考えから適切な業務を履行できていない専門職後見人が一部いることも，残念ながら事実として認めざるを得ません。裁判所や弁護士会等にそのような不満が寄せられるという事実も起きています。

　専門職団体の中には，専門職後見人としての行動指針やガイドラインを独自に定めて会員に実践を求めるなど，積極的に取り組んでいる団体もあります。また，そうした行動指針やガイドラインの作成についての検討を行っている団体もあります。

　本書で記載した事項を実践すれば後見業務としてはそれで十分というものではありません。専門職後見人に対する社会からの信頼を維持していくためには，専門職後見人自身が自らの行動を律していくことが重要であることを今一度肝に銘じておく必要があるでしょう。

【藤本　正保】

〔参考文献〕
- 第一東京弁護士会成年後見センター編『Q&A成年後見の実務』(2008年，加除式，新日本法規出版)
- 東京家裁後見問題研究会編著『後見の実務』別冊判タ36号（2013年，判例タイムズ社）

case16　被後見人の死亡と後見業務，死後事務

　私は，ある認知症高齢者の成年後見人をしている弁護士です。ご本人には兄と弟がいますが，それ以外には親族はおらず，ご兄弟とは交流がありません。このたび，ご本人が入所していた特別養護老人ホームで肺炎にかかり，病院に搬送されたのですが，意識がなく危篤状態です。以前にも危篤状態に陥ったことがあり，その時には，ご兄弟から，延命治療は希望しないという終末期医療の意向の確認はできたのですが，自分たちは遺体を引き取らないし葬儀もしない，遺骨も引き取らない，と言われてしまいました。被後見人が亡くなられた場合，どうすればよいでしょうか。また，遺体や遺骨の問題以外でもご本人が死亡した際に後見人として留意しなければならないことがあれば，教えてください。

☞ポイント
- □　被後見人死亡時の対応
- □　死後事務（債務弁済，火葬納骨等）についての従来の議論（受任者の応急処分，事務管理，相続財産管理人申立て等）
- □　民法改正とその解説（成年後見円滑化法）

1　はじめに

　被後見人の死亡は後見の終了原因とされていますので，被後見人死亡により，後見人は，被後見人の財産に関する管理権を失うことになります。また，被後見人に相続人がいる場合には，被後見人の死亡により相続が開始することになりますので，被後見人の財産（相続財産）は相続人が管理すべきことになります。
　このように，被後見人の死亡という事実により被後見人をめぐる法律関係は大きく転換することになるのですが，人の死を正確に予測することはできませんので，被後見人の死亡と同時に後見人から相続人に引継ぎをすることができません。そのため，理論的・観念的な法律関係と，現実の事実状態と

の間にズレが生じることになります。そして，こうしたズレが生じている間にも，被後見人をめぐる新たな法律上，事実上の問題が発生することがありますので，そうした問題に誰が，どのような根拠に基づいて対応するのか，ということが問題になります。

2 被後見人死亡時の対応

　上記のとおり，被後見人が死亡すると後見は終了します。この場合，後見人は，死亡診断書の写し又は被後見人の死亡が記載されている戸籍謄本を添付して家庭裁判所に被後見人死亡の報告を行うとともに，法務局に後見終了の登記申請を行うことになります（後見登記8条1項）。また，後見人は，被後見人が死亡し任務が終了した時から2か月以内に管理の計算をしなければならず（民870条），家庭裁判所に任務終了の報告を行うほか，被後見人の相続人に対して管理財産の引継ぎを行うことになります。

　被後見人死亡時には，後見人が行うことが想定されるこうした事務のほか，遺体の引取り，葬儀・火葬，納骨，病院・施設への支払といった事務も発生します。こうした事務については，被後見人の相続人が対応するのが一般的ですが，被後見人に相続人がいない場合，相続人の有無が不分明な場合，相続人がいることは明らかだが相続人が関わりを拒否している場合もあります。こうした場合には，ことの成り行き上，後見人が対応せざるを得ません。

　このような現実的な必要性から，実務の運用として，民法の規定に則って，後見人が死後事務に対応してきました。

　そこで，死後事務のうち実務において特に問題となる債務弁済と葬儀に関する問題についての従来の対応を確認した後，平成28年に成立した「成年後見の事務の円滑化を図るための民法及び家事事件手続法の一部を改正する法律」（以下，「成年後見円滑化法」といいます）より導入された死後事務に関する規定を見ていくこととします。

3 死後事務（債務弁済，火葬納骨等）についての従来の議論

(1) 債務弁済

例えば，被後見人が病院に入院中に死亡した場合，病院から後見人に対して，被後見人死亡前の入院費を請求されることがあります。こうした場合，従来は，民法874条により準用される受任者の応急処分（民654条）として対応してきました。すなわち，後見終了時において，急迫の事情があるときは，後見人は，被後見人の相続人が事務を処理することができるにいたるまで，必要な処分をしなければならないところ，「急迫の事情」を柔軟に解釈して，被後見人の入院費の弁済は後見人の応急処分の履行に当たる，と考えられてきました。

(2) 葬儀に関する問題

被後見人が死亡した場合，相続人が遠方に居住していたり，被後見人と仲違いをしているため，相続人が被後見人の葬儀や火葬を行うことが困難な場合があります。

本来，後見人は被後見人が生存中にその財産管理や身上監護の業務を担当する職務を負っています。他方，被後見人死亡後の遺体の引取りや葬儀・火葬の実施は，被後見人の遺族（相続人）の権限であるとともに義務でもあると考えられていますし，墓地，埋葬等に関する法律9条1項は，「死体の埋葬又は火葬を行う者がないとき又は判明しないときは，死亡地の市町村長が，これを行わなければならない。」と規定していますので，被後見人に相続人がいる場合はもとより，相続人がいない又は判明しない場合も，後見人が被後見人の葬儀を執り行ったり火葬を実施する義務はないと考えられています。

しかしながら，前述のように，相続人らが遺体を引き取ったり，葬儀を執り行えない場面において，実際には，後見人が病院や施設，相続人から，被相続人の遺体の引取りや葬儀・火葬の実施を期待され，他方において被相続人の遺体を長期にわたり放置しておくこともできないため，本来の業務ではないが，後見人がやむを得ず対応しなければならないという場合も少なからずありました。

このような場合，後見人が被後見人の葬儀や火葬を行うことは事務管理

(民697条)に当たり、後見人が支出した葬儀費用や火葬費用は償還請求(民702条)の対象になる、と考えられてきました。事務管理とは、法律上の義務がないのに他人のために好意で事務の管理を行うことをいいます。例えば、隣人が旅行中に台風で隣家の窓が割れてしまった場合に、頼まれてもいないのに隣家の窓を修理することが事務管理に当たります。事務管理が成立する場合、当該行為について違法と評価されることはなくなりますが、本人が管理できるようになるまでの間は原則として事務の性質に従って最も本人の利益になるように管理を継続する義務を負う一方で、管理者は本人に費用の償還請求ができる、といった法律関係が発生することになります。

(3) 相続財産管理人の選任

そもそも上記した債務の弁済については、解釈上の根拠付けにすぎないため、後見人としては不安定な立場に立たされることになります。そこで、実務においては、民法918条2項に定める「相続財産の保存に必要な処分」の一環として家庭裁判所が相続財産管理人を選任し、後見人としてではなく相続財産管理人として死後事務を実施するという運用も行われてきました。

4 成年後見円滑化法の制定

(1) 成年後見円滑化法

上記のとおり、実務においては、死後事務について様々な工夫をしながら現実的な必要性に対処してきましたが、不明確・不安定な面がどうしても残ってしまうため、成年後見円滑化法の制定により、一定の死後事務については後見人の権限に属することが明示されることとなりました。

(2) 債務弁済について

成年後見円滑化法では、被後見人が死亡した場合において必要があるときは、相続人の意思に反することが明らかなときを除き、相続人が相続財産の管理をすることができるにいたるまで、①個々の相続財産の保存行為、②相続財産に属する債務のうち弁済期の到来した債務の弁済をすることができるものとされ、また③相続財産全体の保存に必要な行為については家庭裁判所の許可を得てすることができるものとされています(民873条の2)。

これにより，被後見人が入院・入居していた際の治療費や施設費について後見人が支払うことができるものとされました。なお，後見人がこうした債務の弁済を行うに当たり本人名義の預貯金口座から払戻しを受ける場合には，当該払戻し行為は相続財産全体の保存に必要な行為に当たるため，家庭裁判所の許可が必要になることに注意が必要です。

(3) 葬儀に関する問題

民法873条の2第3号では，「その死体の火葬又は埋葬に関する契約の締結その他相続財産の保存に必要な行為」と規定されています。

ここにいう「火葬」とは，死体を葬るためにこれを焼くことをいい，「埋葬」とは死体を土中に葬ること（いわゆる土葬）をいうものとされています。したがって，円滑化法によっても，いわゆる儀式としての葬儀（通夜・告別式等）を行うことは後見人の権限に含めるものとされていないことに注意が必要です。

また，民法873条の2第3号は，一定の要件のもとに後見人に火葬又は埋葬に関する契約を締結する権限を与えたものにすぎず，後見人の遺体の引取りや火葬等の義務を負わせたものではありません。したがって，後見人が火葬等を行う意思がなく他にこれを行う者がいないときは，「埋葬又は火葬を行う者がないとき」（墓埋9条1項）に当たり，死亡地の市町村長が埋葬又は火葬を行う義務を負うことになりますので，この点も注意が必要です。

(4) 従来の実務との関係

なお，一定の死後事務については，成年後見円滑化法の制定により，所定の要件に従い後見人が行うことができるようになりましたが，このことは従来の実務で行われてきた応急処分や事務管理による対応を禁止したり否定したりするものではありません。

したがって，例えば本人の遺体の引取りと火葬の実施，これらの費用の支払について，家庭裁判所の許可を得ている時間的余裕がないとして，後見人が事務管理としてこれを行うことも認められます。なお，遺体の引取りと火葬の実施，これらの費用の支払のための預金払戻しについては，事前に家庭裁判所に相談しておけば，申立てをした当日あるいは翌日に許可が得られたという例もありますので，民法873条の2第3号に従って処理するか，従前

のように事務管理として処理するか，状況に応じて後見人が使い分けていくということでよいと思われます。

【藤本　正保】

〔参考文献〕
- 赤沼康弘＝土肥尚子編『事例解説 成年後見の実務』（2016年，青林書院）
- 東京家裁後見問題研究会編著『後見の実務』別冊判タ36号（2013年，判例タイムズ社）
- 大口善徳＝高木美智代＝田村憲久＝盛山正仁『ハンドブック成年後見2法』（2016年，創英社・三省堂書店）

case17 任意後見制度について

　私は60代後半の高齢者です。私には妻子はおらず，両親や兄弟はすでに他界しています。今は健康ですが，将来，認知症になったような場合，頼りにできる親族がいないため不安です。知人から任意後見という制度があるからそれを使ったらいいのではないかというアドバイスを受けましたが，どういう制度なのでしょうか。

☞ポイント
- □ 任意後見契約とは
- □ 将来型，移行型，即効型，それぞれの特徴と問題点
- □ 任意後見契約を締結する場合に留意すべき事項

1　任意後見人と法定後見人

　判断能力が減退したり，失われてしまい，金融機関との取引や，病院や施設との契約締結を含む財産管理等の法律行為ができなくなった場合に備えて，民法は法定後見制度を定めています（**ケース10参照**）。しかし，この場合の法定後見人は家庭裁判所が選任することになっており，当事者本人が成年後見人を選任することはできません。保佐や補助においては本人の意思が尊重されることはありますが，決定するのは家庭裁判所です。そこで，民法は本人が自らの判断能力が減少する前に，誰を後見人にするのか，さらには何を委託するかの契約をしておく制度として任意後見制度を規定しています。

2　任意後見契約とは

　任意後見契約とは，委任者が，受任者に対し，精神上の障害により判断能力（事理を弁識する能力）が不十分な状況となった場合における，自己の生活，療養看護及び財産の管理に関する事務の全部又は一部について代理権を付与する委任契約で，任意後見監督人が選任されたときから契約の効力が生ずる

旨の特約を付したものをいいます（任後2条1号）。

ここでいう「判断能力が不十分な状況」とは，本人が法定後見（後見，保佐，補助）のいずれかの類型に該当するにいたった状況をいいますので，任意後見が開始するためには少なくとも本人に補助開始の要件（「精神上の障害により事理を弁識する能力が不十分」民15条1項）が備わっていることが必要です。

任意後見契約は，本人の判断能力が十分な間に，受任者や代理権を設定する範囲を本人の意思に基づいて決めることができる点で，法定後見制度よりも本人の意思が尊重された制度ということができます。

なお，任意後見契約は，必ず公正証書の方法によらなければならないものとされています（任後3条）。

3 将来型，移行型，即効型，それぞれの特徴と問題点

(1) 3つの類型

任意後見契約には，次に述べるとおり，将来型，移行型，即効型の3つの類型があります。

① 将来型とは，将来自己の判断能力が低下した場合に備えて，あらかじめ任意後見契約を締結しておくという類型で，任意後見制度が想定する最も典型的な類型といえるでしょう。

② 移行型とは，任意後見契約の締結と同時に通常の任意代理の委任契約（財産管理委任契約）を締結し，判断能力が十分な間は後者の契約に基づいて財産管理等の事務を受任者に委ね，判断能力が低下した段階で任意後見監督人を選任してもらい任意後見契約による財産管理に移行する類型です。

現在，締結される任意後見契約の多くは，この類型であるといわれています。

③ 即効型とは，任意後見契約締結の直後に契約の効力を発生させる類型で，本人に軽度の認知症，知的障害，精神障害等がある場合に利用されます。この類型は，現在はあまり利用されていないようです（成年後見制度利用促進委員会第3回不正防止対策ワーキング・グループ議事録9頁）。

(2) 各類型の問題点

　以上のとおり，3つの類型にはそれぞれの特徴がありますが，次に述べる問題点が指摘されています。

① 将来型について　　将来型の場合，任意後見契約締結の時点では本人の判断能力には問題がないわけですから，同契約を締結してから実際に発効するまで長い時間が空いてしまうことがあります。そうした場合，時間の経過により本人と受任者との間の信頼関係が失われてしまったり，本人と受任者が疎遠になってしまって適切なタイミングで任意後見監督人選任の申立てができない可能性があるという問題点が指摘されています。

② 移行型について　　移行型の場合，本人の判断能力の低下に応じて，通常の任意代理の委任契約から任意後見契約に移行（切替え）すべく，受任者等が任意後見監督人選任の申立てをする必要があります（任後4条1項）。しかしながら，受任者にとってみれば，任意後見監督人が選任されると自らの受任事務をチェックされることになるのに対し，通常の任意代理の委任契約であれば受任者の事務処理内容をチェックをするのは本人であることが通常で，当の本人は判断能力が低下して十分なチェックができない状況にあることから，任意後見監督人選任の申立てをせず，受任事務をチェックする人が事実上いないことを奇貨として，不適切な事務処理（本人財産の着服など）を行う事例が見られるという問題点が指摘されています。

③ 即効型について　　即効型の場合，任意後見契約締結の段階で本人の判断能力が一定程度低下していることから，本人に同契約を締結する能力が備わっているか，本人が同契約の内容をきちんと理解できているか，ということが常に問題となり得，後日，同契約の有効性が争われる可能性があるという問題点が指摘されています。任意後見契約を締結できる能力がある場合には，即効型であれば補助の申立てを勧めるという公証人もいるようです。

4 任意後見契約を締結する際に留意すべき事項

(1) はじめに

任意後見契約は，法定後見よりも本人の意思を尊重した制度設計になっていますが，上記のとおり問題点があることも否定できません。

そこで，上記した問題点に即して考えると，任意後見契約を締結する際には，次のような点に留意するとよいでしょう。

(2) 将来型について

将来型の任意後見の類型で，任意後見契約を締結してから実際に発効するまでの間に長期間経過してしまったため，本人と受任者の関係が疎遠になってしまったとか，適切なタイミングで任意後見監督人選任の申立てができない，という問題点に対処するには，受任者が本人と定期的に面談するなどして本人の状態を適切に把握しておく必要がありますので，任意後見契約とともに見守り契約を締結したり，本人に日常生活自立支援事業を利用してもらう，といった対応をするのがよいでしょう。

見守り契約とは，本人と任意後見受任者の間で締結する契約で，受任者が本人に定期的に面談するなどして本人の生活状況や心身の状況を把握し，本人の判断能力が不十分な状態になった場合には速やかに後見監督人選任申立てを行うことを主な内容とするものです。日常生活自立支援事業とは，本人が社会福祉協議会と契約をすることにより，低廉な費用で，福祉サービスの利用援助・日常的な金銭管理の援助・書類等の預りサービスという支援を受けることができる制度です。このような見守り契約や日常生活利用支援事業を併用することで，本人の現状を適切に把握することが可能となりますので，任意後見監督人選任のタイミングを逸することもなくなるでしょう。

(3) 移行型について

移行型の任意後見の類型で，本人の判断能力が不十分になっているのに受任者が任意後見監督人選任の申立てをせず，財産管理委任契約がそのまま継続し，受任者の受任事務を監督する人が事実上いない状態になってしまうという問題点に対処するためには，移行型の任意後見契約において本人の判断能力が不十分な状態になった場合には，受任者に任意後見監督人選任の申立

てを義務づける規定にしておくことが有用でしょう。また，受任者の権限濫用に対処するためには，財産管理委任契約の中でも受任者を監督する者を選任するほか，委任事務の範囲を絞っておき初めから広範な代理権を与えない（必要になった段階で委任事務を追加していく）ということも有益でしょう。

(4) 即効型について

即効型の任意後見契約の類型で，同契約締結時の本人の判断能力の存在について後になって疑義が生じるという問題点についてみると，そもそも公証人は無効の法律行為について公正証書を作成することができないとされていますので（公証26条），任意後見契約公正証書の作成の時点で本人に意思能力がないと判断した場合には，公証人は同公正証書の作成を拒絶し，法定後見の申立てを勧めるのが一般的です。公証人は本人と面談した際に意思能力の有無や契約内容の理解度についてしっかりと吟味する義務があるといえます。同じ趣旨から，後日の紛争を回避するという観点からは，公正証書作成時に，本人及び受任者において，本人の意思能力の有無，程度に関する診断書を医師に作成してもらい準備しておくことも考えられます。

(5) 医療行為・死後事務について

任意後見契約において本人が受任者に代理権を付与できるのは，自己の生活，療養看護及び財産の管理に関する法律行為に関するものに限られますので，医療行為，特に終末期医療に関する意向や本人が死亡した後の葬儀や永代供養に関する事項については任意後見契約で定めることはできません。したがって，こうした事項については，任意後見契約とは別に尊厳死宣言公正証書を作成したり，死後事務委任契約を締結しておくなどの対応を検討する必要があるでしょう。

(6) 報酬について

ところで，任意後見契約においては，上記のとおり，任意後見監督人の選任を家庭裁判所に求めることが必要とされています。その結果，選任された任意後見監督人には報酬請求権が認められており（報酬の基準については東京家庭裁判所ホームページ内後見サイト参照），任意後見人にも報酬を認めている場合には任意後見人と任意後見監督人の2人の報酬を支払うこととなります。親族を任意後見人に依頼して，無報酬と規定しているような場合，業務を担当

する任意後見人からの不満が生じることも見受けられますので、任意後見監督人の報酬の存在は、中長期的な財産管理の中で見過ごすことのできない問題であろうと思われます。

5 本事例の場合

　本事例の相談者の場合、年齢的にも、今後のことを考えて信頼できる第三者との間で任意後見契約を締結しておくことが適当であると考えられます。なお、私法上の契約ですので、何らかの事情で後に契約を取り消したり修正することは当然可能です。

　いわゆる先進諸国においては、事前に本人がこうした契約を締結しておくのがごく普通のことであり、上記の問題点に適切に対応し、日本でも利用が進むことが期待されています。

【藤本　正保】

〔参考文献〕
- 雨宮則夫＝寺尾洋編著『Q＆A遺言・信託・任意後見の実務――公正証書作成から税金、遺言執行、遺産分割まで』（2012年、日本加除出版）
- 東京家裁後見問題研究会編著『後見の実務』別冊判タ36号（2013年、判例タイムズ社）
- 赤沼康弘＝土肥尚子編『事例解説 成年後見の実務』（2016年、青林書院）

第4章

遺　　言

case18 エンディングノートと遺言

　最近よくエンディングノートという言葉を聞きますし，実際に，「エンディングノート」という名称の書き込みを想定したノート（雑誌）が市販もされているようです。エンディングノートを作成しておけば，終活対策は万全といえるのでしょうか。
　遺言書とは，どのような点が異なるのでしょうか。

☞ **ポイント**
- □ エンディングノートと遺言書の違い
- □ 遺言事項
- □ エンディングノートに遺言事項が記載されていた場合の遺言の有効性
- □ 検認手続

1　はじめに

　近年，家族の在り方や家族観の変化に伴い，相続に関心を持つ人が増えました。これによって終活ブームが到来し，現在でも多くのところで相続セミナーなどが開催されています。この終活ブームの到来に伴い，「エンディングノート」の作成が提唱されるようになりました。他方，民法では，被相続人の死後の財産の帰属等を定めるものとして遺言の制度が定められており，この制度に基づく効果の発生を目的として「遺言書」が作成されていることも事実です。そこで，本事例においては，エンディングノートと遺言書の違いについて触れながら，遺言制度について概観してみたいと思います。

2　エンディングノートと遺言書の違い

(1)　エンディングノート

　エンディングノートとは，病気や加齢によって自分自身の意思がうまく発現できない状態に陥った場合や，自分自身が死亡した場合に備えて作成しておく記録のことをいいます。

現在では，あらゆる種類のエンディングノートの書式やひな型が用意されており，主に次の事項について記載できるようになっています。
① エンディングノートの作成者（以下，「作成者」といいます）の個人情報
（氏名，住所，生年月日，血液型等）
② 作成者の歩み（自分史）
③ 作成者の家族関係や知人・友人関係
④ 作成者の財産の詳細（預貯金や株式，不動産，保険等の資産，ローン等の負債，着物を初めとする「形見」といわれるような動産類等）及びその処分方法についての希望等
⑤ 作成者の葬儀に関するもの（葬儀の有無，葬儀の方式や規模，法名・戒名に関するもの等）
⑥ 作成者の埋葬に関するもの（埋葬方法，墓の有無，供養を希望する寺院の有無等）
⑦ 医師による治療が必要な場合における作成者の治療方針についての具体的な希望
⑧ 作成者の死後における事務手続に関するもの（例えば，仕事の引継ぎについての指示や，連絡すべき相手の指定，SNSなどの処分方法）
⑨ 特定の人へのメッセージ

エンディングノートは，自分自身の備忘録のようなものですので，その形式や記載内容が法定されていません。そのため，エンディングノートには，上記の内容以外にも自由に記載することができます。

(2) 遺言書

遺言書とは，遺言者（つまり，遺言書の作成者）の死後，同書に記載された内容に沿って法的効力が生じることを目的として準備された遺言者の生前の意思が記載された書面です。

遺言書にも作成者の意思が記載されていますし，記載が禁じられている事項もありません。そのため，遺言書にはエンディングノートと共通する部分が見られます。

(3) 遺言書とエンディングノートの相違点

遺言書とエンディングノートの大きな違いは，法的効力の有無にあります。

すなわち，遺言書については，その形式につき**ケース19**で採り上げる自筆証書遺言，公正証書遺言又は秘密証書遺言としての要件を満たしていれば，遺言者の死後，上記各証書に記載された内容のうち，民法で定められた事項（これを「遺言事項」といいます）について遺言としての効力が発生します。例えば，遺言書において子を認知すれば，その子は，遺言者に対し認知の訴えをせずに遺言者の実子としての身分を得ることができますし，遺言者が各相続人の相続分につき法定相続分とは異なる割合を定めた場合には，各相続人間における相続割合は，法定相続分ではなく遺言者が定めた相続割合となります。しかし，エンディングノートは，前述のとおり，備忘録やメモの類の記録ですので，原則として遺言としての効力が生じるものではありません。

3 遺言事項と付言事項

(1) 遺言事項

法的効力が生じるものは，前記のとおり民法に定められているものに限られており，その内容は，大別すると，財産に関する事項と身分関係に関する事項に分けられます。

(a) 財産に関する事項　まず，遺言事項のうち，主な財産に関する事項は以下のとおりです。

① 祭祀承継者の指定（相続とは別に，仏壇，位牌，墳墓等の祭祀財産を承継する者を指定する行為。民897条1項ただし書）

② 特別受益の持戻しの免除（特別受益を得た者の相続分を算出するに当たり，その者が得た特別受益分を考慮しなくてよいとする意思表示のこと。民903条3項）

③ 遺産分割の方法の指定（各相続人への遺産の分配方法を指定すること。民908条），遺産分割の方法の指定の第三者への委託（各相続人への遺産の分配方法の指定を第三者へ委託すること。民908条），遺産分割の禁止（遺産の全部又は一部について，相続開始から5年を超えない範囲で遺産分割を禁止すること。民908条）

④ 遺贈（遺言によって遺産を相続人又は第三者に譲り渡すこと。民964条）

⑤ 遺言執行者の指定又は遺言執行者の指定の第三者への委託（遺言内容

を実現させるために必要な手続等を行う者を指定すること又はこれを第三者に委託すること。民1006条1項）
⑥　遺言執行者の報酬（民1018条1項ただし書）
⑦　遺留分減殺の割合（民1034条ただし書，改正相続法では削除）
⑧　信託の設定（信託3条2号）です。

(b) **身分に関する事項**　　次に，遺言事項のうち，身分に関するものは，①子の認知（民781条2項），②未成年後見人の指定（民839条1項），③未成年後見監督人の指定（民848条），④推定相続人の廃除（遺言作成時に遺言者の相続権を有し得る者を排除すること。民893条）です。

(2) **付言事項**

　上記のとおり，遺言として法的効果を有する事項は，(a)及び(b)において挙げた事項に限られています。例えば，遺言書に，「私（遺言者）は，Aさんに対し，死後1か月以内に，自宅の賃貸借契約の解約手続と○○（SNS）の退会手続を行うよう，依頼します。」と記載されていたとしても，このような内容は遺言事項のいずれにも当てはまりませんので，Aには，遺言者の死後，遺言者の自宅の賃貸借契約の解約及びSNSの退会に関する事務手続を行う義務が発生するものではありません。遺言者がAに対しこれら手続を依頼する場合には，別途，遺言者とAとの間で，Aが遺言者によって依頼された事務手続等を遺言者の死後に履行するという内容の委任契約（又は準委任契約）を締結する必要があります。このような契約は，死後事務委任契約と呼ばれ，委任者である遺言者が死亡しても契約が終了しない旨の特約が付された委任契約として，判例でも有効であることが認められています（最判平4・9・22金法1358号55頁）。なお，死後事務委任契約の詳細については，**ケース26**を参照ください。

　また，遺言書には，「私（遺言者）の死後，相続人間においては，遺言書の趣旨をよく理解し，遺産の分け方等においてもめることないよう，みな仲良く過ごして欲しい」という内容のメッセージが記載されていることもありますが，もちろん，これも遺言事項ではありません。そのため，このようなメッセージが遺言書に記載されていても，例えば，相続人間で遺留分減殺請求訴訟の不提起が義務付けられるものではありません。

このように，遺言書に記載された遺言事項以外の事項であって事実上の効力を有するにとどまるものを，付言事項といいます。

4　エンディングノートに遺言事項が記載されていた場合の遺言の有効性

　逆に，エンディングノートに遺言事項が記載されていた場合はどのように解釈すべきでしょうか。すなわち，すべて手書きされたエンディングノートに，「私（エンディングノートの作成者）の所有するすべての財産は，甲（エンディングノートの作成者の相続人の1人）に相続させる。」と記載され，そのエンディングノートに日付の記載とエンディングノートの作成者の署名があり，さらに同人の押印もある場合であっても，エンディングノートに記載されているという一事をもって，遺言としての効力がないと考えるべきなのでしょうか。

　民法には，遺言者がその全文，日付及び氏名を自書し，これに印を押した書面によって遺言がなされていれば，自筆証書遺言として法的効力を有する旨が規定されているのみであり（民968条1項），その書面の形状やレイアウト等について，何ら要件が定められていません。そのため，少なくとも，遺言事項につき，その全文，日付及び氏名が自書され，かつこれに押印されていれば，ノートに書いてある場合でも，色紙に書いてある場合でも，新聞の折り込みチラシの裏面に書いてある場合でも，いずれも有効な遺言として取り扱われます。そうすると，上記の例では，その遺言内容が，遺言事項である相続分の指定（民902条1項）に当たり，かつ，民法に定められている自筆証書遺言の要件を満たしていることから，この場合は，エンディングノート中の記載であっても，自筆証書遺言として有効であることとなります。

　そのため，❷(3)においては，エンディングノートにつき，「原則として遺言としての効力が生じるものではありません」と記載しましたが，あくまで，「原則として」にとどまるものであって，いかなる場合であってもエンディングノートは法的効力がないということではありません。しかし，エンディングノートに遺言を遺した場合，これを相続人等が遺言書として認識することは困難であることから，別途遺言書を作成することが適当と考えられま

す。

5 検認手続

　遺言書のうち，自筆証書遺言及び秘密証書遺言については，その遺言書の保管者が，相続開始後遅滞なく，家庭裁判所にその遺言書を提出して検認手続の申立てをする必要があります（民1004条1項・2項）。

　検認とは，第三者による遺言書の偽造又は変造を防止するために，遺言書の形状，加除訂正の状態，日付や署名の有無など検認の日における遺言書の内容を明確にするための手続をいいます。

　検認手続は，あくまで，検認の日時点での遺言書の状態を記録するための手続であって，遺言の有効性を判断するための手続ではありません。そのため，封印されている「遺言書」と題された書面を家庭裁判所での手続に基づいて開封し，検認した結果，署名が欠けていたのであれば，これは秘密証書遺言（民970条）としてはもちろんのこと，自筆証書遺言としても無効となります。また，自筆証書遺言としての要件を満たしていた場合であっても，その遺言書作成当時，遺言者の認知症の程度が重く，遺言書記載の内容について判断又は理解し得る状態ではなかったのであれば，遺言能力が欠ける者による遺言として無効となることがあります。

　なお，検認手続を怠った場合には，5万円以下の過料に処されるとされていますが（民1005条），検認手続の欠缺は遺言の効力に影響することはなく，当然に無効となるものではありません。

6 エンディングノートの保管方法

　エンディングノートは，自身の備忘録としての性質が強いものではありますが，遺された者たちに向けての伝言板としての性質も色濃く，また，上記のとおり，場合によっては自筆証書遺言としての性質も兼ね備えている場合があります。このような場合，当該エンディングノートの存在が明らかとならないまま遺産分割協議を進めた後に，自筆証書遺言としてのエンディ

ノートの存在が明らかとなれば，遺産分割協議をやり直さなければならないような事態となりかねないことから，エンディングノートは人目のつくところで保管しておくか，その保管場所を信頼できる者に伝えておくことが必要です。

7 まとめ

　以上記載したところを踏まえて，本事例について当てはめてみますと，エンディングノートは，備忘録やメモとしての位置づけのものにすぎず，原則として，その記載内容が遺言としての効力を有するものではないと考えるべきですが，遺言事項に言及されている場合には，民法の定める遺言の形式要件を備えていれば，遺言としての効力を有すると考えられます。

　もし，エンディングノートが遺言書としての形式を充たし，かつ記載内容が遺言事項にわたっている場合には，エンディングノートといえども遺言書であるとみることができるため，遺言者の死後，このエンディングノートを家庭裁判所による検認手続に付する必要があります。この場合，エンディングノートが多数のページから構成されていれば，そのすべてについて検認する必要があり，すべて第三者の目に触れることとなりますので，エンディングノートの作成者としては，このノートに思いの限りをしたためることができず，窮屈な思いをすることが予想されます。また，検認手続を行う裁判所にとっても，エンディングノートすべてについて検認する必要がありますので，大きな負担となります。

　そこで，エンディングノートは，あくまで本人の備忘録としての機能にとどめ，遺言としての法的効力が生じることを望む内容については，エンディングノートとは別に，遺言書を作成するのが望ましいと考えます。また，本人の死後の事務手続に関しては，遺言事項でないことから，遺言書とは別に，事務手続を依頼したい方との間で死後事務委任契約を締結しておく必要があります。

　このように，エンディングノートは，本人のためにも，また本人の家族や関係者の方にとっても非常に有用な記録となることは間違いありませんが，

万能なものではありませんので，これさえあれば終活対策は万全であるとはいえません。

　適宜，その目的に応じて，エンディングノートのほかに遺言書等の準備を行うことをお勧めします。

【太田　理映】

case19 自筆証書遺言と公正証書遺言

　私（A）は，今80歳です。私の家は，先祖代々地主のため，多くの不動産を所有しています。今後に備えて，これから遺言書を作成しておこうと思いますが，自筆証書遺言と公正証書遺言のどちらにすべきでしょうか。なお，私には長男のBと次男のCの2人の息子がおりますが，地元に残ったCに先祖代々の土地を守ってもらいたいと思っています。

☞ポイント
- □　遺言の方式
- □　自筆証書遺言
- □　公正証書遺言
- □　秘密証書遺言
- □　自筆証書遺言，公正証書遺言，秘密証書遺言のメリット，デメリット
- □　遺留分

1　遺言の方式

(1) はじめに

　遺言書とは，遺言者（つまり，遺言書の作成者）の死後，同書に記載された内容に沿って法的効力が生じることを目的として準備された，遺言者の生前の意思が記載された書面です。

　遺言書に記載された内容が遺言としての法的効力を有するためには，民法で定められた方式に沿って作成される必要がありますが，民法では，遺言者が通常の状態にある場合の遺言の方式として，自筆証書，公正証書及び秘密証書の3つの方式を定めています（民967条）。

　これから，これら3つの方式について概説します。

(2) 自筆証書遺言

(a)　自筆証書遺言とは，その全文，日付及び氏名が自書されており，かつこれに押印がされている書面で行われた遺言のことをいいます（民968条1項）。

　全文の自書が要件とされていることから，パソコンで作成された書面は，その書面に作成者による署名押印がなされていても自筆証書遺言としての効

力はなく，単なる死者の意思が表れたメモ・備忘録となってしまいます（なお，カーボン紙によって複写された遺言書は，自書の要件を満たすとされています（最判平5・10・19家月46巻4号27頁））。

また，全文について自書されかつ署名押印があったとしても，その書面の作成年月日の記載がない場合や，逆に，全文と書面の作成年月日について自書されていても，署名又は押印のいずれかが欠けている場合も，自筆証書遺言としての効力は生じないことになります（なお，押印の代わりに花押（記号のような署名の一種）が記載された遺言書の有効性が争われた事案につき，最高裁は，「我が国において，印章による押印に代えて花押を書くことによって文書を完成させるという慣行ないし法意識が存するものとは認め難い」として，花押の記載では自筆証書遺言の要件としての押印の要件を満たさないと判断しました（最判平28・6・3民集70巻5号1263頁）。他方，指印については，押印の要件を満たすと判断されています（最判平元・2・16民集43巻2号45頁））。

(b) 遺言書は，遺言者の生存中であれば，遺言内容を変更することができます。この場合，遺言の効力は，最新の遺言書に基づいて発生します。

遺言内容を変更するためには，改めて最初から遺言書を作成し直すほか，既に作成した自筆証書を使って加除訂正を行うという方法によっても行うことができますが，自筆証書の加除訂正を行うには，自筆証書を作成した者が加除訂正を行う場所を示してこれを変更した旨を付記した上で署名し，かつ，加除訂正した場所に押印しなければなりません（民968条2項，改正相続法968条3項）。このように，加除訂正には複雑な作業を必要とすることから，遺言内容を変更するには，改めて最初から遺言書を作成し直すことをお勧めします。

(3) 公正証書遺言

(a) 公正証書遺言とは，公証役場に所属する公証人によって作成された書面（これを「公正証書」といいます）によってなされた遺言のことをいいますが，この公正証書が遺言としての効力を生じるためには，次に掲げる要件を満たしていることが必要です（民969条）。

① 証人2人以上の立合いがあること（民969条1号）
② 遺言者が，遺言の趣旨を公証人に口授すること（民969条2号）

③　公証人が，遺言者の述べる遺言内容を筆記して，これを遺言者と証人に読み聞かせるか，閲覧をさせること（民969条3号）

　④　遺言者と証人が，公証人の筆記内容が正確なことを承認した上で，各自これに署名押印すること（民969条4号。もっとも，遺言者が署名をすることができない場合は，公証人がその事由を付記して署名することができます（民969条4号ただし書）。）

　⑤　公証人が，自ら作成する公正証書に上記①ないし④の要件に沿った方式で作成した者であることを付記したうえで，自らが署名押印すること（民969条5号）

(b)　公正証書遺言を行うには，公証人にその作成を依頼しなければならないことから，自筆証書遺言とは異なり，公証役場に納める費用が必要となります。公証役場に納めるべき費用については，原則として，遺言の対象とする財産の価額を基準として公証人手数料令で定められた額となりますが，詳しくは，日本公証人連合会のウェブページをご参照ください（http://www.koshonin.gr.jp/）。なお，公証人は，当該公証人が所属する法務局又は地方法務局の管轄の範囲内において職務を執り行うことができると定められていますので（公証17条），遺言者が公証役場に赴いて遺言書を作成する場合にはいずれの公証役場に所属する公証人でもかまいませんが，遺言者のもとに公証人が訪問して遺言書を作成する場合には，遺言者の居所を管轄する公証役場の公証人に依頼する必要があります。

(4) 秘密証書遺言

(a)　秘密証書遺言とは，次に述べる要件を満たす遺言をいいます（民970条1項）。

　①　遺言者が証書を作成し，その証書に署名押印すること（民970条1項1号）

　②　遺言者が，その証書に封をして，証書に押捺した印章を使って封印すること（民970条1項2号）

　③　遺言者が，公証人1名及び証人2名以上の面前で，封書した遺言書を提出して，この遺言書が遺言者の遺言書であることとその作成者の氏名及び住所を申述すること（民970条1項3号）

　④　公証人が，その証書を提出した日付と遺言者の申述を封紙に記載した後，遺言者及び証人とともにこれに署名押印すること（民970条1項4号）

このように，秘密証書遺言の場合は全文及び日付の自書が要件として定められていないため，自筆証書遺言と異なりパソコンを使って作成した書面であっても，上記４つの要件を満たせば秘密証書遺言として有効です。

(b) 秘密証書遺言は，遺言者による遺言の内容を他に知られたくない場合に用いる方法ですが，実際は，上記秘密証書遺言の要件を満たしていなくても，自筆証書遺言としての効力を有する自筆証書を封印さえすれば秘密にする目的は達成できることから，費用や手間をかけて公証人に依頼しなくても他に知られたくないという目的は達成されることとなります。そのため，この秘密証書遺言による方法は，あまり使われていないのが実情です（なお，近時，秘密証書遺言について遺言能力がないことを理由に無効と判示した裁判例（東京地判平29・4・25判時2354号50頁）があります）。

(5) それぞれの方式によるメリット・デメリット

(a) 自筆証書遺言

(ア) メリット　自筆証書遺言のメリットとしては，全文（ただし，相続法改正後は相続財産目録を除く（改正相続法968条2項）），日付及び氏名の自書と押印という要件を満たしていれば足り，公証役場をはじめとする遺言者以外の第三者の関与が必要とされていないことから，作成手続が簡便であることが挙げられます。

(イ) デメリット　しかし，その作成手続の簡便さの裏返しとして，自筆証書遺言の場合は，遺言者以外の第三者の関与がないことから，遺言者の死後になって，遺言者が自筆証書作成時点において高齢であったことを理由に，その当時の遺言者の判断能力からすれば同証書に記載の内容を理解できるはずがなく遺言者の遺言は無効であるなど，遺言能力の点から遺言の有効性が争われる可能性が高まるというデメリットがあります。

また，自筆証書遺言の場合は，遺言者のみが遺言書の原本を保管しているため，遺言者が第三者に遺言書の存在を明らかにしていない限り遺言の有無が明らかとなりません。そのため，遺言書が発見されないまま相続人らが遺産分割協議をする事態も大いに考えられるところであり，せっかくの遺言も日の目を見ないままとなる可能性があります（もっとも，この点については，相続法の改正により，法務局による自筆証書遺言の保管制度が創設されました（法務局にお

ける遺言書の保管等に関する法律))。

(b) 公正証書遺言

(ア) メリット　公正証書遺言のメリットとしては，遺言書を作成する際に，公証人によって，遺言能力の有無やその文言上疑義が生じないような言い回しにするなど，遺言内容の確認が行われるため，遺言の有効性が争われる可能性が低くなることが挙げられます(もちろん，公証人の関与があった場合であっても，遺言が無効になることもありますので，この点はご留意ください)。

　また，公正証書遺言の場合，その公正証書の原本は，公証役場で保管されていますが，平成元年以降に作成された公正証書遺言については，遺言者の氏名，生年月日，公正証書を作成した公証人名及び作成年月日などの遺言者のデータにつき，日本公証人連合会においてコンピュータ管理されているため，照会を行うことで遺言書の有無が明らかとなります。公証人への照会は，遺言者が生存中の場合には遺言者のみが依頼することができ，遺言者の死後は相続人その他利害関係人が依頼することができるとされていますが，利害関係人の範囲は明確に定められておらず，公証人ごとの判断に任されています。なお，公証人への照会を依頼する際に必要となる書類は，■図表19-1のとおりです。

　さらに，公正証書遺言の場合，自筆証書遺言や秘密証書遺言と異なり，家庭裁判所による検認手続を経る必要がありません(民1004条2項)。家庭裁判所での検認手続自体は簡単な手続ですが，申立てに際して費用(800円)が必要であり，申立て後検認手続が行われるまでに期間を要することから，裁判所による検認手続が不要であることは，速やかな遺言執行が可能となり，メリットであるといえます(なお，検認手続の申立て後，実際に検認手続が行なわれるまでの期間は，各裁判所の混雑の程度によってまちまちです)。

(イ) デメリット　公正証書遺言の場合には，原則として，公証役場に出向いて遺言書を作成することとなりますので，費用と手間がかかります。もちろん，公証役場に出向くことのできない事情がある場合には，公証人が遺言者のもとに出張するという方法によって公正証書遺言を作成する方法がありますが，この場合には，別途公証人の出張費用が必要となります。

(c) 秘密証書遺言

■図表19-1　公証人への照会を依頼する際に必要となる書類

遺言者の状態	照会を依頼できる者	必要書類（一例）
生存中	遺言者本人のみ	運転免許証又はマイナンバーカード等の官公署が発行した顔写真付き身分証明書と認印（運転免許証又はマイナンバーカード等の官公署が発行した顔写真付き身分証明書がない場合には実印登録が行われている印章と印鑑登録証明書）
死亡後	相続人	・相続人の運転免許証又はマイナンバーカード等の官公署が発行した顔写真付き身分証明書と認印（運転免許証又はマイナンバーカード等の官公署が発行した顔写真付き身分証明書がない場合には実印登録が行われている印章と印鑑登録証明書） ・遺言者が死亡した事実がわかる書類（戸籍謄本，除籍謄本） ・遺言者と相続人との続柄がわかる戸籍謄本
死亡後	利害関係人	・利害関係人の運転免許証又はマイナンバーカード等の官公署が発行した顔写真付き身分証明書と認印（運転免許証又はマイナンバーカード等の官公署が発行した顔写真付き身分証明書がない場合には実印登録が行われている印章と印鑑登録証明書） ・遺言者死亡の事実がわかる書類（戸籍謄本，除籍謄本） ・利害関係を示す書類

　(ｱ)　メリット　　秘密証書遺言のメリットとしては，全文の自書が要求されないため，前述のとおり，秘密証書遺言の要件さえ満たしていれば，本文の全部をパソコンによって作成しても遺言書として法的効力を生じることが挙げられます。

　また，秘密証書遺言の要件を満たしていなくとも，自筆証書遺言の要件を満たしていれば，自筆証書遺言としての法的効力を生じる等の救済措置が定められている点も，メリットとして挙げられるでしょう。

　(ｲ)　デメリット　　しかし，前述のとおり，自筆証書遺言の方法によっても第三者に遺言書の内容を知られないようにするという目的を達成できるにもかかわらず，あえて秘密証書遺言の方式に従って遺言書を作成すれば公

証役場に出頭する手間や費用がかかることとなりますので、この点がデメリットといえます。

2 遺留分

(1) 概　要

次に、本事例のAは、Cに先祖代々の土地を守ってもらいたいという意向を示していることから、所有している不動産のすべてをCに相続させる遺言をすることを希望しているものと思われます。ここで問題となるのが、遺留分です。

遺留分とは、兄弟姉妹以外の相続人に与えられた最低限の相続分のことです。遺留分という概念は、相続制度が遺族の生活保障や潜在的持分の清算という側面を有していることに鑑みて創設されたものですので、遺言者の意思によって一方的に奪うことができません。そのため、遺言者によって、相続人以外の第三者に対し遺産のすべてを遺贈する旨の遺言がなされたとしても、相続人は、受遺者に対し遺留分減殺請求権を行使して、受遺者から自己の遺留分相当の遺産を取り戻すことができます（民1031条。なお、相続法改正後は、相続人は、受遺者に対し、侵害された遺留分に相当する金員の請求を行うことができます（改正相続法1046条1項））。

遺留分割合は、直系尊属のみが相続人となる場合は遺産の3分の1、その他の場合は遺産の2分の1とされています（民1028条、改正相続法1042条）。

(2) 遺留分に配慮した遺言の作成

本事例では、AがCに対してA所有の不動産のすべてを相続させる遺言を行うことにより、Bの遺留分が侵害され得ることになります。もちろん、遺言自由の原則により、遺言者がそのような遺言を行うことについて妨げられるものではありませんが、Bの遺留分を侵害することとなれば、BがCに対し、遺留分減殺請求を行うことが予想されます。

そのため、Aの死後、BとCとの間における遺留分をめぐる紛争を予防するためには、遺言によってBの遺留分を確保することが望ましいといえます。

具体的には、Aが不動産以外にBの遺留分相当額以上の財産を所有してい

るのであれば、これをBに相続させるという内容の遺言をすることや、Aが不動産以外の主な財産を所有していないのであれば、Aの所有不動産のうち、Bの遺留分に相当する価値を有するものについて相続させるか、Aの存命中にBの遺留分相当の不動産を売却して換価し、これをBに相続させる方法を検討することが考えられます。実際に遺留分を考慮した遺言を作成する際には、予想される遺留分侵害額を算出する必要がありますし、Bの遺留分相当額の資金を準備するために資産を売却する場合には税金面も考慮する必要がありますので、弁護士や税理士等の専門家にご相談ください。

3 まとめ

　本事例について当てはめてみますと、まず、Aは80歳になってから遺言書を作成しようとしており、既に高齢であることから、遺言書作成当時、Aに同書記載の内容を理解できるだけの能力があったのかについて問題となることが予想されます（この点については、**ケース20**をご参照ください）。

　また、Aは、不動産を多数所有しているとのことですので、遺言書に添付する財産目録には、すべての所有不動産について、不動産登記記録上の記載に従い、特定が可能な程度に目録を作成する必要がありますが、誤記が生じやすく、遺言書を作成した後に、所有する不動産の地番が変更となったり、売買等によって所有不動産の内容に変更が生じるなどして、財産目録の記載内容の変更を要する事態となることも想定されます。自筆証書遺言の場合は、その加除訂正の方法が複雑であるため、誤った方法で加除訂正を行えば、遺言者が意図したとおりの遺言書の効力が発生しないことも想定されます。

　このことから考えますと、本事例に関しては、公正証書遺言による方法が望ましく、後日、財産目録の加除修正など遺言書の訂正が必要となった場合も、新たに自筆証書遺言を作成するのではなく、公正証書遺言による方法をとることをお勧めします。

　その際に、Bの遺留分を侵害することのないよう、あらかじめ、遺言でBの遺留分相当の遺産をBが相続できるように配慮した遺言内容にすることが望ましいといえます。

【太田　理映】

case20 身体機能・精神機能に障がいを有する者が遺言をする場合の留意点

> 私（A）は，脳梗塞を発症し，その後遺症で字を書くことができなくなってしまいましたし，物忘れがひどくなり，日常的な会話は大丈夫ですが，細かい数字が苦手になってしまいました。私が遺言書を書く場合に気をつけておくことはどのようなことでしょうか。

☞ポイント
- □ 身体機能障がいと遺言
- □ 遺言能力
- □ 成年被後見人の遺言

1 はじめに

相続への関心が高まるにつれ，多くの人が遺言を準備するようになりました。遺言は，原則として15歳以上であれば，心身の障がいの有無を問わず誰でも行うことができますが，本事例では，心身に障がいを有する方が遺言をするに際して留意すべきポイントについてご紹介したいと思います。

2 身体機能に障がいを抱えている場合の遺言の作成方法

(1) 概　要

本事例のAは，脳梗塞の後遺症で字を書くことができなくなってしまいましたので，自書が要件となる自筆証書遺言による方法を採用することはできません（民968条1項。なお，他人の添え手があれば自書できる場合には，①遺言者が証書作成時に自書能力を有し，②他人の添え手が，単に始筆若しくは改行にあたり若しくは字の間配りや行間を整えるため遺言者の手を用紙の正しい位置に導くにとどまるか，又は遺言者の手の動きが遺言者の望みにまかされており，遺言者は添え手をした他人から単に筆記を容易にするための支えを借りただけであり，かつ，③添え手をした他人の意思が介入した形跡のないことが筆跡のうえで判定できる場合には，「自書」の要件を充たすとされています（最判昭62・10・8民集41巻7号1471頁））。また，秘密証書遺言につい

ても，全文の自書は要件となっていないものの，遺言内容が記載された証書への署名押印が必要（民970条1項1号）とされていることから，この方式による遺言もできないこととなります。

そうすると，字を書くことができない等といった身体機能に障がいを有する者は，厳格な要式性が求められているために遺言ができないこととなってしまいます。そこで，民法では公正証書遺言による方法を定めることでこの不都合を解消しています。

(2) **身体障がいごとの具体的対応**

まず，本事例のように字を書くことができない者が遺言を行う場合には，遺言者の自書に代えて，公証人が遺言者の口述を筆記し，これを遺言者及び証人に読み聞かせること又は閲覧させることで足りるとされており，遺言者の署名についてもまた，これに代えて公証人が遺言者が自書できない事由を付記することで足りるとされています（民969条3号・4号ただし書）。

次に，目が見えない者が遺言を行う場合には，字を書くことができない場合と同様に，公正証書の原本への署名に代えて，公証人が遺言者が署名押印することができない事由を付記して，押印することで足りるとされています（民969条4号ただし書，公証39条4項）。

口がきけない者が遺言を残す場合には，遺言者が遺言の趣旨を公証人に口授すること（民969条2号）に代えて，遺言者が遺言の趣旨を公証人及び証人の前で通訳人の通訳により申述するか自書することで足りるとされています（民969条の2第1項。この場合には，公正証書中に，民法969条の2第1項の方式によって作成したことを公証人が記載する必要があります（民969条の2第3項））。実際には，筆談や50音表を示してもらう方法，視線を受けて文字が入力される機械を使用する方法，公証人の問いかけに対する遺言者の反応について介助者が通訳人として通訳する方法（東京地判平20・10・9判タ1289号227頁）などが採用されているようです。

また，耳が聞こえない者が遺言を残す場合には，遺言者の口述内容に関する公証人による読み聞かせ（民969条3号）に代えて，筆記した内容を通訳人の通訳により遺言者又は証人に伝えることができます（民969条の2第2項。この場合にも，遺言者の口がきけない場合と同様に，公正証書中に，民法969条の2第2項

の方式によって作成したことを公証人が記載する必要があります（民969条の2第3項））。もちろん，通訳人を介したやりとりを行うのではなく，遺言者に公証人が筆記した遺言者の口述内容を閲覧させることでもかまいません。

3 遺言能力

(1) 概　要

　遺言の要式性についてはクリアできたとしても，Aは病気の後遺症によって物忘れがひどく，細かい数字が苦手になっていますので，別途Aの遺言能力について検討する必要があります。

　遺言能力とは，遺言当時，遺言内容を理解し遺言の結果を弁識し得るに足りる能力のことをいい，概ね意思能力や事理弁識能力と同じものであるとされています。この遺言能力の有無については，実務上，①遺言者の年齢，②病状を含めた心身の状況及び健康状態とその推移，③発病時と遺言時との時期的関係，④遺言時及びその前後の言動，⑤日ごろの遺言についての意向，⑥受遺者との関係，⑦遺言の内容など諸般の事情を総合考慮して判断されていますが，日本においては，比較的緩やかに解される傾向にあります（土井文美「遺言能力（遺言能力の理論的検討及びその判断・審理方法）」判タ1423号20頁）。

　遺言能力の有無は，遺言者の死後，相続人間や相続人と受遺者との間で問題となることが多いですが，遺言当時の遺言者の状況を示す証拠がなく，遺言者の真実の姿やその状況がわからないまま立証責任の問題で遺言能力の有無が決せられてしまうことも見られます。厳密には，遺言能力が存在しない事実は再抗弁として無効を主張する側に立証責任がありますが，本事例のように遺言能力が問題とされ得る場合には，後の紛争予防の観点から，遺言能力を担保しておくことが必要となります。そのためには，①公正証書遺言による方法で遺言をすることや，②自らの責任で意思能力が争いとなった場合に有用な立証材料を残しておく方法が考えられますので，以下，それぞれについて説明します。

(2) 公正証書遺言による方法で遺言をすることにより遺言能力を担保する方法について

公証人は，広く一般市民に公証役場を利用する機会を与えるために，正当な理由がない限りはその嘱託を断ることができないと定められていますが（公証3条），例えば，遺言能力の有無が微妙なケースについては，「正当な理由」を根拠に委嘱を断らなければならない場合もあることから，公証人は，遺言者とのファーストコンタクトの段階から遺言者の遺言能力について慎重に判断しています（通達において，公証人が遺言者の事理弁識能力に疑義があると認めるときは，診断書等の提出を求めて証書を原本とともに保存するか，本人の状況等の要領を録取した書面を原本とともに保存することが定められています）。そのため，公正証書遺言による遺言がなされているということは，公証人という第三者のスクリーニングを通過し，一応の遺言能力が担保されていることを意味します。

そうであるとはいえ，公証人は，医学的知見をもって遺言者の遺言能力を判断しているものではありませんので，公証人による遺言能力についての判断は絶対的なものではなく，公正証書遺言であっても遺言能力が問題となり，結果として遺言無効となるケースもあることにご留意ください（例として，東京地判平28・8・25判時2328号62頁。神戸地尼崎支判平26・3・7金判1467号28頁。なお，控訴審判決（大阪高判平26・11・28判タ1411号92頁）は，遺言能力の有無の問題とせず，公正証書遺言の要件である口授の問題と捉え，口授がないとして遺言を無効としています）。

(3) **遺言能力が争いとなった場合に備えて有用な立証材料を残しておく方法**

上記のとおり，公正証書遺言であっても遺言能力がないと判断される場合があることから，遺言能力を担保するためには，公正証書による遺言をすることのみが絶対的な方法ではありません。そのため，自筆証書遺言の場合はもちろんのこと，公正証書遺言の場合であっても，様々な方法で遺言能力を担保しておく必要があります。例えば，遺言者の精神状態に関しどのような医学的所見であったかを明らかにするために，遺言書作成時と時間的に近接する時点の検査結果や診断結果を残しておくことが挙げられます。よりよい方法は，医師による診断書や意見書を取得し，その中で遺言能力について記載してもらうことですが，医療機関に受診すればカルテに検査結果や医師による所見が記載されるため，診断書や意見書を取得していなくとも，後日，このカルテの謄写をすることで遺言当時の遺言者の精神状態を知ることがで

きる場合もあります。

　なお，実務上は，成年後見開始の申立時に提出する診断書や要介護認定の申請の際に提出する意見書の写しを遺言者の精神状態を示す証拠として提出する例が散見されます。しかし，上記診断書は，本人の財産に対する要保護性の観点から比較的緩やかな基準で後見開始相当との意見を記載している場合も多く（土井・前掲32頁），要介護認定の申請の際に提出する意見書についても，要介護認定自体が介護に必要な時間の目安からなされるものであるため，日常生活の動作に関わる部分を中心に診断するものであり（土井・前掲33頁，34頁），必ずしも要介護認定等級と遺言能力の有無に相関性があるものではありません。そのため，仮にこれらの診断書や意見書がある場合であっても，遺言者の遺言能力を判断する証拠としては十分であるとはいえません。

　また，前述のとおり，遺言能力の有無を判断するに当たっては，医学的所見以外の要素も判断材料となるため，医師による検査や診断を受ける以外にも遺言時における遺言者の状況を記録に残すことが有用です。例えば，遺言者が日記をつけることを心掛け，その中に，遺言者が見聞きした事柄等についての記載とともに自分の意見を積極的に記載する等しておけば，その時点における遺言者の理解力を推測する有力な手掛かりになりますし，遺言者自身の日頃の様子を映像や音声で記録を残しておくこともよいでしょう（その中で，細かい数字が苦手であるとの自覚があるのであれば，定期的に計算の記録を残すこともよいかと考えます）。

(4) 遺言能力と遺言の内容との関係

　高齢者であっても判断能力に問題がない人であれば，遺言書の作成に当たり，遺言者の死後，相続人間や相続人と受遺者との間において遺留分をめぐって紛争が起きることのないよう，遺留分（ケース24参照）に配慮することが望ましいといえます。具体的には，遺言書作成の過程において，遺言者の資産に不動産がある場合にはその財産評価も勘案した上で遺言者の総資産がいくらであるかを算出し，その後の財産構成の変化や財産価値の変動を考慮しながら相続人の遺留分を侵害しないような配分にしたり，遺留分減殺請求の方法の指定をする（民1034条ただし書，改正相続法では削除されることに注意）ことなどが考えられるところです。

しかし，Aのように遺言能力に不安を覚える者が遺言を行う場合であれば，その遺言内容は簡潔なものになると考えられることから，遺留分に配慮した結果緻密な計算に基づく財産の分け方が記された遺言であれば，かえって，Aの意思ではなく第三者の意思に基づく遺言ではないか等遺言の有効性に疑義が出されやすくなります。このような場合には，遺言者自身が理解可能な程度の簡潔な内容とし，付言事項で，遺留分でもめないようにしてほしい程度の希望を入れておくにとどめることが後日の紛争を防ぐことになるものと考えます。

4　成年被後見人と遺言

なお，Aには当てはまりませんが，遺言者の遺言能力に関連して，成年被後見人と遺言の関係について簡単に触れておきます。

成年被後見人は，精神上の障がいにより事理弁識能力を欠く常況にあるため（民7条），成年被後見人が遺言をした場合には，例外なく遺言能力がない者による遺言として無効であると考えがちです。

しかし，成年被後見人であっても，事理弁識能力を一時的に回復した状態にあるときは，医師2名以上の立会いのもとであれば遺言することができるとされています（民973条1項）。これは，遺言が，単独行為であって相手方保護の必要がなく，遺言の効力が発生する時点においては遺言者も亡くなっていて遺言者本人を保護する必要性がないことから，遺言者の最終的な意思を尊重するために例外的に認められているものです。

実務上，成年被後見人による遺言の作成に関与する場合には，当該成年被後見人の会話内容をよく聞き取り，事理弁識能力が一時的に回復していると評価できるのかを慎重に判断した上で，同人の遺言意思やその内容を繰り返し確認しながら遺言書の作成が進められています。なお，成年後見制度を利用している遺言者について事理弁識能力に回復が見られる場合には，保佐や補助への類型の変更を検討すべきです。

5　まとめ

　以上に述べたことを踏まえ本事例について当てはめてみますと，Aについては，そもそも自書が難しい状態にあることから，公正証書遺言による方法でしか遺言を残すことができません。仮に，他人の添え手があればなんとか自書することが可能であったとしても，前述の最高裁判例に示された要件を満たしていることの立証は難しく，また，Aの物忘れがひどく細かい数字が苦手になったという状態では遺言能力が問題となり得ることから，自筆証書遺言ではなく，第三者である公証人の関与がある公正証書遺言による方法が好ましいといえます。その上で，Aの遺言能力を担保するために，遺言当時のAのありのままの姿がわかるよう，ビデオや日記などで記録を残すことを検討するのが望ましいと考えます。

【太田　理映】

case21 在日外国人，在外日本人と遺言

(1) 私は，日本に居住する外国人ですが，日本と本国にいる私の家族に対し財産を残すために，遺言書を作成したいと思っています。外国人が遺言書を作成するに当たって想定される問題点と対応方法を教えてください。
(2) 私は，外国に住所を有する日本人ですが，遺言書を作成するに当たって想定される問題点と対応方法を教えてください。

☞ポイント
- □ 在日外国人又は在外日本人の遺言の方式に関する準拠法
- □ 在日外国人又は在外日本人の遺言の成立及び効力に関する準拠法
- □ 在日外国人が日本で遺言書を作成する際の留意点
- □ 在外日本人が外国で遺言を作成する場合の留意点
- □ 日本人の在外資産の処理に関する留意点

1 はじめに

　在日外国人及び在外日本人の数は，いずれも年々増加傾向にあり，20年前の約1.7～8倍となっているようです。そのため，日本に暮らす外国人や海外で生活をする日本人の相続に関する相談を受ける機会も増えているかと思いますが，在日外国人及び在外日本人に関する相続法制についてはあまり知られていないのが現状です。そこで，本事例においては，在日外国人及び在外日本人に関する基本的な相続法制について確認したいと思います。

2 在日外国人と遺言

(1) 在日外国人の遺言の方式に関する準拠法

(a) 遺言の方式に関する法律の抵触に関する条約では，渉外遺言の方式に関する規定が設けられており，遺言の方式が①遺言者が遺言をした地，②遺

言者が遺言時又は死亡時に国籍を有した国，③遺言者が遺言時又は死亡時に住所を有した地，④遺言者が遺言時又は死亡時に常居所を有した地，⑤不動産についてその所在地のいずれかの地又は国の国内法に適合していれば有効とされています（遺言の方式に関する法律の抵触に関する条約1条）。

　現在では，多くの国が，上記条約を批准しているか否かにかかわらず，同条約と同趣旨の法律を定めているため（愛知県弁護士会のホームページ http://www.aiben.jp/page/library/kaihou/2307_03gaikoku.html 参照），在日外国人は，国籍保有国の法律のほか，日本の法律に従って遺言を行うことができます。

　(b)　在日外国人が日本法に従って遺言を行う場合，その方式としては，民法967条に定められている普通方式（自筆証書遺言（民968条），公正証書遺言（民969条）又は秘密証書遺言（民970条））か特別方式（死亡の危急に迫った者の遺言（民976条），伝染病隔離者の遺言（民977条），在船者の遺言（民978条），船舶遭難者の遺言（民979条））のいずれかの要件を満たす必要があります。

　在日外国人が日本語に通じていない場合，自筆証書遺言については，日本語で記載しなければならないという定めがなく，在日外国人が通じている言語をもって記載することでかまいません。しかし，在日外国人が公正証書遺言や秘密証書遺言による方法を選択した場合には，公証人によって証書が作成されることとなりますが，公証人は，日本語で公正証書を作成しますし（公証27条），秘密証書の封紙に証書を提出した日付及び遺言者の申述を記載することとされていますので，通訳の立会いが必要となります（公証29条）。

　また，自筆証書遺言，公正証書遺言及び秘密証書遺言のいずれにおいても，遺言者である在日外国人の押印が必要とされていますが，諸外国には押印の文化がなく，自身の印章を持っていない在日外国人も多くいるはずです。遺言書への遺言者による押印は，指印に代えることもできるとされていますので（最判平元・2・16民集43巻2号45頁），自身の印章を有していない在日外国人の場合は，指印によって対応することとなります。この点につき，最高裁判例においては，約1年9か月前に日本に帰化したロシア人が作成した押印を欠く自筆証書遺言の有効性が認めてられています。しかし，この事例においては，当該ロシア人が約40年間日本に居住しながら主としてロシア語又は英語を使用していて，日本語は片言であり，日常の生活もヨーロッパ様式であ

って，印章を使用するのは官庁に提出する書類等特に先方から押印を要求される物に限られていた等の特殊事情があり，そのような事情の下で遺言の有効性が認められていることから，在日外国人が作成する自筆証書遺言のすべてについて押印を欠いていても有効であるとまではいえず，注意が必要です。

(2) 在日外国人の遺言の成立及び効力に関する準拠法

在日外国人が作成した遺言の成立（例えば，遺言能力の有無など）及び効力（例えば，効力の発生時期など）に関しては，遺言の形式と同じように，必ずしも日本法に準拠して判断されることにはなりません。

法の適用に関する通則法37条1項では，遺言の成立及び効力につき，その成立当時の遺言者の本国法によると規定されていますので，在日外国人の場合は，その在日外国人の国籍保有国の規定に基づいて遺言の有効性が判断され，かつ効果が発生することとなります。ただし，在日外国人の本国法において，遺言の成立及び効力が遺言地の法に準拠することが定められていた場合には，日本法に照らしてその成立及び効力が判断されます（法の適用に関する通則法41条）。

(3) 日本にある在日外国人の遺産の処理

日本にある在日外国人の遺産の処理については，法の適用に関する通則法36条により，在日外国人の本国法に従って行われます。この場合において，在日外国人の本国法が相続統一主義を採用しているか，相続分割主義を採用しているかによって，日本にある遺産の処理方法が異なりますので，以下に説明します。

(a) **在日外国人の本国法が相続統一主義である場合**　相続統一主義とは，動産・不動産の区別なく被相続人の本国法によって規律する考え方をいいます。在日外国人の本国法が相続統一主義を採用している場合には，動産・不動産を区別することなく同人の本国法によって処理されることとなります（なお，日本では相続統一主義が採用されていることから，日本国内における日本人の場合の相続の処理と同様に考えればよいということになります）。

(b) **在日外国人の本国法が相続分割主義である場合**　相続分割主義とは，不動産の相続については不動産の所在地の法を，動産の相続については被相続人の住居地の法をそれぞれ適用する考え方をいいます。そのため，在日外

国人の本国法が相続分割主義を採用している場合，日本にある遺産のうち不動産の処理については，日本法に従って処理をすれば足りますが，動産の処理については，在日外国人の最後の住所地が日本であれば日本法に従った処理となり（法の適用に関する通則法41条），日本以外の場合にはその住所地の法に従った処理となります。そうすると，その住所地の法が，日本のように相続開始と同時に相続人に包括承継されるとする考え（これを「包括承継主義」といいます）を採用せず，遺産管理人のような立場の者によって債権債務関係が清算された後の残余財産が相続人に分配されるとの考え（これを「管理清算主義」といいます）を採用している場合には，相続により不動産を取得するタイミングと動産を取得するタイミングにずれが生じることとなりますので，注意が必要です。

在外日本人と遺言

(1) 在外日本人の遺言の方式に関する準拠法

日本では，前述した遺言の方式に関する法律の抵触に関する条約が批准されており，この条約を担保する法律として「遺言の方式の準拠法に関する法律」が定められています。

同法では，条約と同様に，遺言の方式が①遺言者が遺言をした地，②遺言者が遺言時又は死亡時に国籍を有した国，③遺言者が遺言時又は死亡時に住所を有した地，④遺言者が遺言時又は死亡時に，常居所を有した地，⑤不動産について，その所在地の法に適合していれば有効とされているため（遺言の方式の準拠法に関する法律2条），在外日本人の場合は，日本法に基づいた遺言の形式であっても，遺言時又は死亡時に住所又は居所を有した国の法律に基づいた遺言の形式であっても有効です。

なお，在外日本人が日本法に基づいて公正証書遺言又は秘密証書遺言を行う場合，日本の領事が駐在する国で上記各遺言を行うのであれば，日本の領事が公証人の職務を担うため（民984条），在外日本人は適式な遺言を行うことができますが，日本の領事が駐在しない国で上記各遺言を行うのであれば，公証人の職務を担う者がいないため，在外日本人が適式な遺言を行うことが

できません。

そのため、日本の領事が駐在しない国において日本人が日本法に基づく遺言を行うのであれば、自筆証書遺言によるしかありません。

(2) 在外日本人の遺言の成立及び効力に関する準拠法

在外日本人の遺言の成立又は効力に関しては、前述のとおり、法の適用に関する通則法37条1項で、遺言者の本国法によると規定されていることから、仮に、在外日本人が遺言時に住所を有した国の法律に従って形式を整えた遺言を準備していたとしても、その成立又は効力については、日本法によって判断されます。

(3) 在外資産についての処理

在外日本人の場合も、法の適用に関する通則法36条によって、日本法が適用されます。そうすると、遺言の対象となる相続財産の中に相続分割主義をとる国の不動産が含まれている場合であっても日本法が適用されるように思えますが、実際は、相続分割主義に従って、不動産の所在地法が適用されているようです。

また、在外資産が動産である場合でも、本来は日本法に基づき、相続人が相続発生と同時に直ちに包括承継するはずですが、特に在外資産が預金である場合において、被相続人が口座を保有していた国が管理清算主義を採用している場合には、日本法に基づく遺産分割協議の結果を受け入れず、やむなく清算管理人を申し立てなければならない場合があるようです。

そのため、被相続人が在外資産を有する場合には、当該遺産の所在地の資格を有する弁護士に相談の上、その弁護士の関与のもとで遺言を作成することが望ましいでしょう。

【太田　理映】

case22　遺言と信託

　私（A）の財産は，複数の預貯金のみです（自宅の土地・建物は，妻名義となっています）。私の死後，家族がもめないよう遺言書を作成しようと思っていたところ，最近，信託によって財産の処分を行うという方法を耳にしました。
　そもそも，信託とは何ですか。遺言による方法とは何が異なるのでしょうか。私のように，財産が預貯金のみである場合には，その預貯金の帰属を指定する方法として，遺言による方法と信託による方法，どちらを採用するのがよいのでしょうか。

☞ポイント
　□　信託の概要
　□　遺言信託
　□　遺言代用信託
　□　遺言信託・遺言代用信託と遺留分減殺請求

1　はじめに

　生存中に遺産の処分を行うためには，遺贈によって遺産の帰属先を定めておくことが一般的ですが，近年では，信託の仕組みを利用して，遺贈と同様の効果を得る方法が検討されるようになってきました。
　しかし，信託という概念自体がまだまだ浸透していない状況ですので，本事例では，改めて信託の基本に触れながら，最近検討されている遺言信託や遺言代用信託を中心に紹介したいと思います。

2　信　　託

　信託とは，委託者が信託法において定められた信託行為によって不動産や預貯金などの財産を受託者に移転させ，受託者が信託によって利益を受ける受益者のために，委託者が設定した信託の目的に沿って移転を受けた財産の

管理や必要な処分等を行う制度をいいます（信託2条1項）。
　以下，金融商品として身近な投資信託を例に，信託の仕組みについて簡単に説明します。
(1) 当事者
　信託の当事者は，①信託財産を出捐する委託者，②委託者から信託財産の管理処分を委ねられた受託者，③受託者による信託財産の管理処分の結果，信託の利益を得る受益者の3名です。委託者，受託者，受益者がそれぞれ別の場合もあれば，委託者と受益者が同じ場合（自益信託）や受託者と受益者が同じ場合，委託者と受託者が同じ場合（自己信託）もあります。
　投資信託の場合は，投資家が受益者，投資信託委託会社が委託者，信託銀行が受託者となり，投資信託委託会社の指示に従って信託銀行が運用します（これを，委託者指図型投資信託といいます。なお，投資家が受益者兼委託者，信託銀行が受託者となり，投資家が信託銀行にその運用を指示しない委託者非指図型投資信託もあります）。
(2) 信託財産
　信託財産とは，受託者が管理処分するために委託者から移転を受ける財産のことをいいます。信託財産が受託者に移転することにより，受託者は信託財産の名義人になりますが，信託財産の所有権は受託者にも委託者にも帰属しません。信託財産は誰のものでもない独立性を有した財産であることから，委託者や受託者に相続が発生した場合であっても，委託者又は受託者の相続財産となりません。
　信託財産は，信託が終了すると清算手続が開始され，清算受託者（通常は，従前の受託者）によって信託債権や受益債権に関する弁済や残余財産の給付が行われることとなります。
　投資信託の場合，投資家から集めた資金をもとに設定された投資信託（ファンド）の資産全体が信託財産に該当します。
(3) 信託行為
　信託行為とは，信託を設定する行為をいい，信託法上では，①信託契約（信託2条2項1号・3条1号），②遺言（信託2条2項2号・3条2号），③公正証書や電磁的記録などによる意思表示による自己信託（信託2条2項3号・3条3

号）の3つが信託行為として認められています。

　投資信託の場合、委託者指図型投資信託の場合は投資信託委託会社と信託銀行との間で、委託者非指図型投資信託の場合は投資家と信託銀行との間で信託契約を締結しますが、この信託契約が信託行為に当たります。

3　遺言信託と遺言代用信託

(1)　遺贈と同様の効果が得られる信託の方法について

　遺贈と同様の効果が得られる信託の方法としては、①遺言を使って信託の設定を行い、受託者の管理のもとで受益者に利益を帰属させるという方法（遺言信託）のほか、②遺言を使うことなく、あらかじめ委託者の死亡を始期として信託の受益権を第三者に付与又は移転することを内容とする信託契約を締結しておくことで遺贈と同様の効果を発生させる方法（遺言代用信託）の2つが考えられますので、以下、これらについて説明します。

(2)　遺言信託

　まず、上記①による方法は、遺言により受益者や受託者を定めて信託の設定を行い（信託2条2項2号・3条2号）委託者の意思を実現するものであり、「遺言信託」と呼ばれています。信託の設定を遺言によって行うため、信託の内容を実現するためには民法上の遺言の規定に従う必要があります。つまり、自筆証書遺言、公正証書遺言、秘密証書遺言のいずれかの方式に従った遺言によって信託設定を行い、遺言者の死後その遺言につき検認（民1004条1項）を経た上で、遺言執行行為を通じて信託の内容が実現されることとなります。

　結局のところ、遺言によって財産を処分するため、一見すると、遺贈（又は相続させる遺言）との違いが判然としませんが、遺産の管理者と遺産から得られる利益を享受する者とを分ける必要がある場合には、遺贈では対応することができないことから、遺言信託を使うメリットがあります。例えば、1億円の財産を有する甲が病的な浪費癖を有する息子乙の将来を憂い、将来の生活保障のためにその全額を乙に分け与えたいと考える場合、遺贈によって乙に1億円を分け与えると、乙は遺贈を受けることによって1億円の処分権

限だけでなく管理権限をも取得することとなり，何らの制約なく自由に1億円を使用することができることから，結局は乙による浪費リスクが解消されず，甲の真の意思（遺志）が実現されないこととなります。他方，甲が遺言信託によりこの1億円を信託財産として乙を受益者，乙の姉に当たる娘の丙を受託者として指定して，受託者から受益者に対して一度に多額の金銭を支給しないよう定めれば，丙がこの1億円を管理することによって，例えば，丙が乙に対し1か月あたりの生活費程度の金員を支給し続けることが可能となり，乙の生活保障という委託者の意思（遺志）が実現されることになります。また，負担付遺贈についても，遺贈ではなく遺言信託による方法を利用することによって，受託者が遺産の管理を行うなかで，受益者が負担を履行しているか否かのチェックが行われることとなるため，受益者による負担の履行が確保されやすくなります。

(3) 遺言代用信託

(a) 次に，前記②による方法は，一般的に「遺言代用信託」と呼ばれるものです。

具体的には，(i)委託者が死亡するまでは委託者自身が受益者となり，委託者の死亡後は，委託者の配偶者や子が受益者となることが定められているもの（委託者の死亡後に受益者が変更されるパターン）や，(ii)当初から委託者の配偶者や子など委託者以外の者が受益者として設定されているものの，受益者が信託財産の給付を受けることができる時期を，委託者の死亡時以降とするもの（受益者の受給開始時期に条件が付されるパターン）が挙げられます。

遺言代用信託は信託契約の一類型であり，遺言ではありませんので，受益者が信託財産から給付を受ける場合には，遺言執行者による執行行為が必要となりません。そのため，受益者は，委託者の死後速やかに信託財産からの給付を受けることができます。

(b) また，信託の方法によれば一般的に遺言では認められないと解されている「後継ぎ遺贈」についても，実現が可能です。

後継ぎ遺贈とは，遺贈により受遺者が受けることとなった利益を，一定の条件の成就や期限の到来をもって受遺者以外の者に移転させることを内容とする遺贈のことをいいます。例えば，会社の代表者が，会社の本店所在地の

土地・建物につき，代々会社の代表者又は代表者となり得べき者によって受け継がれていくことを希望している場合に，「遺言者は，別紙財産目録１及び２の土地建物（以下，「本件不動産」という）を長男である甲に相続させる。甲が相続した後，甲が○×商事株式会社の代表権を喪失した場合には，本件不動産を次男の子である乙に遺贈する。」という内容の遺贈を行うことです。「後継ぎ遺贈」については，本来，受遺者の財産の処分は受遺者が自由に行うことができるにもかかわらず，遺贈者のコントロールが及ぶ結果，それが叶わないこととなるのは不都合であるなどとの理由によって，一般的には無効であると解されています。

しかし，信託においては，信託法91条に「受益者の死亡により，当該受益者の有する受益権が消滅し，他の者が新たな受益権を取得する旨の定め（受益者の死亡により順次他の者が受益権を取得する旨の定めを含む。）のある信託」についての規定を設けていることから，この後継ぎ遺贈の効果を実現することが可能となっています。これを，講学上「受益者連続型信託」といいます。受益者連続型信託では，信託がされた時から30年を経過した時以後に現存する受益者が受益権を取得した場合であっても，その受益者が死亡するまで又はこの受益権が消滅するまでの間は，信託の効力が生じるものとされています（信託91条）。

4　遺言信託・遺言代用信託と遺留分減殺請求

❸において触れたとおり，遺言と同様の効果を信託の仕組みを使って実現させる場合，その法的効果に着目すると，遺贈や死因贈与と変わりがないことから，受益者が信託によって信託財産の給付を得た結果遺留分を有する相続人の遺留分を侵害した場合には，当該相続人から遺留分減殺請求権（相続法改正後は，遺留分侵害額請求権）が行使されることとなるとされています（遺留分や遺留分減殺請求権（相続法改正後は，遺留侵害額請求権）の詳細については，**ケース24**を参照ください）。

しかし，このような場合における遺留分減殺請求権の行使については，現行法下において，①減殺の対象となるのは，信託財産か受益者に対する受益

権の付与か、②減殺の相手方は受託者なのか受益者か、受託者と受益者の両方か、③遺留分減殺の順序（民1033条。ただし、改正相続法では削除される点に注意）として、遺言代用信託の場合は、遺贈と贈与のいずれと考えるべきかなどの論点ついて諸説あり、統一的な実務の運用が確立されていないというのが実情です。

そうすると、遺留分減殺請求調停の申立てや、又は遺留分減殺請求訴訟の提起が行われた場合には、その手続内で議論が紛糾し、結論が出るまで長期間に及ぶことが予想されます。

そのため、遺言信託による場合や信託契約によって遺言代用信託を行う場合には、推定相続人の遺留分を侵害しないよう十分に留意する必要があります（現に、多くの信託銀行では、遺留分を侵害する遺言を遺言信託業務として引き受けないようです（遠藤英嗣『増補 新しい家族信託』79頁））。

5 まとめ

(a) 本事例については、Aの相続財産となり得る財産は預貯金のみであるとのことでしたが、相続財産が預貯金のみであるから遺言によるべき、又は信託によるべきということにはなりません。

つまり、Aの目的次第で採用すべきスキームが異なってくるのであり、例えば、Aが自身の財産を相続又は遺贈したいと思っている者の中に、財産管理能力に乏しい者がいたり、いわゆる「後継ぎ遺贈」を実現させたいと考えている場合には、信託を使った方法が好ましいといえます。

信託による方法を選択する場合には、誰を受託者にすべきかが問題となり、既に、Aに信託財産の管理を任せられると考える者がいるのであればその者に依頼すれば足りるのですが、そのような者が見当たらない場合、遺言や信託に関する相談を担当した弁護士や税理士に受託者となってもらうことを依頼しようと考えるかもしれません。しかし、弁護士や税理士がAの依頼に応じて受託者となることは、業として金銭等の信託を引き受けることとみなされ、信託業法の規制に違反することとなるため許されません。そうすると、信託会社や信託銀行に受託者となることを依頼せざるを得ませんが、この場

合手数料が高額であることもあるので、手数料との兼ね合いで信託を使った方法を採用すべきかどうかを検討する必要もあります（手数料については、各会社や銀行によって区々ですが、遺言信託の場合、遺言書作成・保管のみで数十万円から100万円、その後の執行行為に際して、遺産の額ごとに定められた料率を乗じて算出された金額が加算されるという料金体系が多くなっています）。

そして、上記のとおり信託による方法、遺言による方法のいずれの場合であっても、推定相続人の遺留分を侵害することのないよう、十分に留意する必要があります。

(b) なお、税金についても、信託によるスキームを使うことで受益者が相続税又は贈与税の課税を免れることにはならず、委託者の死亡に基因してその信託の効力が生じた場合には、受益者には相続税が課税されることとなっています（相税9条の2第1項。なお、受益者連続型信託の場合、2番目以降の受益者には、先順位の受益者から贈与又は遺贈を受けたものとして、贈与税又は相続税が課税されます（相税9条の2第2項））。

【太田　理映】

case23 信託と任意後見

　私（80歳）は妻（70歳）とは再婚で10年前に結婚しました。子どもはいません。私の財産は預金1億円ですが，妻名義の財産はありません。妻は病弱であり，自分で財産管理ができず，また，お金を持つと散財してしまいます。そのため，今は私が妻の介護費用を支払ったりするなどしています。今後，私が妻の世話をすることができなくなったら，妻に介護費用として月30万円ずつ送金し，自分が死亡してからもそれを続けたいと思います。
　妻には私との結婚前の婚姻によって子どもが2人います。私が妻よりも先に亡くなってしまった場合，私の財産が妻の子どもにいくことになりますが，私はそれに納得がいきません。私の死後，私のお金は妻の介護費用に使うほか，妻の死後に余ったお金は福祉団体に寄付するためには，どのような方法がありますか。

☞ポイント
　　□　後見制度等と信託の比較

1 取り得る方法

(1) 不確定な将来

　将来的に，親族の中で，誰が病気になるのか，判断能力を失うか，さらには，死亡するか（誰に相続が開始するか）については，確実に把握することはできません。そこで，いろいろなケースを想定して，将来の生活を安心して送るための準備，自らの死亡後の財産の帰属先について考えておく必要があります。本事例の場合に即して，成年後見制度の利用の方法と，信託を使う方法についてそれぞれの考え得る具体的な方法と問題点を概説します。

(2) 後見制度等の利用

(a) 相談者について

　(ア)　ホームローヤー契約・財産管理契約・任意後見契約の締結　　相談者が元気な間は自身で妻の分を含めた財産管理をすることを前提とした上で，

ホームローヤー契約・財産管理契約・任意後見契約を結び，相談者の状態に応じて利用します。財産管理契約・任意後見契約の中に「妻に定期的に30万円を送金する」との委任事項を入れておきます。

　(イ)　遺言書作成　　相談者について遺言を作成します。内容は，「全財産を妻に相続させる。」，「妻が亡くなった後は福祉団体に遺贈する。」，「仮に妻が死亡していた場合には全財産を福祉団体に遺贈する。」とします。

(b)　妻について

　(ア)　任意後見契約の締結（場合によっては法定後見制度の利用）　　妻が了解した場合ということになりますが，妻に任意後見契約を締結してもらいます。「夫から送金されたお金は妻の介護費用として使用する」といった委任事項を入れておきます。発動時期は，相談者に財産管理委任契約を発動させたときを目安としますが，それ以前に妻自身が契約等することが必要となり，そのとき妻の判断能力が低下しているのであれば，その時点で発動することも考えられます。

任意後見契約を締結した場合，任意後見が発動すると，後見人のほか，監督人の費用も発生します。本事例の場合は，妻自身の財産がないことから，費用軽減のため，任意後見契約ではなく，後見人等が必要になった時点で法定後見制度を利用することも考えられます。

　(イ)　遺言書作成　　また，妻の意思によることですが，妻が了解すれば遺言を作成し，全財産を福祉団体に遺贈するとします。仮に妻に財産が残った場合には，夫が生存していた場合には夫に相続させる遺言とします。

(3)　信託の利用

(a)　**信託について**　　相談者の関心事は，相談者自身が亡くなった後に，病弱で財産管理が不得意な妻の生活に支障がないようにすることであり，なおかつ相談者の財産は妻だけのために使いたいということです。そのような相談者の意思を実現するために，遺言代用信託の利用が考えられます。

(b)　**信託の要件**

　(ア)　**信託とは**　　信託とは，特定の者が一定の目的に従い財産の管理又は処分及びその他の当該目的の達成のために必要な行為をすべきものとすることをいいます（信託2条参照）。

(イ)　**主　体**　　信託は，①委託者，②受託者，③受益者の三当事者を前提としています。

　①委託者とは，信託契約，遺言による契約又は自己信託により信託をする者をいいます（信託2条4項）。委託者は財産を受託者に預け，自らの意思に基づき財産管理等がされるようにするため，信託事務の処理の状況等の報告請求権（信託36条）など各種の監督権限を有しています。

　②受託者とは，信託行為の定めに従い，信託財産に属する財産の管理又は処分及びその他の信託の目的の達成のために必要な行為をすべき義務を負う者をいいます（信託2条5項）。

　ここで，受託者を誰にするか，という問題が発生します。例えば，弁護士ではどうか検討します。

　信託業法では，「信託業」とは信託の引受けを行う営業とされています（信託業2条1項）。営業とは，営利目的をもって業務を反復継続することですので，仮に弁護士が業務として報酬を得て受託者となることは，形式的には信託業に該当します。

　また，信託業は，内閣総理大臣の免許を受けた者でなければ，営むことができないとされ（信託業3条），免許を受けることができるのは株式会社に限定されています（信託業5条2項1号）。そのため弁護士は，受託者になることはできないと考えられています。

　他方で，家族であれば，業務として報酬を得るわけではないため，信託業法に抵触することはありません。そこで，高齢者・障害者の財産管理をする福祉型の信託は，家族を受託者とする民事信託がふさわしいとされています。

　③受益者とは，受託者から信託財産に係る給付を受ける権利（受益権）を有する者をいいます（信託2条6項・7項）。

　受託者を管理監督する権限は第一次的には受益者にあります。

　(ウ)　**客　体**　　客体は，受託者に預けられる信託財産です。信託財産の種類には制限はありません。具体的には，金銭，動産，不動産，株式などを信託財産とされています。一方，信託財産は積極財産のみであり，消極財産を信託することはできません。

　(エ)　**法律行為**　　信託行為は，①信託契約，②遺言による信託，③自己

信託の３種類があります（信託３条参照）。

　(オ)　**法律目的**　信託をするに当たっては，目的を定める必要があり，専ら受託者の利益を図る目的の場合には認められません（信託２条１項参照）。

　(c)　**本件での信託契約の内容**

　(ア)　委託者は，相談者になります。

　(イ)　受益者は，相談者が生きている間は受益者を相談者自身として自己信託とし，相談者が死後，妻に変更します。これは税が課されることを考えてのことです。この場合，妻が受益者となったタイミングで妻に相続税が課されます。

　なお，他益信託の受益者には贈与税・相続税の課税があります。他益信託の場合，信託の効力が発生したときに，受益者が適正な対価を取得せずに受益権を取得したことが「贈与」とみなされ，贈与税が課されます。そのため，遺言代用信託を利用する場合には，委託者が生存中は委託者を受益者とする自己信託として，贈与税が課されないようにすることが適当でしょう。

　(ウ)　受託者は，信頼できる親類がいるのであれば，その方がふさわしいのですが，いない場合は一定の手数料がかかりますが，信託銀行や信託会社に委ねることになります。なお，信託銀行手数料についてはあらかじめ信託銀行等の窓口で契約当初の手数料，遺言執行料，書面管理料等を含め全体像を把握しておくべきです。

　(エ)　信託契約の期間は，妻が死亡した時までとします。相談者が死亡時に妻が死亡していたときは，相談者の死亡をもって終了するとします。

　(オ)　相談者が生存中は，相談者の求めに応じて信託財産から払戻しを行うとし，相談者が死亡後は，毎月30万円を妻に支払うとします。

　(カ)　信託期間満了等により終了したときは，残余財産は福祉団体に帰属させるとします。

2　問題点

(1)　**後見制度等を利用した場合**

(a)　**相談者の遺言**　相談者は，「全財産を妻に相続させる。」，「妻が亡く

なった後は福祉団体に遺贈する。」とする遺言書を作成しています。このような内容の遺言の条項は，「後継ぎ遺贈」と呼ばれています。

判例（最判昭58・3・18家月36巻3号143頁）は，一般的に否定的であり，学説上も第1次受遺者から第2次受遺者への遺贈利益についてまで，遺言者の意思が及ぶことに疑問があるとして，無効とする説もあります（稲垣明博「いわゆる『後継ぎ遺贈』の効力」判タ662号40〜48頁が詳しい）。

この問題は，そもそも民法が第1次受益者と第2次受益者に権利を分属させるという形の承継を認めていないのではないか，という民法の本質の問題になります。民法の解釈によっては，後継ぎ遺贈自体，無効とされる可能性があります。

もっとも，後継ぎ遺贈が問題になるのは，遺言者が亡くなり遺言執行をする際に，遺留分権利者がかかる遺言により遺留分相当分すら相続できなかったとして，遺言の有効性を争う場合です。そこで，後継ぎ遺贈を考えるのであれば，遺留分権利者に配慮した内容の遺言を作成することが重要です（ケース22参照）。

(b) **妻の任意後見契約，法定後見**　前にも述べていますが，この方法は妻の意思が夫と同じ場合に限定されます。妻の意思は夫と同じであるとは限らないため，妻との任意後見契約を締結する際，「夫から送金されたお金は妻の介護費用として使用する」との条項に妻が合意しない可能性があります。

妻と任意後見契約を締結したとしても，任意後見人が相談者の思っているような形で妻をサポートすることができるかどうかは未知数です。法定後見であればなおさらです。

(c) **妻の遺言**　遺言書作成に当たっても，当然，妻の意思は夫と同じであるとは限りませんので，妻が「全財産を福祉団体に遺贈する」との遺言を作成しない可能性がありますし，夫の死亡後に新たに別の趣旨の遺言書を作成すれば後に作成された遺言書が有効となります。

また，本事例では妻の判断能力はありますが，どのようなスキームを利用するかを検討している間に妻の判断能力が低下することもあり，いざ遺言書を作成しようとしたときには遺言能力がなくなり，遺言書を作成できなくなってしまう可能性もあります。

(2) 信託を利用した場合
(a) 受託者について
(ｱ) 福祉型信託の場合は，家族が受託者になることが想定されています。もっとも，適任の家族がいない場合もありますし，適任の家族がいたとしても信託期間は長期間になりますので，受託者自身も時間が経過するうちに受託者の任務を全うできない事態が発生することも十分考えられます。

家族が受託者にならない場合には，前述のとおり，弁護士は受託者になることができませんので，信託銀行や信託会社に受託者を委ねざるを得ません。

(ｲ) 信託銀行の場合，ほとんどの信託銀行は商事信託の商品を出しています。信託銀行によっては，自社の商品の利用のみ可能として，オーダーメイド型の信託を受け付けない場合もあります。また，遺言代用信託の場合，遺言書を作成する必要は必ずしもありませんが，信託銀行に依頼する場合には，信託とともに遺言書の作成も勧められることが多いです。

(ｳ) 信託会社は，平成30年6月20日現在24社あり，金融庁のホームページ上で紹介されています。信託会社によっては，信託財産を保険しか取り扱わない会社や，信託会社の関連する会社が関係している不動産しか取り扱わない会社もありますので，信託会社を利用する場合には，会社自体を十分調査する必要があります。信託会社を利用した場合の費用は，一般的には，信託中に信託する額に応じた管理費が発生し，終了時にも費用が発生します。信託会社によっても額は異なりますので，契約する前に十分説明を受けることが必要です。

(b) 監督機能について
信託銀行や信託会社を利用する商事信託の場合は，金融庁による監督がありますが，家族を受託者とする民事信託の場合は，受託者を監督する国の機関はありません。信託は，信託財産を受託者の所有にするので，不正行為への誘惑が大きくなります。受託者の権限濫用や不正行為を受益者や委託者のみで防ぐことは難しいです。

(c) 信託の目的
信託は信託財産の管理を目的とするものですので，身上監護は信託ではカバーできません。

(d) 信託財産
相談者の財産すべてを信託財産にしてしまうと，相談者自身の日常生活に不便が生じます。そのため，手元に相談者の日常使用する

財産を残しておくことになります。信託契約締結後，相談者の判断能力が低下した場合，信託にしなかった財産管理について，別の手段を用いて行う必要があります。

3 結　　論

　本事例において，信託を利用せずに後見制度と遺言のみの利用の場合，相談者の意思すべてを反映させることは難しいといわざるを得ません。
　他方で，信託を利用した場合，相談者の意思は反映されますが，相談者の信託財産以外の財産管理や，妻の身上監護について別の手当てをする必要があります。また，受託者に親族が就任する場合，受託者の不正を防ぐための方策として現状の法律では不十分ですし，受託者にふさわしい親族がいない場合には，商事信託を利用せざるを得なくなります。
　そこで，信託と任意後見制度の双方を利用し，かつ遺言を作成することが考えられます。具体的には，以下のとおりです。
①　遺言代用信託契約を締結する。
②　相談者について任意後見契約を締結する。任意後見人は，信託財産以外の相談者の財産管理を行うとともに，信託契約における委託者の代理人として，指図権者としての役割を果たす。
③　相談者について遺言を作成する。遺言の内容は，信託財産以外の財産に関して，「全財産を妻に相続させる。」，「妻が亡くなった後は福祉団体に遺贈する。」，「仮に妻が死亡していた場合には全財産を福祉団体に遺贈する。」とする。
④　妻が相続した部分について，妻の意思に基づいてとなるが，任意後見契約を締結する。任意後見人は，財産管理に加えて身上監護も行い，信託契約における受益者の代理人として，受託者の監督をする。受託者が家族ではなく，信託会社や信託銀行である場合には，金融庁の監督があるため，受託者の監督をするには及ばない。そのため，任意後見契約ではなく，法定後見の利用でもよい。
⑤　同じく妻の意思に基づき遺言を作成する。これは，相談者が信託財産

としなかった財産について，相談者の遺言により妻に相続されることになるため，その分に関する遺言を作成する。遺言の内容は，「全財産を福祉団体に遺贈する」とする。
⑥ 仮に妻が遺言を作成しなかった場合，相談者の遺言が有効であれば妻の遺言がなくとも相談者の意思は実現される。

　相談者の遺言が無効とされても，無効となる部分は後継ぎ遺贈の部分のみですから，妻へ全財産の相続はなされることになります。そして，相談者の遺言によって妻に相続される財産がわずかであれば，妻の死後，妻の法定相続人に相続される財産はわずかになるため，相談者の「妻の子どもに自分の財産がいかないようにしたい」との意思はある程度実現されることになります。

【小池　知子】

case24 遺贈・相続と遺言

私（A）には，事実婚状態のパートナーBがいます。その一方で，未だ婚姻関係にある妻がいるのも事実ですが，この妻とは数十年間にわたり別居状態にあり，とうの昔に婚姻関係が破たんしています。私の子どもは3人（C，D，E）おり，CとDが戸籍上の妻との間の子，EがBとの間の子どもです。私は，死後，Bと3人の子どもたちに，財産を残す遺言書を作成したいと思っているのですが，どのような点に留意すべきですか。

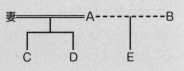

☞ポイント
- ☐ 遺贈の対象者
- ☐ 包括遺贈と特定遺贈
- ☐ 「相続させる」遺言と遺贈
- ☐ 遺留分減殺請求と遺言
- ☐ 遺言と異なる遺産分割の可否

1 はじめに

被相続人による遺言がない場合には，民法に従い，一定の範囲の親族が相続人として民法で定められた割合に従って相続します（法定相続）。相続人の範囲と法定相続割合は，■図表24－1のとおりです（民900条）。

そのため，被相続人が相続人の範囲に含まれない者へ遺産を譲り渡すことを希望する場合や，法定相続割合とは異なる割合で相続させることを希望する場合には，遺言が必要です。

そこで，本事例においては，遺言の内容面についての留意点を確認したいと思います。

■図表24-1　相続人の範囲と法定相続割合

相続人の範囲	相続割合	
配偶者と子	配偶者 $\frac{1}{2}$	子 $\frac{1}{2}$
配偶者と親	配偶者 $\frac{2}{3}$	親 $\frac{1}{3}$
配偶者と兄弟姉妹	配偶者 $\frac{3}{4}$	兄弟姉妹 $\frac{1}{4}$

※　子，親，兄弟姉妹が複数人存在する場合には，各自等分の割合となる。しかし，全血兄弟姉妹と半血兄弟姉妹が存在する場合には，半血兄弟姉妹が全血兄弟姉妹の2分の1となる。

2　遺贈の対象者

(1)　事実婚状態にあるパートナーと相続

　民法上，配偶者とは法律婚関係にある相手方を指すことから，事実婚状態にあるパートナーは配偶者に当たらず，相続権がありません。そのため，本事例では，Aの遺言がなければ，Aの財産は妻とAの子どもであるC，D及びEの4人のみで分けられることとなり，Bが譲り受けることができません（なお，Aの子どものうちEは，法律上婚姻関係のないAとBとの間の子であるため，非嫡出子となりますが，平成25年9月4日の最高裁決定（民集67巻6号1320頁）により嫡出子と非嫡出子の法定相続割合が等しくなりましたので，仮に，Aの遺言がない状態でAの相続が開始した場合，C，D及びEは，嫡出子・非嫡出子に関係なく，子が取得する相続分につき，それぞれ3分の1ずつの法定相続割合に従って相続することとなります）。

　そこで，BがAの遺産を取得できるようにするためには，AがBに対して財産を譲り渡す旨の遺言をする必要があります。このように，遺言によって遺産の一部又は全部を第三者に譲り渡すことを遺贈といいます。民法では，相続欠格者でない限り誰でも遺贈を受けることができると定められているため（民965条・891条），Aは，相続人ではないBに対してはもちろんのこと，Aの相続人となり得るC，D及びEに対しても遺贈を行うことができます。

(2)　事実婚状態にあるパートナーへの遺贈が無効となる場合

　遺贈は，遺贈者による単独行為であり，遺贈者と受遺者の合意によって行

われるものではないことから，受遺者には，遺贈を放棄する権利が与えられています（民986条1項）。そのため，B，C，D及びEは，Aによる遺贈を承認することも放棄することも可能です。

　しかし，遺贈も法律行為であることから，無制限に認められるものではなく，遺贈の内容によっては公序良俗違反を理由として無効になることもあります。問題となりやすいのは，本事例にあるような法律婚の関係にはない者に対して遺贈する場合です。

　多様な家族観が承認されつつある現在では，遺贈者と受遺者との関係が法律婚の関係にはないという事実のみで公序良俗違反を理由にその遺贈が無効になることはありません。しかし，実質的重婚関係にあると評価されるべき事実婚関係のパートナーに対する遺贈（すなわち，遺贈者に法律上の配偶者がいながら，配偶者の他に事実婚と評価できるような関係にある者がおり，その者に対して遺贈する場合）については，遺贈の時期や遺産に対する遺贈の割合，相続人に対する遺贈の影響，受遺者の遺贈者に対する生計の依存度などの事情を考慮した結果，受遺者に対する遺贈が公序良俗違反を理由に無効となる可能性があります（雨宮則夫＝寺尾洋編『Q&A 遺言・信託・任意後見の実務 公正証書作成から税金，遺言執行，遺産分割まで』137頁〔遠山和光〕。なお，不倫相手と妻子にそれぞれ3分の1ずつ遺贈した事案では，不倫関係が夫婦としての実態がある程度喪失した状態から始まり，家族に公然の状態で遺言者の死亡まで約7年間継続したこと，遺贈の目的が不倫関係の維持継続になく，不倫相手の生計維持を目的としたものであったこと，遺言の内容が不倫相手と妻子にそれぞれ3分の1ずつを分け与えるものとなっており，これによって相続人である妻子の生活が脅かされないこと等から，遺言者による遺言が公序良俗に反するものではないと判断されました（最判昭61・11・20民集40巻7号1167頁））。

　本事例においては，AとBが事実婚の関係にあるものの，Aには法律上の妻がいるため，AとBとの関係は，重婚と評価し得るものです。そのため，Aに法律上の妻がいるにもかかわらず，BにAの財産の大半を遺贈して，Aの法律上の妻には一切相続させずにC，D及びEに対しても，微々たる遺産しか相続させないという内容の遺言を考えているのであれば，Aの死後，BとAの相続人（妻，C，D，E）との間で遺言無効をめぐる紛争が繰り広げられる可能性が高くなりますので，十分な注意が必要です。

しかし、本事例ではAと法律上の妻との婚姻関係は、とうの昔に破たんしているとのことであるため、以下、AからBへの遺贈が公序良俗に反するものではないこととします。

3 遺贈の種類

(1) 包括遺贈と特定遺贈

(a) 遺贈の種類には、以下の2つがあります。

(ア) 包括遺贈　包括遺贈とは、遺産を特定することなく、遺産の全部又は一定の割合を受遺者に与えることを内容とする遺贈です。

具体的には、「遺言者は、同人の有する一切の財産を甲に包括して遺贈する」、「遺言者は、同人の有する一切の財産を、甲、乙及び丙に各3分の1の割合により包括して遺贈する」というものが、包括遺贈に当たります。

(イ) 特定遺贈　特定遺贈とは、遺産を特定して受遺者に与えることを内容とする遺贈です。

具体的には、「遺言者は、同人の有する下記預貯金を、甲に遺贈する（預貯金の表示は省略）」というものが特定遺贈に当たります。

(b)　もっとも、特定遺贈と包括遺贈は、排他的な関係にあるものではなく、組み合わせて行うこともできます。例えば、「1　遺言者は、同人の有する別紙遺産目録1及び3の不動産を、甲に遺贈する。2　遺言者は、同人の有する別紙遺産目録2及び4の不動産を乙に遺贈する。3　遺言者は、別紙遺産目録1ないし4の不動産を除くその余の一切の遺産を、丙及び丁に各2分の1の割合により包括して遺贈する。」といったものです（なお、「特定財産を除く相続財産（全部）」という形で範囲が示されており、相続分に対応すべき割合が明示されていない場合であっても、それが積極・消極財産を包括して承継させる趣旨のものであるときは包括遺贈とされます（東京地判平10・6・26判時1668号49頁））。

(2) 相続させる遺言と遺贈

(a)　他方、遺贈と区別されるものに、「相続させる遺言」というものがあります。これは、相続人を受遺者とする場合に、「遺言者は、○○を甲（※遺言者の相続人のこと）に遺贈する。」と記載せずに、「遺言者は、○○を甲（※

遺言者の相続人のこと）に相続させる。」と記載する方法です。この相続させる遺言は，従来，不動産を相続人に対して遺贈する場合の登録免許税が通常の相続の場合に比べて約4倍であったことから，節税効果を得るために実務上用いられていた方法でしたが，最高裁も，相続させる遺言につき，遺産を相続人に単独で相続させる遺産分割の方法が指定されたと解釈すべきであって，原則として，何らの行為なくして遺産が被相続人の死亡の時から直ちに相続により当該相続人に継承される旨を判示して認めています（最判平3・4・19民集45巻4号477頁）。なお，現在は，相続人に対する遺贈の場合であっても，相続させる遺言であっても，登録免許税率は同じです。

相続させる遺言と遺贈の大きな相違点としては，対象となる財産が不動産である場合の対抗要件としての登記の要否と，不動産登記申請時における単独申請の可否の点にあります。まず，相続させる遺言では，登記なくして第三者に不動産の取得を対抗することができ，かつ不動産登記の際に受遺者の単独申請で登記手続を行うことができます（不登63条2項）。他方，遺贈では，登記なくして第三者に不動産の取得を対抗することができず，かつ不動産登記の場合には，受遺者と遺言執行者又は相続人全員による共同申請で登記手続を行う必要があります（不登60条）。

(b) 相続させる遺言にも，遺贈の場合と同様に，遺産を特定することなく遺産の全部又は一定の割合を受遺者に与えることを内容とする相続させる遺言や，遺産を特定して受遺者に与えることを内容とする相続させる遺言があります。

(3) 受贈者と相続人の関係が複雑な場合の対処法

本事例の場合，受遺者となるC・DとEが母親を異にし，その関係性が複雑であることから，紛争のリスクを回避する必要があります。そのため，Aが不動産をC，D，Eの3人の子どもに相続させたいと考える場合には，相続させる遺言を用いて登記に際し単独申請ができるように備えるべきです。なお，Aが所有不動産をBに遺贈する場合には，Bは相続を原因として当該不動産を取得するものではないことから，Bの所有権移転登記手続については，原則どおり，Aの相続人であるC，D及びEとの共同申請が避けられません（不登60条・62条）。もし，BとC・D間の関係が良好でなく，C・Dに

所有権移転登記手続への協力を求めることが難しいことが予想されるのであれば，単独でBへの移転登記手続ができるようにするため（民1012条1項），Aは，遺言で遺言執行者を指定しておくことが適当でしょう。

　また，包括遺贈（又は相続させる遺言）と特定遺贈（又は相続させる遺言）のいずれの方法によるべきかという点ついては，Aの遺産の内容や財産的価値が遺言時点と相続開始時点では異なりますし，遺言者が成年被後見人となり後見制度支援信託が利用された場合には，遺贈の対象とされた預貯金が，信託財産となったことで相続開始時点においては存在しないことがあり得ます。そのため，**4**において述べる遺留分減殺請求権との関係を考慮するのであれば，特定遺贈ではなく各受遺者の取得割合を定める方法による包括遺贈（又は相続させる遺言）が好ましいように思えます。しかし一方で，割合的に定める包括遺贈（又は相続させる遺言）の場合には，その割合で受遺者及び相続人が遺産を共有する状態となり，共有を解消するには受遺者及び相続人で遺産分割協議を行う必要があることから（最判昭62・9・4家月40巻1号161頁），本事例のように受遺者及び相続人の関係性が複雑な場合には，最終的な解決までに長時間を要するおそれがあり，特定遺贈（又は相続させる遺言）とせざるを得ないこともあるため，不動産や預貯金の全体を把握した上で事前に弁護士，税理士等に相談して決定してください。

4　遺留分減殺請求権（相続法改正後の遺留分侵害額請求権）と遺言

(1)　遺留分

　兄弟姉妹以外の相続人には，遺産の一定割合につき必ず相続することが保障されており，この相続分のことを遺留分といいます（民1028条，改正相続法1042条）。遺留分割合は，直系尊属のみが相続人となる場合は遺産の3分の1，その他の場合は遺産の2分の1とされています（民1028条，改正相続法1042条）。

　遺留分を侵害するような遺言をした場合であっても，その遺言は直ちに無効になることはありませんが，遺留分制度は，相続が遺族の生活保障や潜在的持分の清算という側面を有していることをふまえて創設されたものですので，被相続人の意思によって一方的に奪うことができません。つまり，遺言

者によって，相続人以外の第三者に対し遺産のすべてを遺贈する旨の遺言がなされたとしても，相続人は，当該受遺者に対して遺留分減殺請求権を行使し，受遺者によって侵害された遺留分相当の遺産を取り戻すことができます（民1031条）。相続法改正後は遺留分減殺請求によって生じる権利は金銭債権となり，遺留分の侵害を受けた額に相当する金員の支払を請求することができることとなります（改正相続法1046条）。

(2) 対 処 法

　遺留分を侵害された相続人が必ず遺留分減殺請求権（相続法改正後の遺留分侵害額請求権）を行使するとは限りませんが，相続人間又は相続人・受遺者間の紛争を回避するためには，遺留分を侵害しないような遺言をするよう配慮すべきです。特に，本事例のように，推定相続人ではない第三者が受遺者となる場合や相続人同士が良好な関係にない場合には，一般的には，遺留分減殺請求権（相続法改正後の遺留分侵害額請求権）が行使される可能性が高いといえますので，遺言に際しては遺留分への配慮は不可欠といえます。

　遺留分に配慮した遺言をするためには，遺言時と死亡時に隔たりがあればあるほど遺産の価値に差が生じることから，ある程度遺産の価値が変動しても遺留分を侵害することのないよう配慮した上で受遺者又は相続人に対して何をどれだけ配分すべきかを決めることが必要となりますが，通常は，遺言者自身が死期を予想し得ないため，この作業は非常に難しいのが現実です。これを解決する一番の方法は，包括遺贈（又は相続させる遺言）を行うことですが，この場合には，各受遺者（又は相続人）が指定された割合で遺産を共有することになるため，管理行為や処分行為を行うには各受遺者全員での協議が必要となるほか（民251条・252条本文），前述のとおり共有状態を解消するには遺産分割協議を必要とすることから，本事例のように受遺者又は相続人間の関係が複雑な場合には，包括遺贈（又は相続させる遺言）による方法では紛争を先延ばしにしたにすぎず，遺言を行った意味がなくなってしまいます。このような場合には，遺留分減殺請求（相続法改正後の遺留分侵害額請求）のリスクは残るものの，遺言時に予測し得る各遺産の価値の変動を踏まえて，特定遺贈を行うほかありません。そのうえで，現行法下では仮に遺留分減殺請求が行われたとしても，できる限り紛争が泥沼化しないよう，例えば，減殺

の順序について，不動産ではなく預貯金から行うことを指定して（民1034条ただし書）遺留分義務者の不都合を低減させたり，特定の受遺者に対する特別受益（例えば，被相続人が代表者を務める会社の代替わりに際し，後継者である子の1人に対してのみ当該会社の株式全部を譲り渡したなど，相続に先立って受けていた財産や利益のこと）について持戻免除の意思表示（民1044条，改正相続法1046条2項2号，民903条3項）を行うなどして，遺留分義務者が過大な負担を負わないようにすることが考えられます。もっとも，相続法改正後は，遺留分減殺請求権が金銭債権化されるため，減殺の順序を定めることは不要です。

5 遺言と異なる遺産分割の可否

　もっとも，B・EとC・Dの関係が険悪ではなく，協議可能な程度である場合には，BないしEの協議によりAによる遺言内容と異なる遺産の分け方をすることができるのでしょうか。

　まず，C，D及びEについては，元来相続人であることから，3人が合意することで遺言とは異なる内容の遺産分割協議を成立させることができます。ここで問題となるのが，C，D及びEによる新たな合意内容と遺贈（又は相続させる遺言）の放棄との関係です。AがC，D及びEに対し遺贈をしていたのであれば，C，D及びEはこの遺贈を放棄して（民986条1項）新たに遺産分割協議をすることができるため，C，D及びEによる新たな遺産分割内容に関する合意は，同時に遺贈の放棄の意思表示とみることができます。

　しかし，AがC，D及びEに対し相続させる遺言をしていた場合には，遺贈の放棄の規定が遺贈ではなく相続させる遺言の場合にも準用されるのかについて最高裁の判断が示されておらず，裁判例においても統一的な見解が示されていません。そのため，C，D及びEの合意による遺産分割内容を，直ちに3人による相続させる遺言の放棄の意思表示と同じとみることができませんが，結局はC，D及びEの合意さえあれば，相続させる遺言の対象となっている遺産も含めて，遺言と異なる内容の遺産分割を行うことが可能ではあるために，相続させる遺言の放棄の可否について論ずる実益は乏しいといえるかもしれません。

問題は，BがC，D及びEに対してAによる遺言と異なる遺産の分け方を求めることができるのかという点です。例えば，甲乙丙丁の4つの不動産を所有しているAが，Bに甲不動産を遺贈し，Cに乙不動産，Dに丙不動産，Eに丁不動産を相続させることを内容とする遺言をしていたものの，Bは丁不動産，Eは甲不動産を取得することを望んでいる場合に，Bはこの希望を実現することができるのでしょうか。

　Bが遺言と異なる遺産の分け方を求めるということは，BはAによる遺贈を承認せず，放棄することを意味します。しかし，BとAとの間には法律上の婚姻関係がなく，BはAの相続人ではないことからすると，BがAによる遺贈を放棄すれば，もはや，BはAの遺産に対して法的には無関係の第三者になります。そのため，法律上，Bは，C，D及びEに対し，改めてAによる遺言と異なる遺産の分け方を求めることができないこととなります。

　C，D及びEが良好な関係にあるのならば，Bが遺贈を放棄したことによってC，D及びEの遺産共有状態となった財産も含めて，C，D及びEらが協議し，最終的にCが乙不動産，Dが丙不動産，Eが甲不動産及び丁不動産を相続する旨の遺産分割協議を成立させ，その後，EがBに対し，丁不動産を譲渡するという方法をとるしかありません。

6 相続税について

(1) 相続税が課税される場合

　Aの遺産総額（積極財産の総額）と相続時精算課税の適用を受ける贈与財産の合計から，非課税財産，葬式費用及び債務を控除し，相続開始前3年以内の贈与財産を加えた遺産の総額（これを「正味の遺産額」といいます）が基礎控除額を超える場合には，Aの遺贈を受けるBないしEは，正味の遺産額から基礎控除額を控除した金員（これを「課税遺産総額」といいます）に対して課税される相続税を納付しなければなりません（相税1条の3）。基礎控除額は，「3000万円＋600万円×法定相続人の数」と定められているため（相税15条1項），本事例の場合における基礎控除額は，Aの法定相続人が戸籍上の妻と3人の子どもの合計4人であることから，5400万円（3000万円＋600万円×4人）とな

ります。

(2) 具体的な相続税の額

　相続税が課税される場合には，BないしEが納付すべき相続税額は，納付すべき相続税の総額を各人が取得した課税価格で按分して算出された額（相続税の総額×各人の課税価格÷課税価格の合計額）となります。納付すべき相続税の総額は，以下の方法によって算出されます（相税16条）。

① 課税遺産総額を，各法定相続人が法定相続分に従って取得したものとして，各法定相続人の取得金額を算出する。
② ①で算出した各法定相続人の取得金額に税率（10%～55%）を乗じて相続税の総額の基となる税額を算出する。
③ ②で計算した各法定相続人の税額を合計して相続税の総額を算出する。

(3) 納税方法

　相続税については物納することも認められていますが（相税41条1項），物納が認められるのは「納付すべき相続税額を延納によっても金銭で納付することを困難とする事由がある場合」に限られていますので，原則としては，他の税金と同様に金銭で納付しなければなりません。

(4) その他にも税額控除が認められる場合等がありますが，事案によって異なりますので，詳細については，税理士に相談されることをお勧めします。

7 ま と め

　以上に述べたことを踏まえ，本事例について当てはめると，Aは，BとC，D及びEに対して遺言をするに当たり，Aの死後Bらの間に遺産の帰属や遺留分をめぐって紛争が生じないよう，特定遺贈（又は相続させる遺言）の方式で遺贈すべきこととなります。

　しかし，特定遺贈の方式で遺言を行う場合には，遺産の価値が変動することによってC，D及びEの遺留分を侵害する結果となりかねないため，C，D及びEが遺留分減殺請求権（相続法改正後は，遺留分侵害額請求権）を行使する場合に備えて，特定の財産をその算出対象に含めないよう持戻免除の意思表示をすること等の検討が必要となります。　　　　　　　　　【太田　理映】

case25 条件付遺贈，負担付遺贈，予備的遺言

　私（A）は，自宅で1人暮らしをしていますが，高齢により，体力がなくなりつつあり，ペットである犬2匹の世話がとても大変になってきました。このことを昔から交流がある姪のBに相談したところ，B一家が私の家に引っ越してきて，私の生活をサポートしながら積極的にペットの面倒もみたいと言ってくれました。私には夫も子もおらず，両親も他界していますので，私の相続人になり得るのは，私の兄のCと弟のDです。しかし，CとDも高齢ですし，それぞれに家庭がありますので，世話になるわけにはいきません。私としては，私が死んだ後も犬2匹の面倒をみてくれるのであれば，そのお礼として，私の家を含む資産の全部をBに遺したいと考えています。このような場合，私は，どのような遺言書を書いておけばよいでしょうか。

☞ポイント
- □　負担付遺贈
- □　条件付遺贈
- □　受遺者が負担を履行しない場合の対応策
- □　予備的遺言

1　はじめに

　遺贈は，遺言者による単独行為であることから，相続欠格者を受遺者としない限り（民965条・891条），原則として自由に行うことができます。そのため，受遺者に対し無償で何の条件も付さずに遺産の一部又は全部を譲り渡すことも可能ですし，受遺者に対し一定の負担を課すことも，また，遺贈の効果の発生又は喪失を一定の条件にかからしめることも可能です。
　本事例においては，遺贈に際して定めることのできる負担や条件について採り上げてみたいと思います。

2 負担付遺贈と条件付遺贈

(1) 負担付遺贈

　本事例の遺言者Aは，推定相続人でない姪のBに対し，BがAの死後もペットである犬2匹の面倒をみることを条件として，Aのすべての財産を遺贈することを内容とする遺言をしようとしています。このように，受遺者に財産を譲り渡すに当たり，一定の義務を負担させることを内容とする遺贈を負担付遺贈（民1002条）といいます。負担付遺贈は，相続人以外の第三者に対する遺贈の場合のほか，相続人に対する遺贈（相続させる遺言。ケース24参照）であっても可能です。負担付遺贈の効力は，遺言者が死亡すれば受遺者による負担の履行の有無に関係なく発生することから，受遺者が遺言者によって定められた負担の履行をしなかったとしても，受遺者は遺言者の遺言内容に従って財産を譲り受けることができてしまいます（受遺者が負担を履行しないことは，のちに遺贈の取消事由として問題になるのみです）。

(2) 条件付遺贈

　他方，負担付遺贈に似たものに，条件付遺贈（民985条2項）があります。条件付遺贈とは，遺贈に停止条件（法律行為の効力の発生を将来の不確定な事実の成否にかからしめる場合の，将来の不確定な事実のこと（民127条1項）。例えば，「司法試験に合格したら，20万円を贈与する」という場合の「司法試験に合格したら」が停止条件に当たります）又は解除条件（法律行為の効力の消滅を将来の不確定な事実の成否にかからしめる場合の，将来の不確定な事実のこと（民127条2項）。例えば，「司法試験が不合格となったら，仕送りをやめる」という場合の「司法試験が不合格となったら」が解除条件に当たります）が付されている遺贈のことをいいます。遺贈に付されている条件が将来の不確定な事実であることから，受遺者はその条件を履行する義務を負いません。条件付遺贈の効力発生時期については，停止条件付遺贈の場合，遺言者が死亡したとしても停止条件が成就しない限り遺贈の効力が発生しないのに対し，解除条件付遺贈の場合は，遺言者の死亡によって遺贈の効力が発生するものの，解除条件が成就すれば当該遺贈の効力は解除条件が成就した時から失われることとなります（民127条2項）。

(3) まとめ

以上述べた負担付遺贈と条件付遺贈の違いを表にまとめると，■図表25－1のようになります。

このように，負担付遺贈と条件付遺贈との大きな違いは，受遺者の義務の有無にありますが，実際は，負担付遺贈と停止条件付遺贈の区別が判然としない場合が多くあります。そのような場合には，解釈に委ねられるところとなりますが，その解釈に疑義が生じないようにするためには，前提となる事項が負担であるのか否かを遺言書に明記することが望ましいといえます。

すなわち，本事例であれば，Aは，例えば，「Aは，Bに対して，Aの有する全財産を遺贈する。ただし，Bは，Aの有する全財産の遺贈を受けることの負担として，Aのペットである犬2匹（ポチ（平成20年○月○日生，柴犬（雄））及びまる（平成20年○月○日生，雑種（雌））の飼育をしなければならない。」という形で，Aのペットの面倒をみることがBの負担であることを明記する必要があります。もし，Bが遺産を取得しておきながら，Aの遺言内容に反してペットの面倒をみなかった場合には，相続人であるC及びD又は遺言執行者は，Bに対し，民法1027条に基づいて相当期間を定めて負担の履行を請求することができます。それでもなおBがペットの世話をしない場合には，C及びD又は遺言執行者は，家庭裁判所に対し，負担付遺贈の遺言の取消しを請求することができます（民1027条，家手別表第一108項）。

3 予備的遺言

(1) 概　説

(a) 次に，Bへの遺贈は，AがBより先に亡くなることを前提として行わ

■図表25－1　負担付遺贈と条件付遺贈の違い

	負担付遺贈	条件付遺贈
受遺者における義務の有無	あり	なし
効力発生時期	遺言者の死亡時	条件成就時（停止条件付遺贈） 遺言者の死亡時（解除条件付遺贈）

れているものですが，例えば，BがAより先に亡くなってしまった場合，Aの遺言はどうなるのでしょうか。本来は，Aの相続が開始した時点でBが生存していませんのでAの遺言は無効となり，Aの遺産は，C・Dによって法定相続分に従った相続が行われることになります。また，BがAの遺産を譲り受けたにもかかわらず，2匹の犬の面倒をみなかったために，C・DによってAによるBへの遺贈が取り消されてしまえば，結局は，BがAより先に亡くなってしまった場合と同様に，Aの遺産は，Aの相続人であるC・Dによって法定相続分に従った相続が行われることとなります。

　このように，Bに遺贈の効果が生じない場合において，AがC・Dではなく，B以外の第三者を受遺者として遺贈したいと考えているのであれば，BがAよりも先に死亡すること又はBがペットの面倒をみないことを停止条件とした遺言を作成する必要があります。このような遺言は，予備的遺言と言われており，条件付遺言の一種として有効とされています。

　(b)　ところで，予備的遺言と似たものとして，「後継ぎ遺贈（又は相続させる遺言）」というものがあります。後継ぎ遺贈（又は相続させる遺言）とは，例えば，「遺言者は，別紙財産目録1及び2の土地建物（以下，「本件不動産」という。）を長男である甲に相続させる。甲が相続した後に死亡した場合には，本件不動産を長女の乙に相続させる。」というように，遺贈により受遺者が受けた利益を，遺言者が定める一定の条件の成就や期限の到来をもって，さらに受遺者以外の者に移転させることを内容とする遺贈をいいます。

　予備的遺言は，遺言者の相続開始時点に受遺者が存在しない場合に備えて新たな受遺者を定めるためのものですので，あくまで受遺者を指定するための遺言ですが，後継ぎ遺贈（又は相続させる遺言）は，遺言者が指定した受遺者が遺贈を受けた後の次の遺贈先を指定するもの，すなわち二次遺贈（又は相続）について遺言者によるコントロールを及ぼすことを目的とした遺贈です。

　予備的遺言は有効な遺言内容とされていますが，後継ぎ遺贈（又は相続させる遺言）は原則として無効と解されています。詳しくは，ケース22の❸(3)，ケース23をご参照ください。

　(2)　**予備的遺言を行う場合の注意点**

この予備的遺言を行うに際しては、予備的遺言が効力を有することとなる遺言者が示した条件が成就する場合について明確となるよう注意する必要があります。

もし、BがAよりも先に死亡したということを予備的遺言の効力発生の条件とする場合には、Bの戸籍などによって条件成就の成否が明らかとなり、疑義が生じる余地はありません。しかし、BがAのペットの面倒をみなかったということを予備的遺言の効力発生の条件とした場合には、何をもってBがAのペットの世話をしたと判断すべきであるのかについての判断基準が明確ではないことから、BがAのペットの世話をしていたか否かについて争いになることが予想されます。そこで、この場合には、例えば、「次に定める要件を1つでも満たす場合には、BがAのペットの面倒をみなかったものとみなす。①Bがペットと同居していないか、BとAのペットとの同居期間が1年未満であること（ただし、Aのペットが、Aの死後1年未満に死亡した場合を除く）、②BがAのペットの世話を第三者に対して恒常的に委託していること、③Bが週○日以上第三者にAのペットを預けていること」など条件成就の成否が容易に判断できるよう、BとAのペットとの同居の有無、同居の年数、第三者に世話を委託した事実の有無やその頻度等の具体的基準を盛り込むことを心がけるべきであると考えます。

(3) 相続させる遺言と代襲相続

なお、本事例は、相続人ではない者に対する遺贈を対象としていますが、相続人に対する遺贈（相続させる遺言。ケース24参照）の場合については、最高裁が、相続させる遺言によって遺言者の遺産のすべてを相続することとなっていた推定相続人（相続開始によって相続人になることが予定されている者）が遺言者より先に死亡した場合に、遺言者が、推定相続人の代襲者（推定相続人の直系卑属のこと）その他の者に遺産を相続させる旨の意思を有していたとみるべき特段の事情のない限り、遺言の効力が生じることはないと判断しています（最判平23・2・22民集65巻2号699頁）。つまり、推定相続人として乙、丙、丁の3人の子どもがいる甲が乙に対してのみすべての遺産を相続させる旨の遺言をしていたところ、乙が甲より前に死亡した場合には、原則として、甲の遺言によって乙の子である戊のみが乙の代襲相続人として甲の遺産を相続する

ことはなく，甲の遺産は甲の相続人である丙及び丁と，乙の代襲相続人である戊が共同相続することとなります。そのため，甲が，乙にとどまらず，広く乙一家の行く末を慮って相続させる遺言を行うことを企図しているのであれば，確実に乙の配偶者や子である戊に甲の遺産が帰属するよう，乙が甲より先に亡くなる場合をも想定して，乙の配偶者や戊に対して予備的遺言を行う必要があることとなります。

4 まとめ

　以上を踏まえて本事例に当てはめますと，AがBに対しAのペットの面倒をみることを条件として遺贈を行った場合，遺言書にAのペットの面倒をみることが負担である旨が明記されていなくとも，Bに課された義務であるとみるのが適当であることから，AのBに対する遺贈は負担付遺贈であると解されます。

　しかし，BがAより先に亡くなる場合や，Bがペットの面倒をみないことに備え，AにB以外の受遺者候補者がいる場合には，予備的遺言として，その受遺者候補者にする遺贈についても遺言を残す必要があります。その際に，予備的遺言が効力を生じることとなる停止条件については，その条件成就の有無につき疑義が生じないよう，例えば，Aのペットである犬と一緒に生活をせず，犬の世話を第三者に〇日以上委託したことをもってAのペットの世話をしていないとみなすなど一義的に明らかとなる事実をもって定める等して，紛争を避けることを心がける必要があります。

【太田　理映】

case26 死後事務委任契約と遺言

　私は，結婚して夫の姓を名乗っていますが，死後は，夫の墓ではなく，生家の墓に入りたいと考えています。また，自分の葬式については，家族葬で小規模に執り行ってほしいと考えています。このような私の死後に関する要望については，遺言に書いておけば，実現してもらえるのでしょうか。

☞ポイント
- □ 遺言事項
- □ 死後事務委任契約の主な対象
- □ 死後事務委任契約の法的性質
- □ 死後事務委任契約の締結方法
- □ 死後事務の受任者に支払うべき報酬の確保

1 遺言事項

　遺言書には，記載が禁じられている事項はありませんので，本事例にあるような墓や葬式の希望を遺言書に記載することは妨げられませんが，遺言として法的効果を有する事項（これを「遺言事項」といいます）は法律で定められた事項に限られており（ケース18の❸），墓や葬式に関する事項は，遺言事項ではありません。

　そのため，遺言者が墓や葬式の希望を遺言書に記載したとしても，相続人や受遺者には，この希望を実現する義務がないことから，必ずしも遺言書の記載に従った結果が保障されるとはいえません。遺言者としては，相続人や受遺者が，法的効果の有無にかかわらず遺言書の記載内容を尊重してくれるのを期待するしかないこととなります。

2 死後事務委任契約

(1) はじめに

　遺言事項以外の内容については，死後事務委任契約を締結することで，そ

の実現を確保するようになりました。

　死後事務委任契約とは，委任者の死後における法律行為や事実行為を対象として，委任者の死亡後に実現することを目的として締結される委任契約のことをいいます。具体的には，本事例のような，自己の死後における墓や葬儀についての依頼，医療費や家賃等の支払に関する依頼，世話になった方への謝礼の支払に関する依頼，自己の死亡の事実に関する連絡の依頼などを，同契約を用いて第三者に依頼する例が多く見られます。最近では，コンピュータの普及やIT技術の進化により，個人がPCやクラウドサーバー上に様々なデータを保管していたり，多くのSNSサービスを利用していたりしますが，これらはプライバシーに関わることであり，秘匿性も高いことから，利用中のサービスやパスワードなど利用者自身しか知り得ない内容が多く含まれています。そうすると，利用者が死亡した場合，これらの利用履歴や情報等が事実上放置されてしまい情報流出の可能性が存在し続けることとなります。このような事態は，決して好ましいことではありませんので，少なくとも，自身の死後，速やかに，サービスの利用停止やデータの削除等の処理が必要となりますが，その内容によっては，相続人である身内に，自身の死後の処分を依頼することが憚られるものもあるため，業者とデータ消去等に関する死後事務委任契約を締結することで対処することが考えられます。

(2) **委任者の死亡を契約終了事由としないことの合意の有効性**

　死後事務委任契約の法的性質は，文字のとおり委任契約（委任の内容が法律行為でなければ準委任契約）としての性質を有します。委任契約は，民法653条1号において委任者の死亡により終了すると定められていますが，死後事務委任契約は，委任者の死亡後の法律行為又は準法律行為を委託することを内容とするものですので，同契約には委任者の死亡を契約終了事由としない旨の特約が付されていることになります。そこでこのような特約は，委任契約の法的性質に照らし有効であるのかが問題となりますが，判例は，民法653条が，委任者の死亡によっても委任契約を終了させないという内容の合意の効力を否定するものではないとして（最判平4・9・22金法1358号55頁），民法653条が任意規定であると解し，委任者の死亡を契約終了事由としない旨の特約が有効であるとしています。

(3) 受任事務の履行に際する委任者の相続人との諸問題
(a) 死後事務委任契約における受任事務履行時の本人は誰か

(ア) 死後事務委任契約では，委任者の死亡によって契約が終了しませんので，契約当事者としての地位が相続されることとなります。そうすると，受任者が実際に受任事務を履行する際の契約の相手方は，契約当時の委任者ではなく委任者の相続人となるため，受任者は，新たに委任者の相続人との関係を考慮する必要があります。

まず，受任事務を履行する時点において委任者が死亡し，委任者の相続人が契約当事者としての地位を相続していることから，受任者は，死者である委任者本人の代理人として受任事務を履行すべきであるのか，それとも死者である委任者の相続人（以下，単に「相続人」といいます）の代理人として受任事務を履行すべきであるのかが問題となります。多数説は，死後事務の受任者の立場につき，相続人の代理人であると考えています（淺生重機「自己の死後の事務を含めた法律行為等の委任契約と委任者の死亡による委任契約の終了の有無」金法1394号65頁，岡孝「委任者死亡後の委任契約の効力」判タ831号38頁）。元来の委任者は死者となっており法主体となり得ませんので，受任者による受任事務の履行に対して正当な代理行為としての法的効果を与えることができませんし，契約当事者としての地位は相続の対象とされていることからすれば，受任者の立場を相続人の代理人であると考えることは自然であるといえます。

(イ) 次に，相続人は，上記契約の委任者としての地位を相続しており，原則，民法651条1項に基づきいつでも受任者への委任契約を解除することができることとなりますので，受任者は，相続人に対して解除権の行使の機会を与えるためにも，委任事務の履行に当たり適宜相続人の意向を確認し，指示を仰ぐ必要があることとなります。

もっとも，上記契約の受任者が相続人に確認することなく事務手続を履行したとしても，問題とはならない場合があることも事実です。例えば，委任者の死後の医療費や未払いとなってしまった家賃に関し，受任者が委任者の生前に預かっていた委任者の預貯金から支出した場合について検討すると，本来，委任者の預貯金は，相続財産であり相続の対象であることから，相続人の意向を確認することなく処分することはできません。しかし，例に挙げ

た医療費などの委任者の債務は，相続人の意図を確認したところで結局は，委任者の相続財産から支出するのが一般的であることから，結果として，受任者が相続人に無断で相続財産から医療費や未払賃料を支出したとしても相続人を害する結果にはなりません。このように，事務内容の性質上，結果として相続人を害することにはならない場合には，受任者は，相続人の意向を確認することなく委任事務を履行しても問題はないと考えます。

　問題は，受任者が相続人の指示を仰いだ結果，委任者と相続人との意思が合致せず，相続人が委任者による委任内容と異なる意向を示した場合です。このような場合においても，受任者は契約に従って受任事務を履行すべきなのでしょうか。

　前記のとおり，受任者は，相続人の代理人として委任事務を行うことと解されていますので相続人が委任者による委任内容と異なる意向を示したということは，委任者の地位を相続した相続人によって委任事項が撤回されたことを意味することから，受任者は，当該受任事務を履行すべきでないと考えます。

(b)　死後事務委任契約における解除権放棄特約の有効性

　(ア)　以上に述べたように，委任者の地位を相続した相続人によって，民法651条1項を根拠として自由に死後事務委任契約を解除できるとすれば，結局は，死者である委任者の意思の実現が妨げられることとなり，死後事務委任契約を締結する意味がなくなることとなります。

　そこで，死者である委任者の意思を確実に実現するには，委任者による解除権の行使を制限又は放棄するという内容の特約を盛り込む必要がありますが，このような特約は有効なのかが問題となります。

　(イ)　この点については，最高裁において判断が行われたものがないために確立した結論がなく，考え方が分かれ得るところではありますが，私見では，以下の理由により死後事務委任契約において解除権放棄特約を設けることは有効であると考えます。

　まず，通常の委任契約では，判例・学説ともに，民法651条1項を任意規定と解して，解除権放棄特約が有効であると考えられていますので（例として，最判昭56・1・19民集35巻1号1頁），死後事務委任契約も委任契約の一種である

ことからすれば通常の委任契約と別異に解する必要はありません。

とはいえ、死後事務委任契約については、委任者の死亡により契約が終了せず、相続人が新たな委任者となる点で通常の委任契約とは異なりますが、相続は被相続人が有する債権債務につき、一身専属的なものを除いて包括承継する制度であり、個々の債権債務について相続人が選択して相続することはできないことからすれば、解除権放棄特約から発生する権利義務が一身専属的なものではない以上、上記特約が相続の対象から外れると解することはできません。もし、上記特約を相続人が相続したことにより、相続人に重大な損害が生じるなどの不都合があれば、それは、個別具体的な事情に鑑み一般条項を用いて無効にすれば足ります。また、原則として上記特約を有効にしておかない限り、委任者の地位を相続した相続人が自由に委任契約を解除し得ることとなり、死後事務委任契約を有効にした趣旨が没却されることとなってしまいます。

以上述べたところからすると、死後事務委任契約においては委任者の地位が相続されるとの特殊性を考慮しても、同契約中に設けられた解除権放棄条項は有効であると考えます（もっとも、委任事項が確実に履行されるよう、解除権放棄特約に頼ることなく、事前に相続人に死後事務委任の趣旨等を説明しておくことが望ましいのは言うまでもありません）。

(c) **遺言事項との抵触**　死後事務委任契約では、前述のとおり、遺言事項以外の内容を対象とすることが問題となることはありませんが、逆に、遺言事項を委任事務の対象とすることはできるのでしょうか。具体的には、委任者が、同人の死後、委任者が指定する者に対し生前の謝礼として一定の金銭を支払うことを希望する場合において、遺言書によって遺贈するのではなく、死後事務委任契約を締結することで実現を図ることはできるのでしょうか。

これもあくまで私見となりますが、遺言事項については、法定要件を充たしたもののみが遺言内容に従った法的効果が生じることとされており、法定要件を1つでも欠いていれば、遺言者による遺言はなかったものとして、法定相続分に従った遺産分割が予定されています。このように、遺言については法に厳格な定めがなされていることからすれば、遺言事項について、遺言

ではなく，死後事務委任契約によって実現を図ろうとするのは，遺言法制の潜脱を図るものとしてその効力を容易に認めるべきではないといえます。

そのため，死後事務委任契約の委任事項については，遺言事項以外のものにとどめるべきであって，死後事務委任契約を締結することで遺言事項に該当する内容の実現を図ることはできないと考えます。仮に，遺言事項について，死後事務委任契約による定めと遺言が存在する場合には，遺言が優先するものとし，遺言が存在しない場合であっても，死後事務委任契約が優先すると考えるのではなく，遺産分割協議で取り決められるべきであると考えられます。

(4) 死後事務委任契約の締結方法

死後事務委任契約は通常の委任契約の一種ですので，諾成契約であり，口頭による契約でも契約は成立しますが，通常は，後日の紛争を予防するために，委任者と受任者との間で書面を取り交わします。その書面は，本来私文書で足りますが，死後事務委任契約は，任意後見契約とセットで締結されることも多く，任意後見契約は公正証書によって締結しなければならないため（任後3条），死後事務委任契約も公正証書によって締結されることが多いですし，紛争を回避するためにも公正証書によることが望まれます。

(5) 死後事務委任契約の受任者に対する報酬の確保

民法上，委任契約は無償であっても成立しますが，受任者の負担のもとで委任事務が遂行されるため，多くの場合は，有償となっています。

死後事務委任契約の場合，報酬の支払が前払いであれば，委任者が生存中に報酬が支払われるために，委任者が自身の財産から自由に支出することができます。しかし，報酬の支払が後払い（すなわち，受任事務終了後）であれば，報酬の支払時には委任者が死亡しているため，受任者が当然に委任者の遺産から報酬の支払を受けることができるものではなく，委任者の相続人に対して報酬を請求しなければなりません。そうすると，委任者の相続人において受任者に対する報酬を委任者の遺産の中から支出することについては異存がなくとも，遺産分割協議が難航している場合には，受任者が確実に報酬を確保することができるのか疑問であり，死後事務委任契約の受任者を引き受けることについて及び腰になるかもしれません。

このような事態を回避して受任者が確実に報酬を確保できるようにするためには，報酬を前払いにするほか，例えば，信託の仕組みを使って，委託者を死後事務委任契約の委任者，受託者を委任者が信頼できる相続人，受益者を死後事務委任契約の受任者とするなどして，死後事務委任契約における受任者の報酬相当額を確保することが考えられます。なお，信託の仕組みを利用する際には，受託者として相談した弁護士に依頼したいという考えを持つ場合もあろうかと思いますが，弁護士は業として信託を行うことができません（ケース22，23参照）。

3 まとめ

以上を踏まえて本事例についてあてはめてみますと，死後の手続などに関する事務作業については，遺言に付言事項として記載しても，相続人が遺言者の希望に沿った処理をしてくれるとは限りません。

そこで，遺言とは別に，死後の事務処理を依頼したい者と死後事務委任契約を締結し，死後における希望の実現を確保するためにこの契約の中で死後事務委任契約の解除権放棄条項を設けることが望ましいといえますが，死後事務委任契約の対象については，遺言制度の潜脱とならないよう，遺言事項以外の事柄とすべきです。また，親族が死亡後に反対の意向を示して円滑な履行が進まないことを回避するためには，生前から死後の希望を明確にして理解してもらうことをお勧めします。

なお，死後事務を依頼する者に対しては，報酬が確実に支払われるよう，報酬を前払いにするか，信託の仕組みによって報酬相当額を確保することが望ましいといえます。

【太田　理映】

第5章

医療に関わる問題

case27　医療同意

> 高齢になって老人ホームで暮らすことを考えています。周りを見回しても，食べることができずに，胃ろうをしたり，呼吸がスムーズにできないとして気管切開をしている人を見聞きしますが，自分は，延命措置はしないで逝きたいと思っています。一方で，緩和ケアとして痛みを取る措置は十分にして欲しいと思っています。私には兄が１人いますが30年以上疎遠です。
> 　任意後見契約をして任意後見人に医療同意をしてもらいたいと考えていますが，可能でしょうか。もし，それができない場合にはどのようにしておけばよいでしょうか。

☞ポイント
- □　胃ろう・気管切開
- □　医療同意の必要性
- □　医療現場の運用
- □　自らの意思の表し方について

1　胃ろうや気管切開

　口から食べられなくなった患者に，お腹に小さな穴を開けて，栄養剤をチューブで直接胃に送る「胃ろう」という措置があります。これは，延命措置の一方法であり，療養病床の病院において高齢者では約３割程度の患者が胃ろうの措置を受けているという報告もあります。

　また，長期の人工呼吸管理として，気管切開がありますが，これは，気管を切開し，カニューレと呼ばれるチューブを気管に挿管し，呼吸を確保しようとする施術です。

　いずれも，高齢者（もちろん，高齢者のみならず年令に関係なく，栄養や呼吸の確保として血管から点滴で栄養を入れる経管栄養や胃ろうや気管切開は実施されていますが，本事例では高齢者の場合に限定して検討します）が，身体的に本人の力では栄養補給や呼吸が確保できなくなった場合に医師から，実施するかどうかの意思を尋ねられる延命治療法のうちの代表的なものです。

　一般的にはそのメリット・デメリットに関してよく説明を聞き，患者と家族がよく話し合って決定することが望まれています。

しかしながら、施術の決定をする段階で患者本人が意思を表示できない場合、誰がそれぞれの医療行為に対して同意をするのかが問題となります。

2 医療同意の必要性

　胃ろうや気管切開は、それぞれ身体を傷つける行為であり、刑法における人の身体を傷害するという傷害罪に該当する行為です。したがって、犯罪とならないためには、傷つけられる患者の医療行為であることの認識及び承諾がなければなりません。

　つまり、医療を受けるには、まず、病院等と医療・診療契約を結びますが、具体的な医療行為を受ける段階では、さらに侵襲的医療行為を受けるにつき患者本人がその内容を理解し、同意（手術の承諾等）することが必要になります。この情報を得て同意することは違法性阻却事由と言われ、いわゆるインフォームドコンセントという一面も有します。医師はこの同意がなければ医療行為をすることはできません。すなわち、病名として癌であると診断された場合であっても、本人の同意なくして手術をすることは他人の身体を傷つける行為であって刑法上の傷害罪に該当しますが、本人の同意があるから違法性が阻却され刑法犯ではないということになるのです。

　なお、交通事故にあって生命が危うい場合に、救急車で搬送されて緊急の医療行為がなされることがありますが、これは本人ないし親族に説明し同意を得る時間がないという緊急性を要するという面と、一般的に同意が推測されるという両面から、緊急避難、緊急事務管理等として、違法性ないし責任が阻却されると考えられています。

　かように緊急事態でない場合には、本人がどのような医療行為を受けるのかについて、医療行為について説明を受け（インフォームドコンセント）、了解した上で同意することが必要になるわけです。

　通常、本人が判断能力を有している場合には、本人が同意することが求められています。

　なお、過去には、本人が理解力及び判断力もある場合であっても、重篤な病気の場合に本人にショックを与えないように病名を秘匿し、家族が医療同

意をすることが行われてきました。家族が医療に関する決定権を持っていたとも評価し得ますが、近時は余命が限られる病名であっても可能な限り本人に情報を提供し、どのような医療行為をするのかの選択（自己決定）がなされることが必要であるとの変化があるように思われます。

3 医療現場の運用

(1) 家族の同意

本人に判断能力がない場合には、医療同意権は患者本人の親族にあるというのが一般的な捉え方です。

裁判実務では、交通事故のため意識清明でない患者に対する開頭手術につき、「一般的に、患者の手術が必要であると判断されたときには、まず患者の家族に対し、病状、検査結果、手術をした場合としない場合にそれぞれ予想される今後の経過、手術に伴う合併症等について説明をし、同意を得ることが必要」と判示する高松高裁平成17年5月17日判決（裁判所ホームページ）があります。緊急性など特段の事情がない限り、家族、近親者の同意を得る必要があるとするのが大勢であり、医療現場でもこれが広く承認されてきました（岩志和一郎「医療同意と成年後見」田山輝明編著『成年後見──現状の課題と展望』61頁）。

しかしながら、この家族や近親者による同意を求める法的根拠については明確ではないとも指摘されています。

医療行為の同意は、法律行為の意思表示ではなく、一身専属的な意思表示であるということからすれば、民法上の法律行為について準備されている「代理」という構成には親しみづらく、家族や近親者であるというだけで当然に代理権が存在するわけでもないと考えられます。学説においては、患者本人の近くにいてその意思を推測できる立場にあることや、患者が医療過誤によって死亡した場合に、その父母、配偶者、子は固有の慰謝料請求権を認められる立場にあることを挙げて代理権を説明する見解があります（石川稔「医療における代行判断の法理と家族──誰が代行判断者か」唄孝一＝石川稔編著『家族と医療──その法学的考察』61頁）。

いずれにしろ，親族で，かつ，本人との関係が良好な家族の場合であればその同意の存在が違法性を阻却するといえると考えられますが，反対に関係性が非常に悪い親族や，ほとんど行き来の無かった親族の同意では侵襲的医療行為が認められるためには不充分であると解されます。

ただ，これは，医療関係者からすれば，家族の背景がわからないことが通常であることから，一般的に，親族である場合には，一定の医療同意権が推定されるとして，同意をもらっているのが実態ではないかと思われます。

(2) 成年後見人と医療同意権

本人が判断能力を喪失した場合には，成年後見人は財産管理と身上監護を本人に代わってなし得ることができます（第3章参照）が，医療同意権はないと考えられています（立法担当者の見解。小林昭彦＝原司『平成11年民法一部改正法等の解説』261頁，268頁，269頁）。立法担当者は，「本人が入院し，手術を行う際に，医師が成年後見人に対して手術への同意を求めたとしても，本人に代わって成年後見人が手術に同意する権限は認められず，これに応じる義務もなく，仮に成年後見人が医師に対して同意を与えたとしても，法的には無効である」とされています（小林＝原・前掲268頁）。

任意後見人も法定後見人と同様に医療同意権はないと考えられています（新井誠＝赤沼康弘＝大貫正男編『成年後見制度――法の理論と実務』173頁）。ただ，任意後見人の場合には事前に本人が委任事項を明記しますので，医療として何を希望するかについては，任意後見契約書作成と同時期において，後述の公正証書による文書を作成し，その内容を任意後見人から医師に提示してもらうことが適当と考えられます。

4 具体的な方法

胃ろうは栄養改善をもたらし，気管切開による呼吸の維持も余命の確保には繋がりますが，医療費も必要であり，さらに，24時間の介護が必要であって，介護施設によっては対応できないところも少なくありません。生きているという実感の有無の問題としても高齢者全員に必要な措置かどうかは本人が判断して決定すべき施術であると考えられます。

そこで，延命治療が必要であるかどうかは，本人が親族に伝えておくか，適切な親族がいない場合には書面で予め意思表示をしておくことが望まれます。

　現在では，事前指示書として，延命治療を希望しない旨を書面に明確に表し，できれば公正証書で作成しておくことをお勧めします（■書式参照）。

　具体的には公証役場で，公証人と相談して希望する要望を決めることとなります。

【相原　佳子】

■書式　延命治療を希望しない旨の公正証書

尊厳死公正証書

　私は，私が将来病気にかかり，それが不治であり，死期が迫っている場合に備えて，私の医療に携わっている人に以下の要望を宣言します。

第１条　私の疾病が現在の医学では不治の状態であると医師により診断された場合には，死期を伸ばすためだけの延命措置（胃ろう，気管切開を含む）は一切行わないでください。

第２条　私の苦痛を和らげる処置は最大限に実施してください。仮に，そのために，その副作用によって死亡時期が早まったとしてもかまいません。

第３条　この公正証書は私の精神が健全な状態に有るときに作成したものであり，関係者が尊重してくださることを強く希望します。そして，私のこの宣言を忠実に果たしてくださる方に深く感謝申し上げます。

〔参考文献〕
- 赤沼康弘＝鬼丸かおる編著『成年後見の法律相談〔第３次改訂版〕』89頁（2014年，学陽書房）
- 金川洋「成年後見と医療との関わり」田山輝明編著『成年後見──現状の課題と展望』79頁以下（2014年，日本加除出版）
- 岩志和一郎「医療同意と成年後見」田山輝明編著『成年後見──現状の課題と展

望』55頁以下（2014年，日本加除出版）
・　上山泰「成年後見と医療同意」赤沼康弘編著『成年後見制度をめぐる諸問題』188頁以下（2012年，新日本法規出版）
・　田山輝明編著『成年後見人の医療代諾権と法定代理権』119頁以下（2015年，三省堂）

case28 身元保証

　私は，親族がなく，1人で生活をしてきました。高齢になり，病院や施設に入院・入所する必要が出てきましたが，身元保証人になってくれる人はいません。一般的に病院や施設に入るときには身元保証人がいなければ応じてもらえないと聞きましたので，非常に不安です。

ポイント
- 身元保証
- 医師法等
- 身元保証人を求める実態
- 身元保証等高齢者サポート事業

1　身元保証

　病院に入院したり，介護施設に入所したりする際には，病院や介護施設業者から，親族が身元保証人となるように求められ，当該病院や介護施設との間で身元保証契約を締結することが必要とされることがごく普通に行われています。病院や施設の立場からすれば，このような身元保証人を求めるのは，通常の契約とは異なり，患者になったり，施設で介護を受ける当事者が自らの能力では施設費用や入院費の支払をなし得ない場合，当該病院や施設から退去を求めたい・患者や入居者を引き取ってほしい場合，さらには，死亡したときに，ご遺体や遺留品の処分をして欲しい場合等の対応に困るからです。そして，現状では上記の役割を果たしてくれる人がいない場合には，病院や施設が受入れを拒否するといった事態が実際に生じています。

2　医師法等の定め

(1) 医師法等

　そもそも，医師法は，正当な事由なく診察治療の求めを拒んではならないことを定めています（医師法19条1項）。また，各介護保険施設の基準省令においても，正当な理由なくサービスの提供を拒んではならないことが定めら

れており（指定介護老人福祉施設の人員，設備及び運営に関する基準（平成11年厚生省令第39号）4条の2，介護老人保健施設の人員，施設及び設備並びに運営に関する基準（平成11年厚生省令第40号）5条の2），入院・入所希望者に身元保証人等がいないことは，上記の「正当な事由・理由」に該当しないと考えられます。

したがって，まずは，医師法や介護保険関連の法律の解釈からして身元保証人がいなくとも入院等を拒否できないとの主張が可能であるとして，病院や施設に理解を求めることが必要でしょう。

(2) 実　態

もっとも，法律上は前述のとおりなのですが，身元保証人を求めているという実態があることは否めません（「病院・施設等における身元保証等に関する実態調査報告書」（平成26年10月，公益社団法人成年後見センター・リーガルサポート））。

アンケート調査の結果，以下のような実態が明らかになっています。

① 契約書や利用約款等で身元保証人等を求めている病院は95.9％，施設等は91.3％に達しています。
② 身元保証人等がない場合に入院，入所を認めないとしたものは，病院で22.6％，施設等で30.7％に上っています。
③ 入院・入所中に身元保証人等が不在となったときに，8割以上の病院・施設等が新たな身元保証人等を求めるとしています。
④ 一方で，66.7％の病院及び23.6％の施設等が，身元保証人等がいた場合でも，支払や関わりを拒否するといった理由で問題が解決しなかったことがあると回答しています。

(3) **身元保証人等に求められる事項**

具体的に身元保証人等が求められる事項を検討しますと，

① 入院費・施設等利用料の支払
② 債務（入院費・施設等利用料，損害賠償等）の保証
③ 本人生存中の退院・退所の際の居室等の明渡しや原状回復義務の履行
④ 緊急の連絡先（急変時の対応）
⑤ 本人の身柄の引取り
⑥ 入院計画書やケアプラン等の同意
⑦ 医療行為（手術・予防接種等）の同意

⑧　遺体・遺品の引取り・葬儀

等が挙げられます。

　これらのうち，大きく分けてみると，治療費や施設料金の支払などに関する保証という経済的な問題①，②，③と，身柄や遺体・遺品の問題⑤，⑧，さらには医療行為等に関する判断及び緊急時の対応が求められる問題④，⑥，⑦があると考えられます。

　もっとも，前記報告書や日本弁護士連合会が病院や介護施設に依頼して取得したアンケート結果によりますと，身元保証人として契約を締結していたケースであっても，前記①から⑧までについて，実際の履行がなされたかとの質問には相当の割合で履行がなされなかったという報告があったようです。

　ちなみに，成年後見人であれば，自らが保証することとなる①，②と，医療同意の⑦は不可能です（もちろん，成年後見人が親族等の場合経済的な意味での保証をすることはあり得ますが，それを期待できない場合の問題を本事例は検討しています）が，被後見人（本人）の代理人としてであれば，③から⑥については法律行為や一部事実行為として履行することは可能と考えられます。

　なお成年後見人に関して，⑧のうち遺体を引きとり火葬することは平成28年成立の成年後見の事務の円滑化を図るための民法及び家事事件手続法の一部を改正する法律において家裁の許可のもと可能になっています。

3　身元保証等高齢者サポート事業

(1)　身元保証等高齢者サポート事業

　かような実態の中で，そもそも早期に親族がいない人だけでなく，高齢になるに従い，兄弟姉妹も頼れなくなるという事態は多くの人に考えられる状況です。適任の親族がいない人がどのように対応すべきかについては，誰しもが考えておくべき課題ですが，最近身元保証等高齢者サポート事業を利用する人が増加しています。

(2)　サポート事業

　昨今，入院や施設入所等において，前述のような身元保証人が求められることから，現在，身元保証等高齢者サポート事業が展開されています。一定

金額を預託し、入院や施設入所においての身元保証人や死後事務委任を受任するという事業であり、特段の資格制限等はないことから民間の高齢者サポート事業が非常に増加しているようです。

ただ、その大手の一角を占めていた公益財団法人「日本ライフ協会」が2016年3月に内閣府から公益認定の取消しを受け、破産するといった事態が生じました。また、それぞれの事業者が受託業務を適切に実施しているかどうかについては、当事者が高齢になり、頼るべき人がなく、自らは法律行為等が不可能となった後の業務を委託していることから確認をとることは難しいといわざるを得ません。最初から同事業者に問題があるといい切ることはできませんが、身元保証等サポート事業を業務とすることに上記のとおり、特段の制限はないことから、信頼できる業者かどうかを見極めることは非常に重要です。

(3) 担当省庁の施策

信頼に足る業者かどうかを見極めるためには、サービス業者の正確な情報が必要です。そのためには、消費者庁、厚生労働省及び国土交通省は、消費者が安心して身元保証等高齢者サポートサービスを利用できるよう、サービスを選択するに当たり有用と思われる情報提供を積極的に実施すべきと考えます。

特に、身元保証等高齢者サポート事業においては、契約内容が複雑になりがちであり、サービスの履行状況の確認が困難であること、事業者に費用を預託する契約形態となることなどから、消費者被害防止のためには、消費者に対し、こうしたサービスを適正に選択するために十分な情報が提供されなければならないと考えられるのです。具体的には、①費用は合計でいくらかかるのか、②預託金の管理は誰が担当するのか、③途中解約は可能なのか、④寄付を要求されることはないのか等がわかりやすく明示されるべきです。

現時点では、必ずしも、これらの情報が適切に提供されているとはいい難い状況ですので、大きな金額を預託する契約についてはより慎重な検討、例えば契約を締結する前にもよりの法律相談窓口にて契約内容を確認してもらうなどの対応が必要です。

4 他の制度の利用

　親族など頼れる人がいない場合に備え，適切な専門職や団体に依頼しておくことが考えられます。この場合にも，当該専門職や団体に対して，監督機関が制度化され，さらには，何らかの問題が生じた場合の保険制度が備えられているかどうか，実際に，適切な人材が担当しているかどうかなど，時間をかけて見極めてもらいたいと思います。

　前述のとおり，法律的には身元保証人が不在でも医療や介護を受けることは可能ですから，適切な専門職が担当することができれば，必ずしも入居費用や入院費用について，病院や施設との間で第三者の保証契約が締結されなくとも理解してもらうことは可能です。受任者が不測の事態の連絡先になったり，死後事務委任として逝去した場合等の対応をとることもできると説明することによって，入院や施設の入居等も可能となります（財産管理契約や任意後見契約（ケース13，17参照））。

　現在，地域によって施設や病院の対応も異なると思われますが適切な人がいないとして，入所や，入院を拒否された場合には，各地の弁護士会，公益社団法人成年後見センター・リーガルサポート（司法書士），公益社団法人権利擁護センターぱあとなあ（社会福祉士）に相談してみていただきたいと思います。

　ただし，医療同意については，前記のとおり現在の法制度の中では明確な指針が出されてはいませんし，成年後見人には医療同意権はないとされています。そこで，延命措置を望まない等，医療に関する主張がある場合には，あらかじめ公正証書等で示しておいて，身元保証人に就任することは難しくとも，医師等に開示してくれる人を準備しておく必要はあると思われます。

【相原　佳子】

〔参考文献〕
- 赤沼康弘＝池田恵利子＝松井秀樹編集代表『Q＆A成年後見実務全書(3)』（2016年，民事法研究会）910頁〔春日みゆき〕，『同(4)』（同）1663頁〔松井秀樹〕
- 「特集 身元保証等生活サポート事業の現状と課題」実践成年後見65号（2016年，民事法研究会）

第6章

死後の葬儀，埋葬先，菩提寺との関係

case29 承継者がいない場合

　私は1人暮らしで，子どもはいません。また，親類縁者もいなくなりました。私が亡くなった後には，先祖代々の墓に入るつもりですが，その墓を守る人はいないことになります。
　将来墓を守ってくれる人がいないことから，先祖代々の「墓じまい」をする場合にはどのようにすればよいでしょうか。

☞ポイント
□ 墓の共有　　　　　　　　　□ 墓の整理と永代使用権
□ 親族のいない墓の承継

1　墓の承継

　子どもや孫など承継者がいない人は，自分が死んだ後に墓を誰に守ってもらえるのか，先祖代々の墓をそのままにしていていいのかが，とても心配であろうと思われます。自らの死後に墓を守っていくことができない場合にはどうしておけばよいのかは，終活として考えておかなければならない問題です。

2　墓地使用権の内容・法的性質

　法律上，墓地使用権の意義を明示的に定めた法律等規定はありません。ただ，判例等を集約すると，墓地使用権は，①特定区画の中に墳墓を設置し，遺骨・遺品等を埋葬・埋蔵することができ，かつ，当該特定区画に至るまでの通路を通行することができる権利であり，②墓地が永続的に承継されて行くべきであり（永久性），また墳墓は簡単に移転することができない（固定性）ことから，永久性及び固定性が認められる，とされています（遺言・相続リーガルネットワーク編著『お墓にまつわる法律実務』62頁他）。

　墓地の類型は多様であり，墓地の使用に関する事情は事案によって異なってくるため，墓地使用権の具体的な内容は，墓地の類型を中心に墓地使用に

関する契約・規則の有無と内容，条例，慣習，社会通念及びその他の個別事情に応じて判断されることになります。

ただし，承継者がいない場合には，誰が維持していくこととなるのか，維持していけない場合には将来的にどのような事態になるのかを知っておく必要があります。

3 墓地区画の所有者と墳墓の所有者の関係

墓地区画の所有者が誰で，墳墓の所有者が誰かであるかによって，その後の墳墓の管理，つまり墓じまいのやり方が異なってきます。

墓地区画の所有者と墳墓の所有者が同じ場合には，土地所有権の一内容として墓地使用権を捉えればよいのですが，現在，この形態の墓地はあまりないと思われます。

墓地区画の所有者と墳墓の所有者が異なる場合には，墓地区画の所有者と墳墓の形態に応じて，墓地，埋葬等に関する法律，契約，規則，条例，慣習，社会通念を踏まえ，墓地使用権の具体的内容を考えなければならないでしょう。

(1) 寺院営墓地使用権

寺院が墓地を所有し，寺院と檀信徒契約を締結した者に対して，墓地使用権を認める場合の類型です。原則として自宗派の檀信徒にのみ使用権を認める類型であり，寺院との関係や慣習が優先されます。

(2) 公営墓地使用権

地方公共団体により墓地が経営されている場合の類型です。この類型の使用権は，条例及び条例施行規則の定める手続に従うことになります。

(3) 集落営墓地使用権等の場合

そのほか，集落営墓地使用権の場合や霊園墓地使用権等があります。いずれもそれぞれルールに則って使用していますので，承継者がいない場合の対応もそれぞれの規則や，慣習等に則っていわゆる「墓じまい」の手当てをすることになります。

したがって，まず，先祖の墓がどの形態の墓地使用権であるかを確認して

ください。

墓じまいについて

(1) 背　景

核家族化・超高齢化社会が進み，先祖代々の墓を末代まで一族全体で守るという意識は薄れ，墓じまいのニーズが増加しています。また，遠方にある先祖代々の墓を自らが管理することが困難になった，承継者が不在である，若しくは，子どもと疎遠であったり，子どもに負担をかけたくない等の理由で墓じまいを考える人が増えてきました。

墓じまいの方法としては，一般的に墓に納められている遺骨を取り出し，永久的な埋蔵ができる場所に移転することが考えられます。したがって，墓じまいを行うには，まず納められている遺骨を取り出すことが必要になりますが遺骨の取出しについては法律上の手続と墓地や霊園の規則によって定められた手続の双方を確認する必要があります。

(2) 法律上の手続

(a) 遺骨を新たに他の墓地や納骨堂に納める場合　　墓に埋葬されていた遺体や遺骨の全部を他の墓ないし区画に移すことを「改葬」といい（墓埋2条3項），一定の手続が必要となります。墓じまいとしては，承継者（墓じまいをする人）が墓地や納骨堂への移葬をすることになります（散骨についてはケース30参照）。なお，この場合には移す先の墓地等の使用許可が必要となります。

(b) 永代供養墓への納骨　　近年，核家族化や家族間の変化などを背景として，祭祀承継を前提としない「永代供養墓」と呼ばれる墓が増えています。呼称は，「永代使用権」と似ていますが，永代供養墓は，祭祀承継者がいない場合などに，墓地の管理者が祭祀承継者に代わって供養を行うというものです。初めから合祀するものから，個別に納骨して一定期間経過後に合祀墓に移すものまで，多様です。永代使用権の場合には，祭祀承継者によって先祖代々のお墓として法要等が執り行われることが前提とされるため，祭祀承継者がみこめない場合には寺院から永代使用権の購入を拒絶される場合や約

款規定によって購入できない場合があります。しかし，永代供養墓の場合には，祭祀承継者が存在しない場合であっても購入することができます。

(c) **期限付きの墓地使用権**　また，近時永代供養墓に類似したものとして，期限付きの墓地使用権という形態も見られるようになりました。こちらも祭祀承継者を前提としないタイプですが，個別に納骨し，一定期間経過後に合祀墓に移すタイプが多いようです。

永代供養墓と似ていますが，永代供養墓も期限付きの墓地使用権も明確な定義のある概念ではありません。したがって経営主体によって内容が異なりますので，名称で判断してしまうことなく契約の際には十分に説明を受けた上で購入することが必要です。

(3) **墓石の処分**

墓じまいに当たっては，業者に処分を依頼するのが通常であり，見積もりをとって，相場相当の処分費用を準備しなければなりません。なお，近時，墓石を産業廃棄物として遺棄していたというニュースもありましたので，業者の選定には注意を要します。

(4) **問　題　点**

墓じまいに当たっての典礼方式のトラブルや離檀料のトラブルなどがあります。特に，寺院墓地の場合，墓じまいに当たって，離檀することになると，高額の離檀料を寺院側から請求されるトラブルがあるようです。まずは当該寺院との檀家契約や墓地使用契約の契約書や約款を確認してください。書面がない場合，従前，当該寺院で離檀の際にどのような扱いが行われてきたのか問い合わせるなどして調査する必要があります。

また，過去に支払った永代供養料は，多くの場合，返還を予定していない金員であり，途中で，改宗するから返金請求したいという要望は認められない可能性が高いと考えられます。離檀の場合と同様，事前に契約等を確認する必要があります。

【相原　佳子】

〔参考文献〕
・遺言・相続リーガルネットワーク編著『お墓にまつわる法律実務』（2016年，日本

加除出版)
- 平田厚ほか『お墓の法律Ｑ＆Ａ〔新版〕』(2000年, 有斐閣)
- 梶村太市『裁判例からみた祭祀承継の審判・訴訟の実務』(2015年, 日本加除出版)
- 生活衛生法規研究会監修『逐条解説 墓地, 埋葬等に関する法律〔新版〕』(2012年, 第一法規)

case30　葬儀としての散骨

　私は1人暮らしをしており，近くに親戚もいません。私は死亡した時には，自分の葬儀にはお金をかけてほしくないですし，友人に散骨するように依頼しておきたいと思っています。
　具体的にはどのようにすればいいでしょうか。

☞ポイント
- ☐ 葬儀方法としての散骨
- ☐ 関係する法規
- ☐ 具体的な方法（散骨）
- ☐ 死後事務

1　葬儀及び納骨としての散骨

　自然葬として，散骨を実施するに際しては，墓地，埋葬等に関する法律（以下「墓埋法」といいます）違反及び刑法の死体損壊等罪（刑190条）等に該当するのではないかが問題となりますが，その方法，場所について十分に配慮し節度をもって行われる限り，いずれの方法も認められると考えられています。

　ただ，条例によって散骨を禁じている地方公共団体もありますので，散骨を実施するに際しては事前に確認すべきでしょう。

　また，葬儀を執り行う親族がいない場合には，葬儀を執り行ってくれる人に委任しておく必要があります。

2　散骨に関係する法規（法律に違反するか）

　火葬して焼骨を墓に納めるのではなく，海や山に遺灰を撒く，いわゆる「散骨」をする場合には，埋葬について定める墓埋法及び遺骨の損壊，遺棄等を罰する死体損壊等罪（刑190条）に違反しないかを検討する必要があります。

　墓埋法は，「埋葬又は焼骨の埋蔵は，墓地以外の区域に，これを行つては

ならない。」(同法4条1項)と定めています。「埋蔵」については同法上，明確な定義はありませんが，「墳墓」を「死体を埋葬し，又は焼骨を埋蔵する施設をいう。」(同法2条4項)と定義し，「埋葬」が「死体(妊娠4箇月以上の死胎を含む。以下同じ。)を土中に葬ることをいう。」(同法2条1項)と定義されていることからすれば，「埋蔵」とは「焼骨を土中に葬ること」と考えられます。

したがって，墓埋法は，焼骨を土中に埋蔵する場合には，墓地以外の区域に行ってはならないと定めていると解釈できます。

そこで，墓地以外に焼骨を埋蔵するのではなく，焼骨を細かく砕いた遺灰を海や山に撒く「散骨」は，埋蔵するのではないことから，直ちに墓埋法に抵触することはないと考えられています(厚生省生活衛生局，平成10年6月発表「これからの墓地等の在り方を考える懇談会報告書」)。

もっとも，散骨のやり方次第では，墓埋法4条により禁止される，墓地以外の区域での「焼骨の埋蔵」に該当してしまう可能性があります(平16・10・22健衛初1022001号厚生労働省健康局生活衛生課長回答参照)。

また，刑法190条は，「死体，遺骨，遺髪又は棺に納めてある物を損壊し，遺棄し，又は領得した者は，3年以下の懲役に処する。」として死体損壊等罪を定めています。同罪の保護法益は，国民一般の宗教的感情，健全な宗教的風俗と考えられており，同罪の保護法益からすれば，遺族等が故人の意思等に従って遺骨を散骨する行為は，それが相当な方法及び場所で行われる限りにおいては，同罪を構成するものではないと考えることができ，同条に違反する行為とはいえないのではないかと考えます。

3 散骨の具体的な方法(留意点)

このように「散骨」そのものは，それが相当な方法及び場所で行われている場合には，法律により禁止されるものではないと解されますが，相当な方法及び場所であることが非常に重要になってきます。人骨に対する感情は人により様々であり，散骨の方法，場所によっては，水産物や農産物への風評被害や土地所有者・近隣住民とのトラブルになることもあるからです。散骨

をする際には，その方法，場所，承諾なくして他人の所有地に撒かない，近隣の住環境，自然環境に配慮することが必要です。

また，このようなトラブルを防止するため，条例で散骨を禁じている地方公共団体があります。例えば，埼玉県秩父市では，「何人も墓地以外の場所で焼骨を散布してはならない。ただし，市長が別に定める場合は，この限りではない。」(秩父市環境保全条例36条) として，原則として散骨を禁止しています。北海道長沼町も同様です。また，市長の許可を必要とする条例を諏訪市，岩見沢市，御殿場市，本庄市等で定めています。東京都福祉保険局は，散骨について，「海や川での散骨では，水産物などへの風評被害が生じるおそれがあります。また，山での散骨では，土地所有者や近隣の人とのトラブルが生じた例，撒かれた骨を目にした人からの苦情や農産物への風評被害のおそれがあります。こうしたトラブルが生じないよう，人々の宗教的感情に十分に配慮することが必要です」という見解をホームページ上で示しています。

したがって，自分が気に入っている場所であるからといって，その場所での散骨が可能とは限りませんので特定の場所を指定するのであれば事前に可能かを確認する必要があります。また，時間の経過によって当該場所が禁止される可能性もありますので，最終的には，当該場所が不可能な場合には受任者に一任するという定め方も考えておくべきでしょう。

4 死後事務

親族がいないか，いても疎遠である場合，老後の準備や死亡後の葬儀や火葬，埋葬等を第三者に任せることができるのかが不安だと思われます。

死亡によって相続が発生し，法定の相続人が財産等を相続することとなります (民889条1項) が，葬儀や埋葬等について希望がある場合には信頼できる第三者に委任する契約を締結しておくこととなります (ケース26参照)。

委任契約は，委任者又は受任者の死亡により終了するとされていますが (民653条1号)，同規定は任意規定と解されているため (最判平4・9・22金法1358号55頁)，委任者の死亡後も効力が生ずる委任契約を締結することは可能

です。

　ただし、委任契約は解除が自由にできるため（民651条1項）、委任者の地位を相続した相続人が、死後事務委任契約を解除してしまうおそれがあります。そこで、相続人による解除を防ぐべく、解除権を放棄する旨の特約をつけておくことも検討されてよいでしょう。

　なお、上記契約と併せて、自らの判断能力の低下時に備えて任意後見契約を締結するほか、亡くなった後の財産の処分等を決めておくために遺言書を準備することも、1人で生活している人には必要なことです（委任契約書についてはケース26参照）。

5　死後事務に関する定め・死亡届・遺体の引取り

　死後事務に関する委任契約を締結した場合でも、実際に委任者が亡くなったときは、その方の死亡届は、死亡届義務者、同居の親族やその方が入院していた病院の病院長等が行うこととなります。

　戸籍法87条は、死亡届の順序として、①同居の親族、②その他の同居者、③家主、地主又は家屋若しくは土地の管理人と定めており、同条2項では、同居の親族以外の親族、後見人、保佐人、補助人及び任意後見人も、これをすることができると定めています。したがって、死後事務に関する委任契約の受任者は、同時に任意後見契約における後見人である場合は別として、そうではない場合、死亡届出を行うことができません。

　そのため、実務では、亡くなられた方が入院していた病院の病院長が死亡届の届出人となることを承諾している場合に、「家屋の管理人」として届出をする例が少なからずあるようです。そして、病院長等から死亡届出書が役所に届け出られるとともに、死後委任に関する契約の受任者が遺体を引き取り、本人の依頼の内容に沿った埋葬をすることとなります。

　そこで、終活としては、周りにいる人達に死後事務に関する委任契約の存在を知らせ、自宅の中に緊急連絡先と指示書をわかりやすく保管しておくなどの工夫が必要でしょう。

6　その他の留意点

　近時は具体的な実施については業者やNPO法人が取り扱っていますので，事前に具体的な場所（海，山，思い入れのある場所があればその指定）や散骨の方法，さらには依頼したい第三者（業者やNPO法人）を指示しておくことがよいと考えられます。特に，火葬にした際に骨を少量のみとり，散骨がしやすいようにするという極めて具体的な対応も葬儀を委託する受任者に知らせておくことをお勧めします。

【相原　佳子】

〔参考文献〕

- 遺言・相続リーガルネットワーク編著『お墓にまつわる法律実務』（2016年，日本加除出版）
- 平田厚ほか『お墓の法律Ｑ＆Ａ〔新版〕』（2000年，有斐閣）
- 梶村太市『裁判例からみた祭祀承継の審判・訴訟の実務』（2015年，日本加除出版）

case31　実家の墓への埋葬等

自分が死んだら，夫が埋葬されている墓ではなく，実家の先祖代々の墓に入りたいと思っています。嫁ぎ先の墓ではなく実家の墓に入ることができるでしょうか。なお，改宗している場合にも従来の寺院の墓に入ることはできますか。

☞ポイント
- □ 墓地の種類と法的性質
- □ 埋葬の場所の決定権者
- □ 結婚後も実家の墓に入れるか
- □ 宗教と墓
- □ 遺骨を実家の墓に入れてもらうにはどうすればよいか

1　墓地とは

(1)　墓地の種類と権利（法的性質）

墓地は，①帰属主体を基準にすると公有墓地と私有墓地，②経営主体を基準にすると公営墓地，寺院墓地，民営墓地，③使用者の範囲を基準にすると共葬墓地（合同墓地）と非共葬墓地（個人墓地）に分けられます。

墓地自体はもともと宗教的・慣習上の聖域で，経済的に生産性を持たなかったため，私的所有の対象とされるのではなく，寺院や公共団体に墓地所有権が属していました。そして，戸主が墓地の地上権又は借地類似の権利を持っていることが多く，一般的に改宗することや墓地が家に属するというものでもないことから，実際にも賃貸借類似の権利や，慣習的用益物権，永久性を有する賃借権類似の権利等が主張されてきました。（森茂『日本の葬送・墓地――法と監修』165頁以下他）。

そこで，明治民法（明治29年法律89号）は，土地の利用形態を整理する際に公示の原則を重視し，民法175条の権利の類型化（物権法定主義）をした結果，墓地に関しては，複雑な墓地使用の慣行を組み込むことが困難であることから，明治民法987条の祭祀承継制度の法案審議の過程で，民法ではなく特別法に委ねることが選択されました。

現在，墓地について定めている法律は，「墓地，埋葬等に関する法律」(以下「墓埋法」といいます)であり，この中で，墓地という用語が用いられており，遺体を埋めたり遺骨を埋めたりできる地域のことをいいます。なお，霊園というのは，法律上の用語ではなく一般的な呼称です。また，墓の承継については民法，墓の税金については相続税法によってそれぞれ定められています。また，違法な埋葬等については刑法によって処罰されることもありますし，墓の経営等に関する法律としては，宗教法人などの法律があります。

(2) 墓に対する法律上の規制

墓について，上記の墓埋法は墳墓と呼んでおり，そこでは，「死体を埋葬し，又は焼骨を埋蔵する施設」(墓埋2条4項)としています。死体を埋葬するのが土葬であり，焼骨して埋蔵するというのが火葬です。遺骨を埋蔵する場所について，「墓地以外の区域に，これを行つてはならない」(墓埋4条1項)とされており，遺体の埋葬や遺骨の埋蔵は墓地にしかできないのです。そして，墓地とは，「都道府県知事……の許可を受けた区域」(墓埋2条5項)で，墓地を「経営しようとする者は，都道府県知事の許可を受けなければならない」(同法10条1項)とされていますから，自宅の庭に遺体や遺骨を埋める墓を作ることもできません(自然葬については**ケース30**参照)。

納骨堂について墓埋法は，「他人の委託をうけて焼骨を収蔵するために，納骨堂として都道府県知事の許可を受けた施設」(同法2条6項)と定めています。なお，自宅に身内の遺骨を安置させる場合は，他人の委託を受けているわけではありませんから，法的には特段問題はありません。

2 埋葬場所等の決定権者

墓をいつどこに建てるか，遺骨をどこに埋葬するかについては，遺体や遺骨の処分権者が最終的に決めることになります。

では，誰が遺体や遺骨の処分権を持つかですが，自分のことは自分で決めることができ(憲13条)，民法も遺産や祭祀財産について死者の処分権が認められていますので(民964条・897条)，本人が自分の遺体や遺骨の処分権者であるとも考えられます。しかしながら，遺骨になって処分される時には本人

が生存していないことから，祀ったり，葬送したりすることは実際的には遺族らが決定することになります。相続問題においては遺骨の取合いも珍しいことではありません。ところが，民法には，正面から遺体や遺骨の処分権者を定める規定はなく，遺体や遺骨については祭祀財産としてあげられていませんが，礼拝や供養などの祭祀の対象になるものですから，祭祀財産に準じて，祭祀承継者がその所有権を持つと考えられます（東京高判昭62・10・8判時1254号70頁）。そして，誰が祭祀承継者となるかですが，祭祀承継者は，まず，死者本人が定め，本人が定めなかったときは慣習により定められ，慣習が不明の時は裁判所がこれを定めます。祭祀承継者については，必ずしも家族でなくともなり得るというのが判例です。

3 婚姻後も実家の墓には入れるか

(1) 夫婦は同じ墓に入るべきなのか

夫婦は民法上「同居」の義務があります（民752条）が，それは，あくまでも生存中の問題です。死後夫と妻がいかなる墓に入るかについては，特に制約はなく，それぞれの実家の墓に別々に入ることについては法律上は何の問題もありません。

(2) 姓が異なっても実家の墓に入ることができるか

実家の墓に入る場合には，夫や妻自身が永代使用権者でない限り，実家の墓の永代使用権者の永代使用権に基づきお墓に入れてもらうことになります。この場合に，婚姻により実家と姓が変わってしまった場合でも実家の墓に入れるのかが問題となります。

まず，各墓地が定めている墓地使用規則等により遺骨を埋蔵できる者の範囲を制限していないかを確認する必要があります。墓地に埋蔵・収納することができるのは，原則として墓地使用権者の親族の遺骨に限ると規定されているとすればその範囲に制限されます。ただ，本事例の場合，実家の墓に関しては，結婚して名字が変わった家族に関しては血族であることに変わりはないことから同じお墓に遺骨を埋蔵することは問題ないと思われます。

しかし，その他の場合，例えば，内縁関係にある者や，友人については規

則上は不可能ということになります。

　ただ，重要なのは，祭祀承継者である墓地使用権者が了解しているかという点です。

　法律的には，墓地の使用権者は，埋葬，埋蔵等の求めを「正当な理由」がない限り拒めないとされており，単に姓が異なるというだけでは，拒絶する「正当の理由」には当たらないと考えられますが，墓地使用権者である祭祀承継者は墓地の維持のために寺院に使用料や相応のお布施等をして貢献していることから，寺院（墓地所有者）としては埋葬を了解し得ても，墓地使用権者の意思に反して埋葬することは難しいと考えられます。

　氏が異なる実家の墓に納骨してほしいという希望があるのであれば，祭祀承継者の指定や墓地使用権者（同じ人の場合あり）に事前に了解を求めておくことが適当でしょう。

4　宗教と墓

　宗派を問わない民営の墓地や公営墓地の場合には，宗派によって埋葬拒否ができないのは明らかです。

　寺院墓地の場合には問題があります。寺は，信仰のため，信者である檀家のために墓地を経営し埋葬を行ってきました。寺院墓地では，その寺院の墓地使用権者になるためには通常当該寺院の檀徒となることが必要とされているのが一般的です。その背景には歴史的な経緯（江戸時代に徳川幕府がキリシタン禁制目的によりすべての者がいずれかの寺院の檀家であることを檀那寺に証明させた寺請制度を採用し，宗門人別帳を一種の戸籍制度として用いたことから，寺院では，その寺院に帰依する檀徒のみが埋葬されてきました）及び寺院の信教の自由（憲20条）があり，寺院には信教の自由がありますから，檀信徒のみに墓地の使用を認めるとすることは法的には違法ではありません。

　当初は檀家であったが，改宗し，その後檀家ではなくなった人のために埋葬を行うことができるかについては，問題があります。寺院の信教の自由を理由として埋葬できないという主張もありましたが，津地方裁判所は昭和38年6月21日の判決で，「寺と檀家との間の関係においては，檀家は墓に先祖

代々の遺体や遺骨が埋められ，それを祀っていくことが想定されており，檀家は，寺の土地を墓地として利用する関係は永代に渡って継続されるものと考えられている。そこで，その使用は永久に続くものとしていたと考えられることから，改宗したことを以て埋葬の拒否をすることができないが，寺院墓地管理者は自派の典礼施行の権利が害されることを理由にこれを拒むことができる。この理由による拒絶は墓地埋葬法13条にいう拒絶できる正当な理由に当たる。」という趣旨の判断を示しました（判時341号19頁）。

この判例の趣旨は「墓埋法10条により，誰でもが自由に墓地を経営することができるわけではないこと，墓地以外での埋葬が制限されていることから，墓地経営者は檀徒が改宗したことによって埋葬を拒否することは原則的にできないが，埋葬者は，寺と違った式典の埋葬を求めることはできない」ということになります。

上記の判例は新興宗教教団の会員が，浄土真宗本願寺派の寺を訴えた事案ですが，さらに，無典礼の方式による遺骨の埋蔵をするということに対して寺院が拒否できるかについて，宇都宮地裁平成24年2月15日判決（判タ1369号208頁）では，「寺院は異なる宗派の典礼を行うことを拒否できるに過ぎない」と判じています。

5　埋葬場所を決めるのは

自分で自分の遺骨の埋葬場所を指定する方法にはどのようなものがあるでしょうか。遺言書で自分の遺骨を入れるお墓を指定しておけば，法律上の効果があるでしょうか。

遺言書の中に，「自分の遺骨は○○家の墓に入れてください。」とか「自分の遺骨は○○家には決して入れないようにしてください。」と記載していたとしても，必ずそれに従って納骨してもらえるとは限りません。民法は遺言で定め得る事項を規定していますが，遺骨をどこに入れるかについては，遺言で定め得る事項とはしていません。したがって，遺言書に記載しても遺言執行者を拘束するものではありません。

もちろん，遺族などが遺言書に書かれていることを尊重して遺言書どおり

にしてくれることもありますが，そのとおりにされなくとも，遺言執行者は法律的にその変更を求めることはできません。

　生前の自己の希望どおりに遺骨を納めてもらうことは難しいのですが，強い希望を持っている人は，希望を受け入れてくれる人を，祭祀承継者に遺言で指定しておけば（民897条），その人が遺骨の納骨についても決定権を持つことになりますので，意思を尊重してくれる可能性は大きいでしょう。

　最も効果的な対応としては，負担付遺贈や死後事務委任契約（民653条1号）を締結して，受任者に対して葬儀や埋葬について委任しておくことが適当と考えられます（ケース25，26参照）。なお，民法653条1号は，「委任者又は受任者の死亡」を委任の終了事由に規定していますが，これは委任は委任者と受任者の信頼関係に基づくことを理由とするものです。死後事務委任は委任者の死亡後も契約を終了させない旨の合意があり，このような合意は民法653条の趣旨に抵触するものではなく有効とされています（最判平4・9・22金法1358号55頁）。

【相原　佳子】

〔参考文献〕
- 遺言・相続リーガルネットワーク編著『お墓にまつわる法律実務』（2016年，日本加除出版）
- 生活衛生法規研究会監修『逐条解説 墓地，埋葬等に関する法律〔新版〕』（2012年，第一法規）
- 長谷川正浩＝石川美明＝村千鶴子編『葬儀・墓地のトラブル相談Q＆A』（2014年，民事法研究会）
- 梶村太市『裁判例からみた祭祀承継の審判・訴訟の実務』（2015年，日本加除出版）

第7章

事業承継

第1節　後継者（親族）がいる場合 —— 親族内承継

case32　一人会社の例

　私は，都内で，金属加工業を営む株式会社で代表取締役社長をしており，長男が専務取締役をしています。株主構成は，創業以来，私1人が株主で，いわゆる一人会社です。
　幸いにも業績には恵まれ，50人程度の従業員を抱えています。
　私は，来年70歳を迎えますが，最近では持病の悪化もあり，そろそろ経営を現在42歳の長男に承継させたいと思っています。
　法定相続人は，現在，長男の他に，妻，長女がいます。
　いつ，どのような方法で，長男に会社を承継させたらよいでしょうか。

☞ポイント
- □　後継者に承継させるタイミング（代表取締役・株式）
- □　承継の方法（売買・贈与・遺贈）

1　はじめに

　「中小企業白書」によれば，子どもが後継者となる傾向は減少しているようですが，本事例においては適切な後継者候補がいるケースであり，後継者が経済的及び手続的にスムーズに事業承継できる方法を模索することになります。検討する際には，民法における相続法や，税法（相続税），会社法上の組織再編手続などに留意する必要があります。
　以下，具体的に取り得る手段，それぞれのメリット・デメリット等を紹介します。

2　後継者に承継させるタイミング（代表取締役・株式）

　「事業承継」を完遂するためには，後継者である親族に代表取締役（社長）

の地位を承継させるだけでなく，株式（社員権）も承継させる必要があります。株式を承継させるに当たっては，承継後の事業遂行が円滑にできるよう，可能な限り多く（理想としては100％）の株式を承継させた方が良いでしょう。具体的には，会社法上の決議要件（会社309条等参照）との関係で，3分の2以上，あるいは少なくとも過半数を承継させたいところです。

また，後継者に承継させるタイミングについては，特段法令上の定めはないところですが（少なくとも判断能力に疑義が生じない時期とすることは当然ですが），実務上は，現経営者が60歳代の時が多いところです。ただ，事業承継に当たっては，大なり小なり相応の準備が必要であることは間違いありませんので，その準備については，前述の事業承継が多くなされる年代の60歳が一応の目安になると思われます。そして，現経営者においては，後継者の選択に当たっては，事前に十分に関係者（役員，従業員，取引先，金融機関等）との関係にも留意しながら進めていく必要があるでしょう。

3　承継の方法（売買・贈与・遺贈）

前述のとおり，事業承継は株式も承継させる必要があるところ，株式を承継させる主な方法としては，売買，贈与，遺贈があります。以下が，そのメリット・デメリットとなります。

売買のメリットについては，後継者へ承継する時期を現経営者の任意に選択できる，（贈与等と評価されない対価である限り）遺留分の問題が生じない，デメリットについては，対価いかんによっては後継者の株式取得に係る金銭負担が重くなる，等が挙げられます。

贈与のメリットについては，後継者へ承継する時期を現経営者の任意に選択できる（売買と同様），後継者の株式取得に係る金銭負担がない，条件次第で納税猶予制度の適用がある，デメリットについては，対価次第で後継者の贈与税に係る金銭負担が重くなる，遺留分の問題が生じ得る，等が挙げられます。

遺贈のメリットについては，後継者の株式取得に係る金銭負担がない（贈与と同様），贈与と比べて納税（相続税）負担が相対的に少ない，条件次第で

納税猶予制度の適用がある（贈与と同様），デメリットについては，後継者に承継する時期が不確定の現経営者の死亡（相続開始）時となる，遺留分の問題が生じ得る，これらのことから後継者への円滑な承継に難をきたす可能性がある，等が挙げられます。

　なお，上記のとおり相続税，贈与税等の税金の問題は会社の維持には非常に重要ですから，専門家（税理士）の意見を十分に確認してください。

【矢部　陽一＝政平　亨史】

case33 株主複数の例

　私は，都内で，金属加工業を営む株式会社で代表取締役社長をしており，長男が専務取締役をしています。株主構成は，私が60％，妻が10％，創業時からの従業員らが10％，主要取引先が10％，長男が5％，長女が5％と分散しています。
　現在，50人程度の従業員を雇用し，業績は順調ですが，私が来年70歳を迎えることから，現在40歳の長男に承継させたいと思っています。どのような方法によって，長男に会社を承継させたらよいでしょうか。

☞ポイント
　□　株式が分散している場合の承継の方法

1　はじめに

　歴史のある会社等においては，複数の相続，従業員持株会がある，取引先に株を持ってもらっている等の事情によって，株主が多数人に分散している場合も少なくありません。
　このような場合にスムーズに事業承継させるに当たっては，法的手続を用いない任意の方法と，法的手続を用いる方法があり，いずれを採用するかは，究極的には株主の属性・意向によるところが大なので，これを見極めつつ話を進めていく必要があるでしょう。

2　株式が分散している場合の承継方法

　ケース32のとおり，事業承継は代表取締役の地位の譲渡のみならず，株式も承継させる必要があります。それに当たっては，可能な限り多く，理想としては100％，現実的には，会社法上の決議要件（会社309条等参照）との関係で，3分の2以上，あるいは少なくとも過半数を承継させたいところです。

ただ、会社によっては、株主が現経営者（あるいはごく近しい人）だけでなく、親族、従業員、取引先、金融機関等が一定割合の株式を保有している場合も少なからずあるところです。このような場合、（厳密には事業承継の前後は関係ないところですが、）安定経営の観点から、可能な限り後継者に株式を集約することが必要な場合も少なくありません。

このような場合に株式を集約する方法としては、大きく、任意に譲り受ける方法と、強制的に譲り受ける方法があります。

❸ 任意に譲り受ける方法

まず、任意に譲り受ける方法は、各株主と交渉して、株式譲渡契約を締結する方法となり、この方法ができるのであれば、まずは試すべきものとなります。ただ、この方法の場合、中には、事業承継をしようとする者の足元を見て、高い価格を提示する株主も出てきかねず、そうなった場合に不適正価格で譲り受けてしまうと、他の株主との交渉にも影響を与えかねません。誰を最初に交渉の相手とするのか、事情を理解してくれる人から順次交渉していくなど、慎重に進めることが望まれます。

❹ 強制的に譲り受ける方法

次に、法的手続をとることにより強制的に譲り受ける方法があります。

この方法には、第1に、全部取得条項付種類株式、すなわち、会社が株主総会の決議によってその全部を取得することができる種類株式（会社108条1項7号）を利用する方法があります。この方法は、簡単に説明すると、まず、定款変更を行い、全部取得条項付種類株式と普通株式を発行できるようにし、株主総会決議にて、現存する普通株式を全部取得条項付種類株式に変換する、変換された全部取得条項付種類株式全部を会社が取得する、新たに普通株式を現経営者・後継者に発行する、という流れとなります（ただし、株主総会の特別決議が必要である点は、ハードルがあるところです）。

第2に、会社法上の売渡請求制度を利用する方法があります。これは、会

社法179条から179条の10で規定されている制度で，議決権の10分の9以上を直接・間接に有する株主（特別支配株主）が，いつでも，一方的な請求により強制的に，他の株主に対しその株式を金銭を対価として譲り渡すよう請求する方法となります。ただ，これは先ほどの全部取得条項付種類株式を用いる方法よりも，当該会社の議決権の90％以上の保有が要件ですので（会社179条1項），高いハードルが課された方法となります。

【矢部　陽一＝政平　亨史】

第 2 節　後継者がいない場合 —— M&A の利用

case34　M&A の概要

　私は，東京都内で，建設業を営む株式会社で代表取締役社長をしており，株式は私が全て有しています。
　比較的大手のゼネコンと取引があり，幸いにも業績には恵まれ，100人程度の従業員を抱えており，経営は比較的順調です。
　私は，来年60歳を迎えますが，これまでの人生すべてを仕事にかけて生きてきたことから，家族にもたくさん迷惑を掛けてきました。また，子どもたちはそれぞれ独立して会社員をしており，私の会社を継ぐ気もないので，還暦を節目に会社を誰かに譲りたいと考えています。
　最近では，私の会社のような中小企業でもM&Aというものを利用して会社を譲渡（売却）することができる，経営が順調であればそれなりの値も付く，などと聞きました。
　そもそもM&Aとは，どのようなものなのでしょうか。
　M&Aは，どのような方法，流れで行うのでしょうか。
　売却先は，どのように見つければ良いのでしょうか。

☞ポイント
- □　M&Aによる事業承継の概要
- □　M&Aの手法 —— 株式譲渡・事業譲渡・会社分割
- □　M&Aの流れ
- □　売却先の見つけ方

1　M&Aによる事業承継の概要

　事業承継において，後継者がいない場合には，会社・事業を解散・清算（いわゆる廃業）することもできますが，経営が順調である場合（条件）には，第三者に会社自体を売却，あるいは，事業を譲渡した上で会社を解散・清算すること（いわゆるM&A。M&Aとは，Merger〔合併〕& Acquisition〔買収〕の略で

す）が可能な場合もあります。

　M&Aのメリットとしては，主として，経済合理性の観点からは，経営が順調である場合には，廃業よりも多額の財産を残せる場合が多く，また，社会的な観点からは，雇用関係・取引関係が引き続き継続されること等が挙げられます。

　他方，廃業と比したM&Aのデメリットとしては，M&Aは，ある程度きちんと行う場合には，その実行段階において，仲介者・アドバイザーの選定，契約締結，事業評価，交渉，譲り受け企業の選定，基本合意書の締結，デューデリジェンス，最終契約締結，クロージング等の流れが想定され（事業承継ガイドライン65頁，事業引継ぎガイドライン18～28頁。なお，これらのガイドラインは中小企業庁が策定したものですが，これらのガイドラインを含めて，詳細・最新のものについては，中小企業庁の事業承継に係るウェブページ（http://www.chusho.meti.go.jp/zaimu/shoukei/index.html）を適宜参照すると良いでしょう），相応の手間・時間・費用が発生してしまう点が挙げられます。

　なお，デューデリジェンス（Due Diligence）とは，企業買収に当たり買収しようとする企業が被買取企業の状態を調査することで，資産査定，買収監査と呼ばれることもあります。詳細は後述しますが，デューデリジェンスの実施から得られた情報は，企業を予定通り買収するか否か，どの事業・財産を承継するか，買収金額をいくらにするかといった意思決定の重要な判断材料となります。そのため，法律，会計，税務，労務，技術等の専門知識を必要とすることが多いため専門家に依頼して行われることが一般的です。また，売却先の紹介等をはじめとして，手続に際しては，仲介者・アドバイザー等の専門家を依頼する必要性も高く，相応の手間，時間，手数料等の費用もかかるのです。

　M&Aを選択するか，廃業するかのいずれかによるかは，このようなメリット・デメリットを比較検討した上で決めていくこととなります。

❷　M&Aの手法——株式譲渡・事業譲渡・会社分割

　事業承継におけるM&Aの手法は，主として，株式譲渡，事業譲渡，会

社分割の3つがあります（他にも，合併，株式引受け，株式交換，株式移転等がありますが，中小企業の事業承継においては，あまり活用されていないところです）。

(1) 株式譲渡

株式譲渡は，株式を第三者に売却する手法です（事業承継ガイドライン63頁）。

株式譲渡のメリットは，会社自体はそのままで株主のみが変わるだけなので，簡易・迅速である点，原則として，雇用・取引等の契約関係（ただし，いわゆるチェンジオブコントロール（Change of Control）条項，すなわち，契約において，株主や代表者等の支配権（Control）が変更（Change）することを，当該契約の解除事由や通知事由とする規定がある場合は，その要件・効果をきちんと確認しておく必要があります），あるいは，許認可関係がそのまま維持される点等にあります。

他方，デメリットは，会社自体がそのままであることから，会社が負担する偶発債務・簿外債務があれば，それもそのまま引き継ぐ（残る）ことになります。

(2) 事業譲渡

事業譲渡は，事業（の全部又は一部）を第三者に売却する手法です（事業承継ガイドライン63頁）。

事業譲渡のメリットは，承継対象を取捨選択できる点，株式譲渡の場合と異なり偶発債務・簿外債務の承継を遮断できる点等にあります。

他方，デメリットは，雇用・取引等の契約関係の承継は各相手方の個別同意が必要である点（ただし，実務上は，主要契約のみ個別同意を得て，あとは一方的な通知等で済ませることも少なくありません），許認可が承継されない点等にあります。

(3) 会社分割

会社分割は，会社の事業の一部を切り出してこれを他の会社に売却する手法です（事業承継ガイドライン64頁）。

会社分割のメリットは，分割計画書（新設分割）・分割契約書（吸収分割）において承継対象とされた契約関係については各相手方の個別同意が不要である点（特に契約関係が多数の場合は，このメリットが大です。なお，チェンジオブコントロール条項については，株式譲渡の場合と同様のことが当てはまります），承継対象を取捨選択できる点等にあります。

他方，デメリットは，法的な債権者保護手続等が予定されているため相応の時間を要する点，許認可が原則として承継されない点等にあります。

3 M&Aの流れ

M&Aの流れとして想定されている，仲介者・アドバイザーの選定，契約締結，事業評価，譲り受け企業の選定，交渉，基本合意書の締結，デューデリジェンス，最終契約締結，クロージング等（事業承継ガイドライン65頁，事業引継ぎガイドライン18～28頁）は以下のような手続・内容です。

(1) 仲介者・アドバイザーの選定

売却先にアテがある場合以外は，売却先を探すために，仲介者・アドバイザーを選定することが一般的です。

仲介者・アドバイザーとしては，民間のM&A専門業者，金融機関，士業等専門家等が存在します。

仲介者・アドバイザーに対しては，会社の秘密情報を提供することとなるため，自社の情報提供を行う前において，秘密保持契約は締結しておくべきです。

また，仲介者・アドバイザーによって，業務内容，報酬金額，得手不得手もまちまちなので，目的に見合った仲介者・アドバイザーを選ぶべく，複数の話を聞き比較検討した方が良いでしょう。仲介者・アドバイザーを探す簡便な手段としては，まずは取引先金融機関に相談してみるのも良いでしょう。

(2) 仲介契約・アドバイザリー契約の締結

複数の仲介者・アドバイザーから話を聞き比較検討した後，（基本的には，1者と）仲介契約・アドバイザリー契約を締結することとなります。

仲介契約は，文字通り，譲渡側と譲受側の間に立って中立・公正な立場から助言を行う契約です。メリットは，交渉を円滑に進めやすい点，デメリットは，中立・公正性に疑義が生じやすい点にあります。

アドバイザリー契約は，譲渡側又は譲受側の一方に立ち，その利益を図る立場から助言を行う契約です。メリットは，アドバイザリー契約を締結した契約者の意向を反映する方向で動いてくれる点，デメリットは，相手方の動

きが見えづらい分時間を要する傾向にある点にあります。

　いずれとするかは案件の性質によるもので一概に決められませんが、複数者の話を踏まえた上で、自身の目的に合った仲介者・アドバイザーを選ぶ必要があります。もちろん、その分費用（通常は対価の数％程度となるでしょうが、ケースバイケースによるところが大となります）は掛かりますが、仲介者・アドバイザーを両方付けることも可能です。

(3) 事業評価

　仲介契約・アドバイザリー契約を締結した後は、一次的に、仲介者・アドバイザーにおいて、会社関係者との面談や、各種資料、現地調査等の上、譲渡側の事業を（金銭的）評価することとなります。

　都合の悪いことを隠していたとしても、後でデューデリジェンスをすれば発覚することとなり、また、債務不履行（表明・保証違反）の問題にもなりかねないので、表現の仕方は工夫が必要ですが、基本的な情報は包み隠さず開示するようにしましょう。

(4) 譲り受け企業の選定

　仲介者・アドバイザーは、事業評価をしつつ、譲受候補先の当たりを付けていくこととなります。

　ここにおいて、もし強い要望（雇用関係の維持、承継資産の選別等）があれば、仲介者・アドバイザーも基本的には譲渡側の意向を踏まえて進めるので、事前に仲介者・アドバイザーに明確に伝えておくことが重要です。

(5) 交　　渉

　譲り受け企業の選定が進めば、相手方との間である程度具体的な条件の交渉に入っていくこととなりますが、中小企業においては、M&Aを経験したことがないのが普通ですので、分からないことはこまめに仲介者・アドバイザーにメール等形が残る方法で確認しましょう。

(6) 基本合意書の締結

　ある程度具体的な条件が詰まれば、仮置きの対価額、役員・従業員の処遇、守秘義務、デューデリジェンス等を含めたスケジュール等の基本的な条件をまとめた基本合意書を作成することとなります。

　最終契約においても拘束される条項も少なくないことから、譲渡側におい

ては，仲介者・アドバイザー，あるいは，士業等専門家の助言を受けるべきです。

(7) デューデリジェンス

基本合意書を締結した後，買い手側においてデューデリジェンスを実施することとなります。

デューデリジェンスとは，法律上の正確な定義はありませんが，M&A取引の実施に当たり，関連当事者がその意思決定に直接・間接に影響を及ぼすような種々の問題点を調査・検討する手続，などと定義付けられます（長島・大野・常松法律事務所編『M&Aを成功に導く 法務デューデリジェンスの実務〔第3版〕』4頁）。

デューデリジェンスは，以下のような分野に応じて，各種専門家の助力を得ることも少なくありません（長島・大野・常松・前掲5頁）。

①法　　　務：弁護士
②財　　　務：公認会計士／監査法人
③税　　　務：税理士・公認会計士／税理士法人・監査法人
④ビジネス：中小企業診断士・コンサルタント
⑤環　　　境：コンサルタント
⑥不 動 産：不動産鑑定士・司法書士・建築士・土地家屋調査士
⑦人　　　事：社会保険労務士・コンサルタント
⑧I　　　T：コンサルタント

デューデリジェンスの目的は，そもそも当該M&Aの実施が可能か，対価に影響を及ぼす事情の有無・程度，M&Aの実施後に意図していた事業はできるか，等を確認する点にあります。

デューデリジェンスの範囲・深度については，手間・時間・費用等の関係もあり，非常に悩ましい問題ですが，中小企業のM&Aにおいては，当該事業との関係でメリハリをつけて最小限のデューデリジェンスしか実施しないことも，ままあるところです。

(8) 最終契約締結

デューデリジェンス実施の結果，特段M&Aに支障をきたす問題がなく実行する方向となった場合，最終契約を締結することとなります。

ここにおいては，取引スキーム，対価，時期，決済方法，役員・従業員の処遇，前提条件，誓約，表明・保証等が確定的に定められることとなります。譲渡側としては，表明・保証については，リスク遮断の観点から重要な部分であるので，各表明・保証の対象については厳密に検討する必要があります。

いったん表明・保証をした事項については，基本的にそれと異なる事由は契約違反として，解除，損害賠償，対価の増減額の事由等となりますので，このような効果面を踏まえて，しっかりと検討しましょう。

(9) クロージング

クロージングとは，最終契約に基づく取引の実行のことで，M&Aの最終段階です。

当事者としては，最終契約において定められたクロージング条件を履行していくこととなります。

4 売却先の探し方

経営者の個人的な情報によって売却先候補が見つかれば問題はありませんが，中小企業の場合には，あまりそういうわけにはいかず，かといって，M&Aの専門業者を知っていることも多くないでしょう。そのような中で，どのように売却先を探せばいいのでしょうか。

取引金融機関に事業承継の相談にいくことが，身近な方法の1つとなります。金融庁としても，地域金融機関に対して，このような役割を期待しているところでもあります。

国が運営する「事業引継ぎ支援センター」も，中小企業に対するマッチング支援等の事業を行っています。最近は民間のM&A専門業者の活動も活発です。

売却先探しとして直接的な役割はあまり期待はできませんが，金融機関，仲介者・アドバイザー，M&A専門業者等とのやり取りに関する意見として，士業等の専門家に相談することも，有用でしょう。

【矢部　陽一＝政平　亨史】

case35　会社（事業）の価値を算定する例

　私は，東京都内で，建設業を営む株式会社で代表取締役社長をしており，私がすべて会社の株式を有しています。
　幸いにも業績には恵まれ，100人程度の従業員を抱えて経営は比較的順調です。
　私は，来年60歳を迎えますが，子ども達は私の会社を継ぐ気もないので，還暦を節目に会社を誰かに譲りたいと考えています。私の会社のような中小企業でもM&Aというものを利用して会社を譲渡（売却）することができて，それなりの値も付くと聞きました。
　この場合，会社・事業の売却代金（価値）は，どのように算定するのですか。

☞ポイント
　□　会社（事業）価値の算定

1　会社（事業）価値の算定の視点

　会社（事業）価値の算定は，売り手にとっても買い手にとっても，損得に直結することとから，重要な事柄です。ただ，実務上は，売り手又は買い手の言い値を基本に値付けされて取引が実行されることも多く，そのような場合には，思わぬ損を被ってしまうこともあるので，会社（事業）価値の算定については，最低限の知識は有しておきたいものです。
　会社（事業）価値の算定については，大きく，ビジネス視点の簡便なものと，専門家視点の理論的なものがあります。

2　ビジネス視点の簡便な算定方法

　ビジネス視点の簡便なものとしては，次のような方法を用いるのが比較的多いとされています（LM法律事務所＝コンサルティング・モール編著『中小企業経

営者のための事業の「終活」実践セミナー』154頁以下）。

(1) 時価純資産＋営業利益5年分（のれん・営業権）

まず，時価純資産とは，時価評価した資産から，時価評価した負債（簿外債務に留意が必要です）を控除したものです（実態純資産とも呼ばれます）。

かかる時価純資産に，のれん・営業権として，損益計算書上の営業利益5年分（業界による増減はありますが，中小企業の場合には，3～10年の範囲が妥当と思われます）を加える方法が，M&Aの実務上，よく使われると言われています。

(2) EBITDA×5～10－金融負債

EBITDA（Earnings before Interest, Taxes, Depreciation and Amortization）は，利払い前・税引き前・減価償却前利益のことです。簡単に言うと，営業利益に減価償却費を足し戻した「償却前利益」のことです。

M&Aの実務上，EBITDAの5～10倍程度が，金融負債を控除する前の会社（事業）価値の相場として参考にされています。

(3) 税引後償却前営業利益×5～10倍程度＋時価純資産

営業利益から税金を控除し，減価償却費を足し戻したものです。

M&Aの実務上，税引後償却前営業利益の5～10倍程度が，上記(1)ののれん・営業権として評価されることが一般的です。

(4) 補足──マイナスとなる場合

上記のような算定方法は，時価純資産がプラスであること，あるいは，利益が出ていることが前提とされているので，時価純資産がマイナスだったり，損失が出ていたりすると，会社（事業）価値としてむしろマイナスとなってしまうこともあります。

このような場合でも，広い意味でののれん・営業権（本来，「のれん」は超過収益力を意味するので，赤字の場合には理論的な意味での「のれん」は観念し得ないこととなります）の対価を支払うこともままあり，このようなことも，私的自治の原則からは，特段取引自体が妨げられる理由はないので，あとは売り手と買い手の納得（合意）の問題となります（ただし，詐害的な取引に当たらないかには注意が必要です）。

3 専門家視点の理論的な算定方法

専門家視点の理論的な算定方法としては，次のような評価アプローチ・評価法が取られることとなります（なお，以下の用語の定義・説明等は，正確性を期するため，日本公認会計士協会編『企業価値評価ガイドライン〔改訂版〕』38頁以下に従っています）。

(1) インカム・アプローチ

インカム・アプローチは，評価対象会社から期待される利益，ないしキャッシュ・フローに基づいて価値を評価する方法です。インカム・アプローチは，将来予測を踏まえた動態的なものとなります。

代表的な評価法としてはディスカウント・（フリー・）キャッシュ・フロー法（DCF法），調整現在価値法，残余利益法，配当還元法，利益還元法（収益還元法）等がありますが，M&Aの実務上（特に買い手において）は，フリー・キャッシュ・フロー法（DCF法）が比較的よく用いられる評価法です。

DCF法は，将来の営業フリー・キャッシュ・フロー（税引き後営業利益に減価償却費を加え，投資支出を控除し，運転資本増・減額を除・加）の期待値を加重平均資本コストで割り引いた現在価値の合計を計算するものです。

(2) マーケット・アプローチ

マーケット・アプローチは，上場している同業他社や類似取引事例など，類似する会社，事業，ないし取引事例と比較することによって，相対的に価値を評価するアプローチです。

代表的な評価法としては，市場株価法，類似上場会社比較法（倍率法，乗数法），類似取引法，取引事例法（取引事例価額法）等がありますが，事業承継が論じられる中小企業との関係においては，比較対象が乏しかったり，比較対象の取引の個性が強かったりするため，あくまで参考程度の扱いとされています。

(3) ネットアセット・アプローチ

会社の貸借対照表上の純資産に注目したアプローチです。貸借対照表を踏まえた静態的なものとなります。

代表的な評価法としては，簿価純資産法，時価純資産法（修正簿価純資産

法）等があります。簿価純資産法を使うことは事実上なく，もっぱら時価純資産法を使うこととなります。企業価値評価の観点からは，簿価はあってないようなものですので，基本的には時価で評価することとなります。

そして，時価の算定としては，平時であれば再調達時価，危機時であれば清算処分時価を用いることが一般的です。

なお，ネットアセット・アプローチを用いることは，あまり一般的ではありませんが，会社（事業）価値の最低限を把握するという意味では，一定の意味を持つ評価アプローチになるといえます（例えば，「インカム・アプローチに基づく価値＜ネットアセット・アプローチに基づく価値」の場合，売り手からすると，ネットアセット・アプローチを下回るのであれば当該ネットアセットで清算した方が経済合理性があることとなるので，売ることへのインセンティブが生じません）。

4 全体的な視点

以上が会社（事業）価値の算定方法となりますが，精度としては専門家視点の理論的なものに分がありますが，他方で，これには相応の専門家費用・時間が必要となりますので，まずはビジネス視点の簡便なものを踏まえて粗々の金額感を把握し，費用対効果の観点も踏まえつつ，専門家に依頼するか否かを決める流れになると思います。

【矢部　陽一＝政平　亨史】

第3節　倒産状態の場合

> **case36　清算と再生の選択の例**
>
> 　私は，東京都内で，精密機器の製造業を営む株式会社で代表取締役社長をしており，45歳の長男が取締役営業部長をしています。
> 　株主構成は，創業以来，私1人が株主で，いわゆる一人会社です。
> 　数年前までは業績には恵まれ，50人程度の従業員を抱えていましたが，最近は売上も低下の一途を辿っており，現状，営業利益レベルで赤字が継続し，また，債務超過になるかならないかの瀬戸際である状態です。
> 　私は，来年70歳を迎えるので，そろそろ長男に事業を引き継がせたいと思っているのですが，その前にできる限り会社・事業を再建・再生しておきたいと思っていますが，再建・再生が可能か（清算とせざるを得ないか）どうかは，どのように考えればよいでしょうか。

☞ポイント
　□　清算か再生か（再生可能性の判断）

　企業が倒産状態で何らかの倒産手続を取らなければならない場合にあっては，再生手続を取るべきか，あるいは清算手続を取るべきかを選択することとなりますが，再生手続を選択する場合に当たっては，当該企業が再生可能か，いわゆる「再生可能性」を検討する必要があります。
　かかる「再生可能性」の検討に当たっては，一般的に，以下の観点から検討することとなります。
　①　営業利益
　営業利益が赤字であれば，再生は困難と考えられていることから，まずは営業利益が黒字か赤字かが，再生可能性の判断にとって重要となります。
　ただし，現状の営業利益が赤字であっても，いわゆるリストラクチャリング等をすることによって営業利益が黒字化する実現可能性がある場合もある

ため，営業利益の黒字か赤字かは，このような観点から検討する必要があります。

② 資金繰り

営業利益の黒字化の実現可能性があったとしても，当面の資金繰りが持たない（資金ショートする）のであれば，再生は困難となります。

特に，民事再生手続の場合にあっては，手続期間として通常 6 か月程度は要することとなるため，原則として，その期間の資金繰りを確保する必要があります（民事再生規則14条 1 項 6 号参照）。

③ 公租公課，労働債権

公租公課や労働債権が延滞している場合にあっては，最低限の支払さえできていない状況にあるため，再生が困難であることが多いところです。

特に民事再生にあっては，手続開始前の分については一般優先債権として再生手続に拘束されないことから，当該分の全部を支払うことなく手続を遂行することは事実上不可能となります。

④ 担保権

事業継続における必要性の高い資産に担保権が付されている場合で，かかる被担保対象を受け戻す資金繰り，資金調達等の見込みが立たない場合には，事業継続が困難となるため，再生は困難となります（ただし，会社更生の場合には担保権を手続に取り込むことができますが，中小企業を前提とすると，会社更生を取ることは現実的ではありません）。

⑤ 経営者の意思

なお，再生が可能かどうかを判断するに際しては承継予定である次期経営者に再生の意思があるかどうかが最も重要であり，それがなければ，基本的に再生は困難です。時期の問題は別として，廃業を選択せざるを得ません。

ただし，そのような場合でも，事業を継続する意欲のある他の役職員，あるいは，スポンサー等の第三者が存在するのであれば，当該第三者のもと再生を検討することとなります。

【矢部　陽一＝政平　亨史】

case37　倒産手続の選択例

　私は，東京都内で，精密機器の製造業を営む株式会社で代表取締役社長をしており，45歳の長男が取締役営業部長をしています。
　株主構成は，創業以来，私1人が株主で，いわゆる一人会社です。
　数年前までは業績には恵まれ，50人程度の従業員を抱えていましたが，最近は売上も低下の一途を辿っており，現状，営業利益レベルで赤字が継続し，また，債務超過になるかならないかの瀬戸際である状態です。来年70歳を迎えるので，そろそろ長男に事業を引き継がせるために事業を再建・再生するか，又は清算するかを検討しています。再建・再生又は清算する場合，どのような流れ，方法になるのですか。
　また，連帯保証人である私（社長）は，どのように処遇されるのでしょうか。

☞ポイント
- □　私的再生か法的再生か（取引債権者の処遇）
- □　再生が困難である場合──破産
- □　役員等の保証人の処遇

1　私的再生か法的再生か（取引債権者の処遇）

(1) 事業再生の手法

　事業再生の手法は，大きく分けて，私的再生と法的再生の2つがあります。
　私的再生とは，法的手続を用いない再生手法で，純粋な私的再生と中小企業再生支援協議会等の準則型私的再生があります。
　他方，法的再生は，主体を限定されない民事再生手続と主体が会社に限定される会社更生があります。
　両者の最大の違いは，取引債権者の処遇にあります。具体的には，私的再生の場合は，基本的には対象債権者は金融債権者のみとされることとなり，いわゆる取引債権者は手続に取り込まれないこととなります。取引債権者を手続に取り込まないことの最大のメリットは，企業の中核である「取引」を

継続することができることから，事業への毀損を抑えることができる点にあります。また，私的再生が，法的再生と異なり，原則的に公表（官報広告やマスコミ報道等）されず密行性を確保できることも，事業価値の毀損を抑えることができる要素となります。

ただ，私的再生は，上記のような反面，対象債権者全員が同意しなければ遂行が困難であるといった点が，最大のデメリットとなります。

なお，当然ではありますが，対象債権者である金融債権者のインセンティブとしては，私的再生をした場合の回収＞法的再生をした場合の回収，となる必要はあります。

(2) 私的再生の手続

私的再生の手続については，純粋な私的再生の場合は特段の手続は必要ではなく，また，中小企業再生支援協議会等の準則型私的再生においては当該手続・団体の根拠法令又は当該団体の定めるガイドライン等においてルール化されていますが，大きくは，各債権者に対する受任通知，私的整理計画案の提案，私的整理計画の成立，私的整理計画の履行等の流れとなります。

私的再生における私的整理計画については，基本的にはリスケジュールが中心となり，（実質的な）債権放棄は基本的には困難であることには，注意が必要です。

(3) 法的再生の手続

法的再生の手続については，主たる手続である民事再生手続を例に取ると，民事再生手続が利用される場面は，以下のような状況です。

- 資金ショートが目前に迫っている場合
- 金融債権者の一部が私的再生に反対している場合
- 取引債権者が多数（多額）の場合

次に，民事再生の手続の流れについては，我が国における民事再生手続をリードしている東京地方裁判所民事第20部を例にとると，■図表37－1のとおりとなります。

ただし，民事再生手続においては，民事再生による回収＞清算価値を確保する必要があります。

■図表37－1　民事再生手続標準スケジュール

東京地方裁判所民事第20部

手　続	申立日からの日数
申立て・予納金納付	0日
進行協議期日	（0日～1日）
保全処分発令・監督委員選任	（0日～1日）
（債務者主催の債権者説明会）	（0日～6日）
第1回打合せ期日	1週間
開始決定	1週間
債権届出期限	1月＋1週間
財産評定書・125条報告書提出期限	2月＋1週間
計画案（草案）提出期限	2月＋1週間
認否書提出期限	2月＋1週間
第2回打合せ期日	2月＋1週間
一般調査期間	10週間～11週間
計画案提出期限	3月
第3回打合せ期日	3月
監督委員意見書提出期限	3月＋1週間
債権者集会招集決定	3月＋1週間
書面投票期間	集会の8日前まで
債権者集会・認可決定	5月

> 申立ての3日前までに再生事件連絡メモ及び登記事項証明書（法人）又は住民票（個人）をファクシミリ送信してください。

> 財産評定書，125条報告書，計画案（草案），認否書のドラフトを，提出期限の2営業日前までにファクシミリ送信してください。

> 計画案のドラフトを提出期限の2営業日前までにファクシミリ送信してください。

（舘内比佐志＝永谷典雄＝堀田次郎＝上拂大作編『民事再生の運用指針』（一般社団法人金融財政事情研究会，2018年）17頁より）

2　再生が困難である場合 ── 破産

　再生が困難である場合には，基本的には法的清算手続を取ることとなります。

　なお，法人の場合，債務超過でなければ通常清算をすれば済む話ですので，以下では債務超過である場合を前提に話を進めます。

　法的清算手続には，大きく，破産手続と特別清算手続がありますが，後者は基本的には再建手続とともに利用されたり，特に清算に反対する債権者がいなかったり等の場面が圧倒的に多いことから，基本的な法的清算手続は，破産手続となります。

　破産手続の流れとしては，破産手続開始申立て，破産手続開始決定，負債の確定，資産の換価，配当財源があれば配当・破産手続の終結，配当財源が

なければ異時廃止，との流れとなります。

破産手続というとイメージが悪いかもしれませんが，破産手続はその時点までのすべての負債（と資産）が清算されることとなり，個人の場合は通常は免責もされますので，再生が困難な場合には，躊躇なくその手続を取ることが適切であると考えます。

❸ 役員等の保証人の処遇

法人が再生・清算する場合，我が国においては，代表取締役等の役員等が保証人となっているケースが圧倒的に多いことから，当該役員等の処遇をどうするか，が問題となります。

この点は，原則的には，当該役員等の資産・負債の状況により，再生・清算の各手続を選択していくこととなります。

ただ，昨今では，日本商工会議所と一般社団法人全国銀行協会を事務局とする「経営者保証に関するガイドライン研究会」において「経営者保証に関するガイドライン」というものが策定されており（日本商工会議所のウェブページ：https://www.jcci.or.jp/news/jcci-news/2013/1205140000.html，全国銀行協会のウェブページ：https://www.zenginkyo.or.jp/news/detail/nid/3314/），これを政府・金融機関を含む経済界もスタンダードなものとして，経営者保証の弊害の解消や，経営者による積極的な事業遂行，万が一の場合の早期の事業再生等の支援を目的とする法的整備もされているところです。

「経営者保証に関するガイドライン」は，保証人に適用されるいわゆる準則型私的再生の1つです。

「経営者保証に関するガイドライン」が適用されるためには，①主債務者が中小企業であること，②保証人が個人であり，主債務者である中小企業の経営者等であること，③主債務者である中小企業と保証人であるその経営者等が，弁済に誠実で，債権者の請求に応じて負債の状況を含む財産状況等を適切に開示していること，④主債務者と保証人が反社会勢力でなく，そのおそれもないことの要件を満たすことが必要です。

「経営者保証に関するガイドライン」が適用されれば，必要な生計費や自

宅を手元に残せる可能性があります。また，信用情報機関への登録がなく，官報公告等による公表もない等，法的整理手続にはないメリットが少なくないところです。

　このようなこともあるので，その適用要件のハードルは低くないものの，「経営者保証に関するガイドライン」の適用の要否を検討はした方が良いでしょう。

【矢部　陽一＝政平　亨史】

事項索引

【あ】

後継ぎ遺贈 …………… 174, 182, 199
移行型 …………………………… 135
遺言事項 ………………… 145, 202
遺言書 …………………………… 144
遺言信託 ………………… 171, 173
遺言代用信託 …………… 171, 173
遺言能力 ………………… 148, 161
遺言の方式に関する法律の抵触に関する条約 ……………………………… 167
遺言の方式の準拠法に関する法律 …… 169
遺贈 ……………………………… 187
委託者 …………………………… 172
一般介護予防事業 ………………… 71
遺留分 …………………… 157, 163, 191
遺留分減殺請求権 ……… 157, 175
　　──の行使 ……………… 192
遺留分侵害額請求権 …… 175, 192
医療同意 ………………………… 211
インカム・アプローチ ………… 258
売渡請求制度 …………………… 247
永代供養墓 ……………………… 227
M&A ……………………………… 249
エンディングノート …………… 143
延命措置 ………………………… 211

【か】

介護医療院 ……………………… 20
介護給付 ………………………… 65
外国籍 …………………………… 52
介護支援専門員 ………………… 61
介護保険サービス ……… 57, 64
介護保険サービス費 …………… 73
介護保険制度 …………………… 45
介護保険料 ……………………… 51
介護予防・生活支援サービス事業 …… 70
介護療養型医療施設 …………… 19
介護老人保健施設 ……………… 18
会社（事業）価値の算定 ……… 256
会社分割 ………………………… 251
解除条件 ………………………… 197
解任 ……………………………… 107
株式譲渡 ………………………… 251
看護小規模多機能型居宅介護 …… 23
管理清算主義 …………………… 169
期限付きの墓地使用権 ………… 228
境界層該当証明書 ……………… 54
境界層措置 ……………………… 54
居住用不動産の処分 …… 106, 113
居宅介護支援事業所 …………… 61
区分支給限度基準額 …………… 73
ケアマネジャー ………………… 61
経営者保証に関するガイドライン …… 265
経済的虐待 ……………………… 98
軽費老人ホーム …………………… 5
検認手続 ………………… 148, 155
高額医療・高額介護合算制度 … 77
高額介護サービス費 …………… 77
後見 ……………………………… 88
後見監督人 ……………………… 107
後見制度支援信託 ……………… 109
公正証書遺言 …………… 145, 152, 160
高齢者虐待防止法 ……………… 95

【さ】

再生可能性 ……………………… 260
サービス付き高齢者向け住宅 … 10
散骨 ……………………… 230, 231
事業譲渡 ………………………… 251

事項索引

死後事務 …………………… 129, 232, 233
死後事務委任 ……………………………… 221
死後事務委任契約 ………… 146, 202, 203
自己負担額 …………………………………… 76
私的再生 …………………………………… 262
シニア向け分譲マンション ……………… 13
自筆証書遺言 ……………… 145, 151, 159
社会福祉協議会 …………………………… 89
終身賃貸借 ………………………………… 33
受益者 ……………………………………… 172
受託者 ……………………………………… 172
小規模多機能型居宅介護 ………………… 22
承継の方法 ………………………………… 244
条件付遺贈 ………………………………… 197
将来型 ……………………………………… 135
シルバーハウジング ……………………… 12
侵襲的医療行為 …………………………… 212
身体的虐待 ………………………………… 96
信託 ………………………………………… 178
信託行為 …………………………………… 172
信託財産 …………………………………… 172
心理的虐待 ………………………………… 97
生活保護受給者 …………………………… 52
性的虐待 …………………………………… 97
成年後見円滑化法 ………………………… 131
成年後見制度 ……………………………… 85
成年被後見人 ……………………………… 164
全部取得条項付種類株式 ……………… 247
総合事業 …………………………………… 70
相続させる遺言 …………………… 189, 199
相続統一主義 ……………………………… 168
相続分割主義 ……………………………… 169
即効型 ……………………………………… 135
尊厳死公正証書 …………………………… 215

【た】

第1号被保険者 …………………………… 52
第2号被保険者 …………………………… 52
立入調査 …………………………………… 99
地域包括ケアシステム …………………… 8
地域包括支援センター …………………… 100
調査人 ……………………………………… 106
賃貸借方式 ………………………………… 33
停止条件 …………………………………… 197
デューデリジェンス ……………………… 254
特定遺贈 …………………………………… 189
特別受益 …………………………………… 193
特別代理人 ………………………………… 120
特別養護老人ホーム ……………………… 16

【な】

日常生活自立支援事業 …………………… 89
入居一時金 ………………………………… 28
任意後見 …………………………………… 178
任意後見契約 ……………………………… 134
任意後見制度 ……………………… 89, 134
認知症高齢者グループホーム …………… 22
ネットアセット・アプローチ ………… 258
納骨堂 ……………………………………… 236

【は】

墓 …………………………………………… 236
墓じまい …………………………… 226, 227
破産 ………………………………………… 264
被保険者 …………………………………… 52
秘密証書遺言 ……………… 145, 153, 159
付言事項 …………………………………… 147
負担限度額認定 …………………………… 79
負担付遺贈 ………………………………… 197
負担割合証 ………………………………… 75
墳墓 ………………………………………… 231
包括遺贈 …………………………………… 189
包括承継主義 ……………………………… 169
放棄 ………………………………………… 97
法定相続 …………………………………… 186
法的再生 …………………………………… 262
放任 ………………………………………… 97
法の適用に関する通則法 ……………… 168
保険者 ……………………………………… 51
保険料の軽減 ……………………………… 54

保険料の滞納 …………………………… 55
保佐 ……………………………………… 88
補助 ……………………………………… 88
墓地 ……………………………… 235，236
墓地使用権 ……………………………… 225
墓地，埋葬等に関する法律 …………… 230

【ま】

埋葬 …………………………………… 231
埋蔵 …………………………………… 231
前払金 ………………………………… 28
マーケット・アプローチ ……………… 258
見守り契約 …………………………… 137
身元保証 ……………………………… 217

身元保証等高齢者サポート事業 ……… 219

【や】

有料老人ホーム（介護型） …………… 15
有料老人ホーム（健康型） …………… 3
有料老人ホーム（住宅型） …………… 15
要介護認定 …………………………… 57
養護老人ホーム ……………………… 8
予備的遺言 …………………………… 199
予防給付 ……………………………… 68

【ら】

利益相反行為 ………………………… 118
利用権方式 …………………………… 33

判例索引

〔最高裁判所〕

最判昭42・4・18民集21巻3号671頁 ……………………………………………… 119
最判昭56・1・19民集35巻1号1頁 ………………………………………………… 205
最判昭58・3・18家月36巻3号143頁 ……………………………………………… 182
最判昭61・11・20民集40巻7号1167頁 …………………………………………… 188
最判昭62・9・4家月40巻1号161頁 ………………………………………………… 191
最判昭62・10・8民集41巻7号1471頁 ……………………………………………… 159
最判平元・2・16民集43巻2号45頁 …………………………………………… 152, 167
最判平3・4・19民集45巻4号477頁 ………………………………………………… 190
最判平4・9・22金法1358号55頁 ……………………………… 146, 203, 232, 240
最判平5・10・19家月46巻4号27頁 ………………………………………………… 152
最判平23・2・22民集65巻2号699頁 ……………………………………………… 200
最決平25・9・4民集67巻6号1320頁 ……………………………………………… 187
最判平28・6・3民集70巻5号1263頁 ……………………………………………… 152

〔高等裁判所〕

東京高判昭62・10・8判時1254号70頁 …………………………………………… 237
高松高判平17・5・17裁判所ホームページ ……………………………………… 213
名古屋高判平26・8・7裁判所ホームページ ……………………………………… 30
大阪高判平26・11・28判タ1411号92頁 ………………………………………… 162

〔地方裁判所〕

津地判昭38・6・21判時341号19頁 ………………………………………………… 238
東京地判平10・6・26判時1668号49頁 …………………………………………… 189
東京地判平20・10・9判タ1289号227頁 ………………………………………… 160
東京地判平21・5・19判時2048号56頁 …………………………………………… 30
東京地判平22・9・28判時2104号57頁 …………………………………………… 30
宇都宮地判平24・2・15判タ1369号208頁 ……………………………………… 239
東京地判平25・3・14判時2178号3頁 ……………………………………………… 92
東京地判平26・2・3判時2222号69頁 ……………………………………………… 30
神戸地尼崎支判平26・3・7金判1467号28頁 …………………………………… 162
東京地判平28・8・25判時2328号62頁 …………………………………………… 162
東京地判平29・4・25判時2354号50頁 …………………………………………… 154

〔編者〕

相 原 佳 子（弁護士）

事例解説 高齢者からの終活相談に
応えるための基礎知識
——高齢者施設，介護保険，遺言，成年後見，
　墓，事業承継他

2018年9月19日　初版第1刷印刷
2018年10月4日　初版第1刷発行

廃検 止印	Ⓒ編者　相　原　佳　子
	発行者　逸　見　慎　一

発行所　東京都文京区　株式　青林書院
　　　　本郷6丁目4の7　会社
振替口座　00110-9-16920／電話03(3815)5897〜8／郵便番号113-0033
http://www.seirin.co.jp

印刷・星野精版印刷㈱／落丁・乱丁本はお取替え致します。
Printed in Japan　ISBN978-4-417-01753-0

JCOPY 〈㈳出版者著作権管理機構 委託出版物〉
本書の無断複写は著作権法上での例外を除き禁じられています。複写される場合は，そのつど事前に，㈳出版者著作権管理機構（電話 03-3513-6969，FAX 03-3513-6979，e-mail:info@jcopy.or.jp）の許諾を得てください。